Schmidthausen

Wirtschafts- und Sozialprozesse

Rechtliche und betriebliche Grundlagen

Merkur
Verlag Rinteln

Wirtschaftswissenschaftliche Bücherei für Schule und Praxis
Begründet von Handelsschul-Direktor Dipl.-Hdl. Friedrich Hutkap †

Verfasser:

Michael Schmidthausen, Oberstudienrat in Duisburg

Coverbild Mitte: © PetraD - www.colourbox.de

* * * * *

2. Auflage 2018
© 2016 by Merkur Verlag Rinteln

Gesamtherstellung:
Merkur Verlag Rinteln Hutkap GmbH & Co. KG, 31735 Rinteln

E-Mail: info@merkur-verlag.de
           lehrer-service@merkur-verlag.de
Internet: www.merkur-verlag.de

ISBN 978-3-8120-**1024-5**

Vorwort

Die neueren Lehrpläne für die berufliche Bildung im Allgemeinen sowie der Rahmenlehrplan für Industriekaufleute im Besonderen sind in erster Linie durch eine didaktisch-methodische Akzentverschiebung von der Fächerorientierung hin zur Lernfeld-/Lernsituationsorientierung gekennzeichnet. Um dem hohen Anspruch des Lernfeldkonzeptes gerecht zu werden, werden in diesem Band die Lerninhalte des Lernfeldes 1 „In Ausbildung und Beruf orientieren" des Rahmenlehrplans für Industriekaufleute in Form von Lernsituationen vermittelt.

Anhand von 24 Lernsituationen können die Schülerinnen und Schüler die Wirtschafts- und Sozialprozesse, in die ein Industriebetrieb eingebunden ist, nachvollziehen und „erleben". Die Lernsituationen beziehen sich auf das zu Beginn vorgestellte Modellunternehmen, die BüroTec GmbH.

Zur Erarbeitung der rechtlichen und betrieblichen Grundlagen wird anschauliches und praxisnahes Informationsmaterial zur Verfügung gestellt, sodass außerhalb des Arbeitsheftes keine zusätzlichen Materialien erforderlich sind. Dabei bleibt den Lehrkräften genügend didaktischer Freiraum, Schwerpunkte zu setzen. Insbesondere wird der Umgang mit Gesetzestexten trainiert.

Die Lernsituationen beginnen jeweils mit einem situationsbezogenen und in der Regel problemorientierten Einstieg. Angeleitet durch die darauf folgenden Arbeitsaufträge sollen die Schüler zunächst das vorgegebene Problem selbstständig lösen und schließlich zu einer vertiefenden Auseinandersetzung mit den jeweiligen rechtlichen und betrieblichen Themen gelangen. Dabei wird sowohl auf methodische Vielseitigkeit als auch auf den Bezug zu den prüfungsrelevanten Inhalten des jeweiligen Lernbereichs geachtet.

Die Entscheidung, ob die Lernsituationen in Einzel-, Partner- oder Gruppenarbeit bearbeitet werden, ist jeder Lehrkraft selbst überlassen.

Duisburg, im Sommer 2018   **Michael Schmidthausen**

Inhalt

<table>
<tr><td>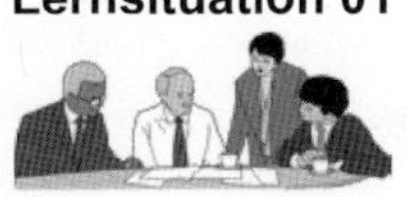
Lernsituation 01</td><td><h1 align="center">Die BüroTec GmbH
stellt sich vor</h1></td><td>**Wirtschafts- und
Sozialprozesse**</td></tr>
</table>

📖 Lernsituation:

Die BüroTec GmbH, ein mittelständisches Unternehmen am Niederrhein, produziert moderne Büromöbel. Der Firmensitz befindet sich in Moers in der Anglerstraße 34. Er ist in der Nähe der Autobahn A42 an der Abfahrt Moers-Repelen gelegen. Die BüroTec GmbH wendet sich mit ihren Produkten an Unternehmen sämtlicher Branchen. Privatpersonen zählen bislang nicht zu der anvisierten Zielgruppe. Der Vertrieb der Büromöbel erfolgt auf direktem Absatzweg durch die Verkaufsabteilung sowie durch mehrere Reisende an Kunden in ganz Deutschland. Der Handel ist nicht zwischengeschaltet. Die BüroTec GmbH verzichtet seit einigen Jahren auf einen eigenen Fuhrpark. Bei Bedarf arbeitet sie mit einem Speditions- und Logistikunternehmen zusammen.

Die BüroTec GmbH ist seit mehreren Jahren auf dem Markt für Büromöbel eingeführt und behauptet sich dort relativ erfolgreich gegen mehrere Wettbewerber. Hervorgegangen ist die BüroTec GmbH aus der von Moritz Schmidt 1980 gegründeten Moritz Schmidt Möbelfabrik, die sich mit der Produktion von Möbeln aller Art beschäftigte.

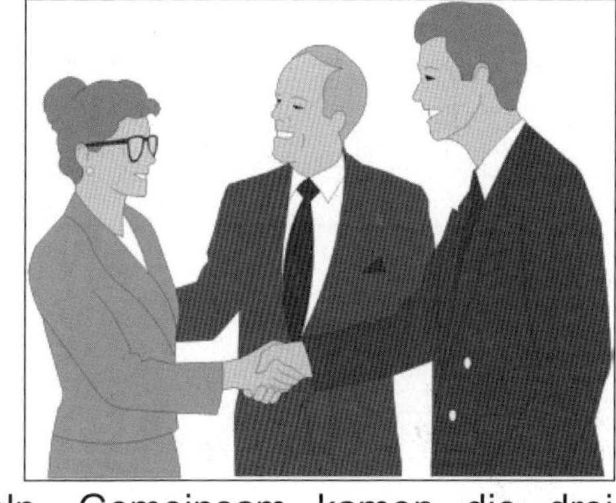

10 Jahre später, im Jahre 1990, entschloss sich Moritz Schmidt dazu, sich mit Michael Schneider und Petra Peters zusammenzutun und sein Unternehmen in eine GmbH umzuwandeln. Gemeinsam kamen die drei Gesellschafter zu der Entscheidung, sich fortan auf die Produktion von Büromöbeln zu spezialisieren.

Die Produkte werden nach Kundenauftrag gefertigt. Das derzeitige Produktionsprogramm umfasst drei Produktgruppen. Innerhalb einer Produktgruppe sind jeweils zwei verschiedene Modelle (Standard/Deluxe) erhältlich.

Produktgruppe I:	Schreibtische
Produktgruppe II:	Bürostühle
Produktgruppe III:	Büroschränke

Bei den Produkten handelt es sich überwiegend um Serienprodukte. Wenn vom Kunden gewünscht, werden jedoch auch Spezialanfertigungen hergestellt. Handelswaren[1] zur Abrundung der Produktpalette werden nicht angeboten.

Firmenanschrift

BüroTec GmbH
Anglerstraße 34
47444 Moers

Telefon, Telefax & E-Mail

Telefon: 02841 283-0
Telefax: 02841 283-1
E-Mail: info@buerotec.de

Bankverbindung

Sparkasse am Niederrhein
IBAN: DE41 3545 0000 0369 9908 94
BIC: WELADED1MOR

Postbank Essen
IBAN: DE79 3601 0043 0734 8993 29
BIC: PBNKDEFF360

Die Zahl der Mitarbeiter hat in den vergangenen Jahren aufgrund der positiven Geschäftsentwicklung stetig zugenommen.

---

1 Handelswaren sind Erzeugnisse, die ohne weitere Bearbeitung weiterverkauft werden. Es handelt sich häufig um Zubehör zu den eigenen Erzeugnissen.

Zurzeit sind 150 Mitarbeiter bei der BüroTec GmbH beschäftigt.

Die BüroTec GmbH ist gemäß dem Einliniensystem aufgebaut. Die Geschäftsführung wird von den drei Gesellschaftern gemeinsam wahrgenommen.

Der Geschäftsführung unterstehen die zwei Bereichsleiter. Diese sind gegenüber den Abteilungsleitern ihrer Bereiche weisungsbefugt, letztere wiederum dürfen nur ihren Mitarbeitern Weisungen erteilen.

Das nachfolgende Organigramm verdeutlicht die Aufbauorganisation der BüroTec GmbH.

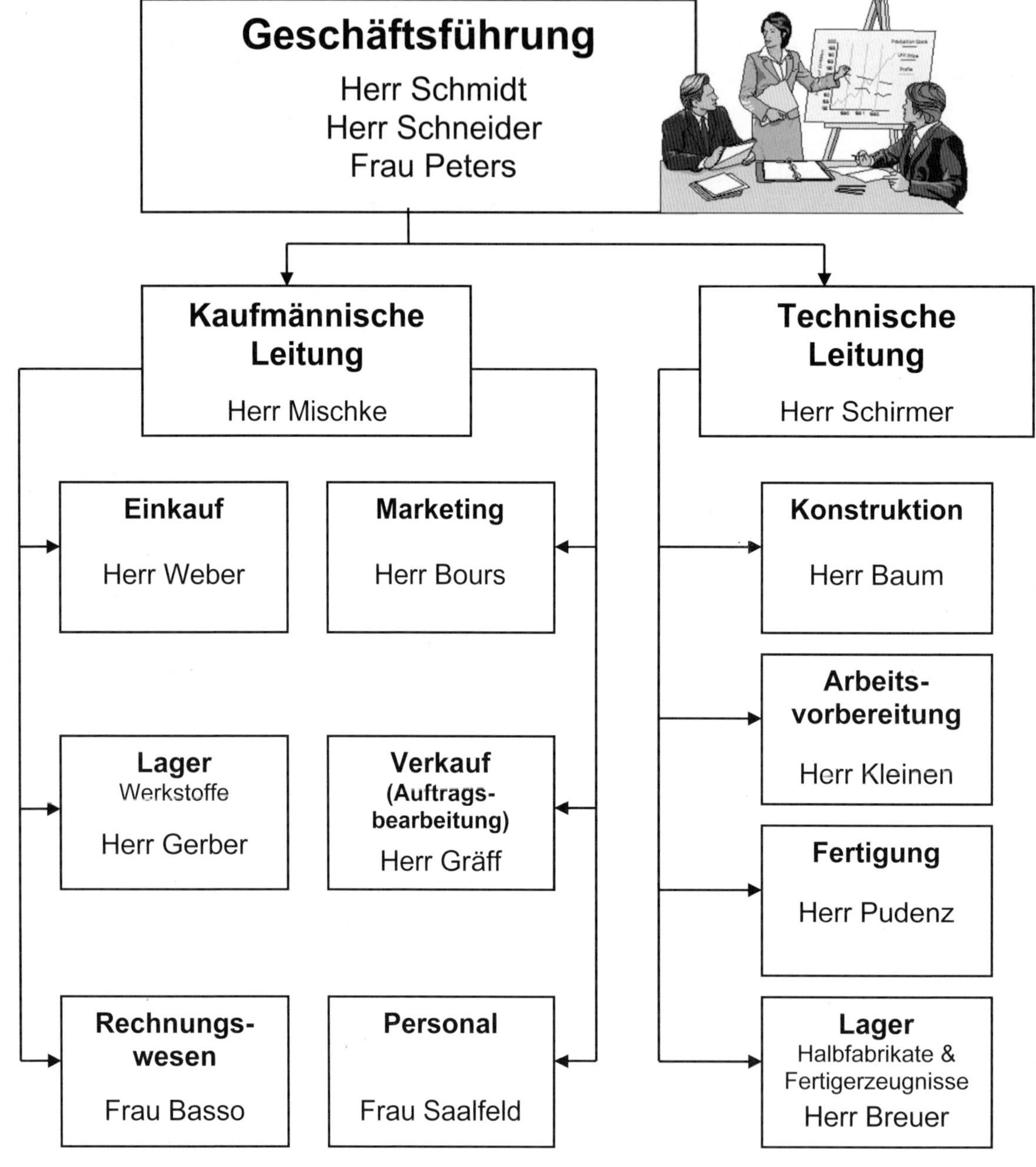

Arbeitsaufträge:

1. Verschaffen Sie sich einen Überblick über die BüroTec GmbH. Nutzen Sie hierzu das Auswertungsformular (Info 1).

2. Bei der BüroTec GmbH sind viele Industriekaufleute beschäftigt, die als kaufmännische Sachbearbeiter bzw. Sachbearbeiterinnen in den einzelnen Abteilungen tätig sind. Nehmen Sie an, Sie würden nach der Ausbildung im Einkauf, im Verkauf oder in der Personalabteilung eingesetzt. Nennen Sie Tätigkeiten, die in den betreffenden Abteilungen zu erledigen sind. Nutzen Sie hierzu die Vorlage unter Info 2.

3. Jasmin Behrens, ausgebildete Industriekauffrau mit Fachoberschulreife, ist vor zwei Jahren bei der BüroTec GmbH als Sachbearbeiterin in der Personalabteilung eingestellt worden. Um beruflich voranzukommen und in ihrer Abteilung auch höherwertigere Aufgaben übernehmen zu können, möchte sie sich gerne berufsbegleitend fortbilden.

   3.1 Unterbreiten Sie Frau Behrens einen Vorschlag für eine hier sinnvoll erscheinende Fortbildung[1] (Info 3).

   ____

   3.2 Geben Sie die Dauer der von Ihnen gewählten Fortbildung an.

   ____

   3.3 Prüfen Sie, ob Jasmin Behrens die Zugangsvoraussetzungen der von Ihnen gewählten Fortbildung erfüllt.

   ____

   3.4 Ermitteln Sie die auf Frau Behrens zukommenden Kosten, wenn sie die von Ihnen gewählte Fortbildung absolvieren würde.

   ____

   3.5 Nennen Sie zwei Beispiele, wie sich Jasmin Behrens nach erfolgreichem Abschluss der von Ihnen gewählten Fortbildung weiterqualifizieren kann.

   ____

   ____

4. Manuel Decker ist direkt im Anschluss an seine Ausbildung zum Kaufmann für Büromanagement bei der Falter AG vor einem Jahr zur BüroTec GmbH gewechselt und arbeitet dort in der Abteilung Rechnungswesen. Manuel Decker macht die Arbeit viel Spaß und er möchte sich daher zum Bilanzbuchhalter (IHK) fortbilden. Ein entsprechender Lehrgang wird von einem in Duisburg ansässigen Weiterbildungsinstitut in Kürze angeboten. Prüfen Sie, ob Manuel Decker nächsten Monat mit der Fortbildung beginnen kann (Info 3).

   ____

   ____

---

1 Da die Begriffe Fortbildung und berufliche Weiterbildung in der einschlägigen Fachliteratur und auf den Webseiten der Weiterbildungsträger häufig synonym verwendet werden, wird an dieser Stelle auf eine genauere Abgrenzung verzichtet.

5. Kerstin Wilk hat vor drei Jahren an einer Gesamtschule in Düsseldorf ihre Fachoberschulreife erworben. Danach hat sie eine dreijährige Ausbildung zur Kauffrau für Spedition und Logistikdienstleistungen bei der Dachsmann AG mit Erfolg abgeschlossen. Kerstin möchte keine Zeit verlieren und sich sofort berufsbegleitend mit dem Schwerpunkt Logistik fortbilden. Da ihr Einstiegsgehalt recht knapp bemessen ist, soll die Fortbildung möglichst wenig kosten.

   5.1 Empfehlen Sie Kerstin Wilk eine geeignete Fortbildung (Info 3).

   ____

   ____

   5.2 Nehmen Sie an, Kerstin Wilk hätte nach erfolgreichem Abschluss der von Ihnen gewählten Fortbildung Interesse, noch ein Bachelorstudium dranzuhängen. Sondieren Sie die Möglichkeiten.

   ____

   ____

   ____

6. Entscheiden Sie, ob folgende Aussagen richtig oder falsch sind (Info 3).

   1 = richtig 9 = falsch

A	Beim geprüften Industriefachwirt (IHK)[1] handelt es sich um eine Fortbildung, in der vertiefte Kenntnisse in einem speziellen Funktionsbereich vermittelt werden.	
B	Zugangsvoraussetzung für die Fortbildung geprüfter Betriebswirt (IHK) ist die mit Erfolg abgelegte Prüfung zum Fachkaufmann oder zum Fachwirt.	
C	Mit dem Abschluss geprüfter Industriefachwirt (IHK) kann man z.B. an der FOM in das 5. Semester des auf 8 Semester ausgelegten Bachelorstudiengangs Wirtschaft und Management einsteigen.	
D	Die Kosten für die Fortbildung geprüfter Betriebswirt (IHK) bewegen sich zwischen 8.700,00 € und 9.800,00 €, je nachdem welche Fortbildung vorausgegangen ist.	
E	Ein Bachelorstudiengang für Schulabgänger mit Abitur ist ausbildungsbegleitend auf 8 Semester ausgelegt.	
F	Für einen Abschluss in einem Masterstudiengang sind mindestens 12 Semester zu veranschlagen.	

7. In den beiden Stellenanzeigen auf der folgenden Seite werden qualifizierte Mitarbeiter gesucht. Arbeiten Sie anhand der beschriebenen Aufgabenbereiche und der Anforderungsprofile heraus, welcher Abschluss wohl gefordert wird (Info 3).

Stellenanzeige 1	
Stellenanzeige 2	

---

1 Aus Gründen der Sprachökonomie und der besseren Lesbarkeit wird im Folgenden lediglich die männliche Form von personenbezogenen Substantiven verwendet, wie z.B. „Betriebswirt"; das schließt selbstverständlich auch die weibliche Form „Betriebswirtin" mit ein.

Auszüge aus Stellenanzeigen

Wir sind ein marktführendes, international aufgestelltes Industrieunternehmen in Baden-Württemberg. Wachstumsbedingt suchen wir einen engagierten **Einkäufer (m/w).**

Wir freuen uns, Sie demnächst in unserem Team willkommen zu heißen.

Wir suchen Sie unbefristet und in Vollzeit mit folgendem Aufgabengebiet:

- Entwickeln und Umsetzen von Beschaffungsstrategien für bestimmte Materialgruppen
- Verantwortlich für das Lieferantenmanagement
- Mitarbeit im Rahmen des Einkaufscontrollings
- Einholen und Auswerten von Angeboten
- Führen von Preisverhandlungen
- Erstellen von Rahmenverträgen
- Optimierung der Einkaufsprozesse im Sinne der Qualitäts- und Effizienzsteigerung

Ihr Profil:

- Abschluss: …
- Mehrjährige Berufserfahrung im Einkauf erforderlich
- Branchenkenntnisse im Automotivbereich erwünscht
- Erfahrung in rechtlichen Grundlagen bei Vertragsverhandlungen und -gestaltung
- Sicherer Umgang mit gängigen MS-Office-Tools
- Kenntnisse in ERP-Systemen und SAP von Vorteil
- Gute Deutsch- und Englisch-Kenntnisse
- Selbstständig, teamfähig, zuverlässig

Wir freuen uns auf Ihre aussagekräftigen Bewerbungsunterlagen.

…

Wir stehen für zukunftsweisende Produkte und Technologien. Im Bereich der mobilen Kommunikationstechnologie haben wir uns als Premium-Hersteller weltweit einen Namen gemacht. Für unsere Einkaufsabteilung suchen wir zum nächstmöglichen Eintrittstermin:

Strategischer Junior-Einkäufer (m/w)

Unsere Einkaufsabteilung bildet eine entscheidende Schnittstelle zu den Bereichen Entwicklung, Vertrieb und Produktion. Sie agieren in einem eingespielten, engagierten Team und haben dabei die Möglichkeit, unsere Unternehmenskultur und unsere Arbeitsprozesse aktiv mitzugestalten.

Wir bieten Ihnen einen abwechslungsreichen Tätigkeitsbereich:

- Entwicklung und Realisierung von Materialgruppen- und Lieferantenstrategien
- Identifizierung und Realisierung von Einsparpotenzialen sowie Verbesserung der Produktqualität
- Beobachtung und Analyse der Beschaffungsmärkte sowie Betreuung der globalen Lieferanten
- Aufbau neuer Beschaffungsquellen auf globaler Ebene
- Optimierung von Einkaufsprozessen
- Eigenverantwortliches Verhandeln von Rahmenverträgen
- Aufbau des Controllings im Einkauf
- Lieferantenauswahl unter den Hauptgesichtspunkten Kosten, Qualität und Termintreue
- Zusammenarbeit mit der Qualitätssicherung zur Steigerung der Lieferantenperformance

Sie passen zu uns, wenn Sie folgende Qualifikationen mitbringen:

- Abschluss: …
- Berufserfahrung im Einkauf, idealerweise in der Automobilindustrie
- Strukturierte und analytische Arbeitsweise
- Überzeugungsfähigkeit, Verhandlungsgeschick und Durchsetzungsvermögen
- Hohe Kommunikationsfähigkeit
- Zuverlässigkeit und gewissenhafte Arbeitsweise
- Verhandlungssicheres Deutsch und Englisch in Wort und Schrift
- Gute Anwenderkenntnisse in Microsoft Office

Wir freuen uns auf Ihre aussagekräftigen Bewerbungsunterlagen, gerne auch online.

2 Schmidthausen ISBN: 978-3-8120-1024-5

Info 1: Auswertungsformular

BüroTec GmbH

1. Unternehmensart: _______________________________

2. Branche: _______________________________

3. Produktgruppen: _______________________________

    ____

4. Gesellschaftsform
    (Rechtsform): _______________________________

5. Gesellschafter: _______________________________

    ____

    ____

6. Gründungsjahr: _______________________________

7. Hervorgegangen aus: _______________________________

8. Standort: _______________________________

9. Verkaufsgebiet: _______________________________

10. Vertriebsweg: _______________________________

11. Kundenzielgruppe: _______________________________

12. Fertigung: _______________________________

    ____

13. Zahl der Mitarbeiter: _______________________________

14. Aufbauorganisation: _______________________________

Info 2: Übersicht zu den Tätigkeiten von Industriekaufleuten

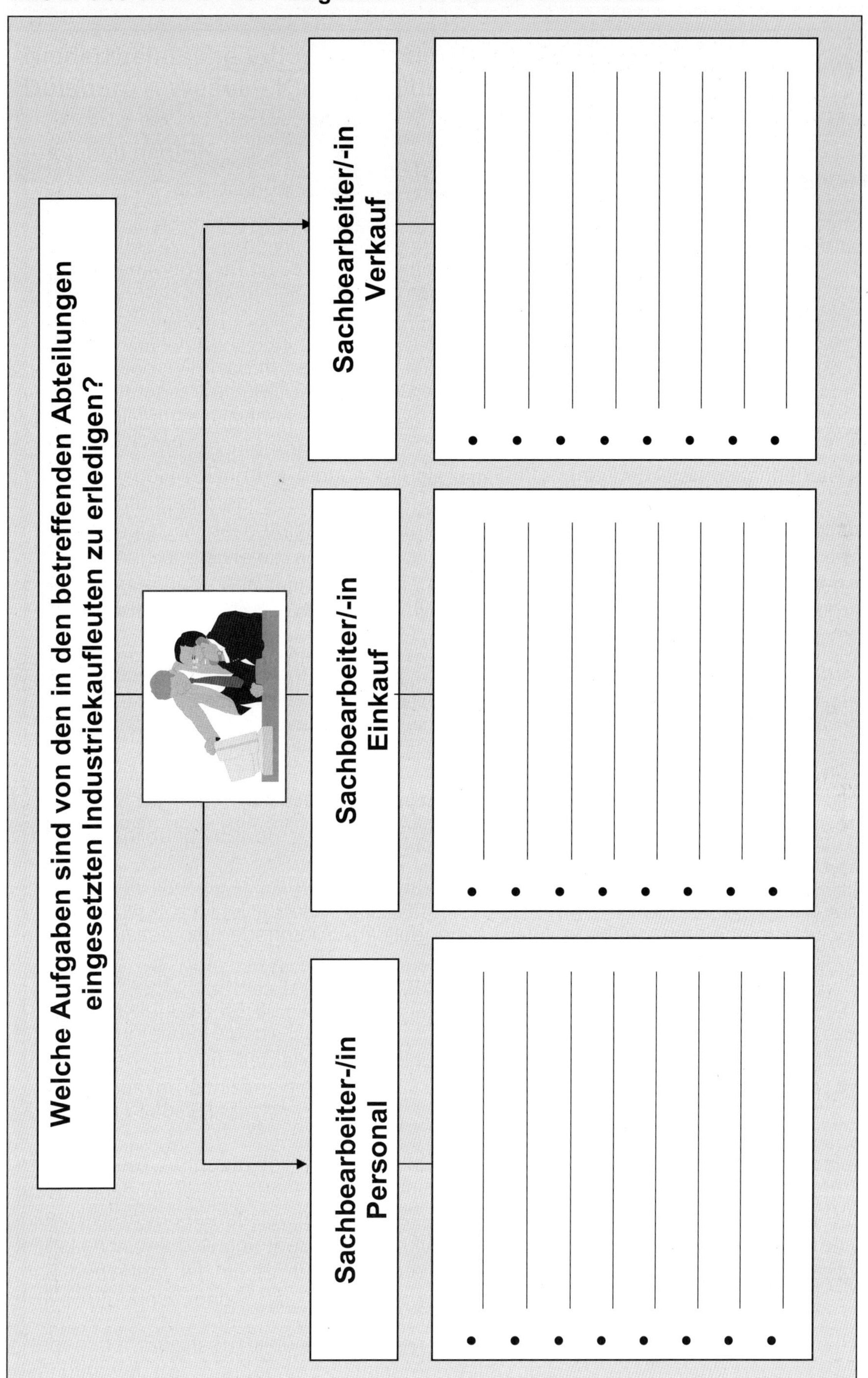

Info 3: Auszug aus dem 1x1 des Personalmanagements

Fortbildung

Schon während der Ausbildung zum Industriekaufmann/zur Industriekauffrau ist es sinnvoll, einmal über seine berufliche Zukunft nachzudenken. Nicht wenige Industriekaufleute sind daran interessiert, sich beruflich weiterzubilden, um zum einen einer interessanteren, anspruchsvolleren Tätigkeit nachgehen zu können und um zum anderen bessere Verdienstmöglichkeiten zu haben.

Aussagen zum Thema **Verdienstmöglichkeiten** sind allerdings grundsätzlich sehr schwierig[1]. Die Höhe der Gehälter ist von sehr vielen Faktoren abhängig, beispielsweise dem Standort oder der Branche des Unternehmens. Einen hohen Einfluss hat auch die Größe des Unternehmens. International tätige Unternehmen mit vielen Mitarbeitern zahlen in der Regel höhere Gehälter als mittelständische Unternehmen, die nur innerhalb Deutschlands operieren. Ein weiterer Einflussfaktor ist natürlich auch die Berufserfahrung des Mitarbeiters und der Tätigkeitsbereich, in dem er beschäftigt ist. Leider scheint auch das Geschlecht immer noch eine Rolle zu spielen. Nach wie vor verdienen Frauen in vergleichbaren Positionen häufig weniger als ihre männlichen Kollegen.

Neben dem wirtschaftswissenschaftlichen Vollzeitstudium an einer staatlichen oder privaten Universität stehen Industriekaufleuten eine Fülle von **berufsbegleitenden Möglichkeiten** offen[2]. Auf einige in der Wirtschaft anerkannte berufsbegleitende Möglichkeiten soll im Folgenden näher eingegangen werden:

Eine Möglichkeit ist die achtzehnmonatige Aufstiegsfortbildung zum **geprüften Personalfachkaufmann (IHK)**. Im Rahmen von ca. 700 Unterrichtsstunden, die am Wochenende und ein- bis zweimal in der Woche am Abend stattfinden, werden vertiefte Kenntnisse im Personalbereich vermittelt.[3] Neben einer abgeschlossenen kaufmännischen Berufsausbildung benötigt man mindestens eine zweijährige berufliche Praxis im Personalbereich. Die Kosten können sich je nach Anbieter auf ca. 4.400,00 € summieren, wenn man die Kosten für einen Prüfungsvorbereitungskurs, für Fachliteratur und die IHK-Prüfungsgebühren mit einbezieht. Mit dem Abschluss geprüfter Fachkaufmann kann man auch ohne Abitur, z.B. an einer privaten Hochschule wie z.B. der FOM[4], den auf 8 Semester ausgelegten Bachelorstudiengang Wirtschaft und Management belegen.

Eine andere Möglichkeit ist die Aufstiegsfortbildung zum **geprüften Industriefachwirt (IHK)**. Während es sich beim Fachkaufmann um eine qualifizierte Fachkraft mit umfassender Sachkompetenz in dem betreffenden Funktionsbereich handelt, ist der Industriefachwirt mehr Allrounder, der vertiefte Kenntnisse in mehreren Funktionsbereichen besitzt[5]. Der Lehrgang dauert zwölf Monate, umfasst ca. 400 Unterrichtsstunden und findet ebenfalls am Wochenende und in der Woche am Abend statt. Die Kosten liegen alles in allem bei ca. 3.300,00 €. Mit dem Abschluss geprüfter Industriefachwirt (IHK) kann man z.B. an der FOM in das 4. Semester des Bachelorstudiengangs Wirtschaft und Management einsteigen.

Eine dritte Möglichkeit ist die Aufstiegsfortbildung zum **geprüften Betriebswirt (IHK).** Sie stellt den höchsten kaufmännischen Abschluss vor der IHK dar. Die Fortbildung dauert ca. zwanzig Monate, umfasst ca. 720 Unterrichtsstunden und vertieft bzw. erweitert noch einmal die bisher erworbenen Kenntnisse.

---

1 Da die Angaben über Verdienstmöglichkeiten auf den einschlägigen Webseiten im Internet enorm stark schwanken, wird hier auf konkrete Zahlen verzichtet. Umfragen haben aber ergeben, dass ca. 70 % der Absolventen von anerkannten Fortbildungen beruflich aufsteigen und auch mehr Gehalt als vorher erhalten.

2 Die Fortbildungslandschaft in Deutschland ist außerordentlich vielfältig und komplex. So werden fast alle Fortbildungsmaßnahmen sowohl berufsbegleitend als auch in Vollzeitform angeboten. Darüber hinaus ist eine gute Durchlässigkeit gegeben, d.h., die einzelnen Abschlüsse lassen sich auf andere Abschlüsse anrechnen.

3 Auch in anderen Fachbereichen kann man sich zum Fachkaufmann fortbilden. Beispiel: Fachmann für Vertriebsmanagement (IHK). Die Fortbildungsdauer kann jedoch nach Schwerpunkt variieren.

4 FOM Hochschule für Ökonomie und Management (früher: FOM Fachhochschule für Ökonomie und Management). Die FOM verdankt ihre häufige Erwähnung dem Umstand, dass sie im Vergleich zu den vielen regionalen privaten Fachhochschulen auch überregional an vielen Standorten vertreten ist.

5 Man kann sich alternativ auch zum Fachwirt für spezielle Fachbereiche fortbilden. Diese Ausbildung ähnelt dann sehr stark den Fachkaufleuten. Beispiele: Fachwirt für Einkauf (IHK) oder Fachwirt für Logistik (IHK).

Fortsetzung

Zugangsvoraussetzung ist die mit Erfolg abgelegte Prüfung zum Fachkaufmann oder zum Fachwirt. Die Kosten betragen dann noch einmal ca. 5.400,00 €. Mit dem Abschluss geprüfter Betriebswirt (IHK) kann man z.B. an der FOM schon in das 5. Semester des Bachelorstudiengangs Wirtschaft und Management einsteigen.

Eine vierte Möglichkeit ist die Fortbildung zum **staatlich geprüften Betriebswirt**[6] an einer staatlichen Fachschule oder bei einem privaten Fortbildungsträger[7]. Die Fortbildung dauert berufsbegleitend sechs Semester (= drei Jahre) und umfasst ca. 2.400 Unterrichtsstunden, von denen ca. 500 Unterrichtsstunden durch Selbstlernphasen abgedeckt werden. Der Unterricht findet abends und am Wochenende statt. Zugangsvoraussetzung neben der Fachoberschulreife ist eine abgeschlossene Berufsausbildung. Berufserfahrung ist bei der berufsbegleitenden Variante nicht notwendig, da diese im Laufe des Studiums erworben wird. Die Kosten für das Studium an einer privaten Fachakademie betragen insgesamt ca. 3.300,00 €. Der Besuch einer Fachschule ist hingegen kostenlos. Der umfassende allgemeinbildende Teil ermöglicht es den Fachschülern, durch eine Ergänzungsprüfung im Rahmen der Abschlussprüfung die Fachhochschulreife zu erwerben, die dann wiederum zur Aufnahme eines Bachelorstudiums an einer staatlichen Hoch- oder Fachhochschule berechtigt. An der FOM ist es, wie beim geprüften Betriebswirt (IHK), möglich, in das 5. Semester einzusteigen.

Eine weitere Möglichkeit ist in der Fortbildung zum **Betriebswirt (VWA)** an einer Verwaltungs- und Wirtschaftsakademie zu sehen. Dieser Lehrgang ist auf sechs Semester angelegt, wobei der Unterricht abends und am Wochenende stattfindet. Zugangsvoraussetzung ist die Fachoberschulreife, eine abgeschlossene Berufsausbildung im kaufmännischen Bereich sowie eine mindestens einjährige Berufspraxis. Die Kosten belaufen sich insgesamt auf ca. 4.500,00 €. Der Abschluss berechtigt auch ohne Abitur zur Aufnahme eines Bachelorstudiums an einer staatlichen Hoch- oder Fachhochschule. An der FOM ist es, wie beim geprüften Betriebswirt (IHK) und dem staatlich geprüften Betriebswirt, möglich, in das 5. Semester einzusteigen.

Auch der **geprüfte Bilanzbuchhalter (IHK)** stellt eine Möglichkeit dar, sich fortzubilden. Der Lehrgang, der berufsbegleitend von privaten Weiterbildungsträgern angeboten wird, dauert i.d.R. 24 Monate und umfasst ca. 15 Unterrichtsstunden pro Woche. Neben einer abgeschlossenen Berufsausbildung im kaufmännischen Bereich benötigt man mindestens drei Jahre berufliche Praxis. Die berufliche Praxis sollte überwiegend im Finanz- und Rechnungswesen erworben worden sein. Die Kosten können je nach Anbieter bis zu 5.500,00 € betragen, wenn man sämtliche Kosten mit einbezieht. Der geprüfte Bilanzbuchhalter (IHK) kann wie der Fachkaufmann (IHK) auch ohne Abitur, z.B. an der FOM, den auf 8 Semester ausgelegten Bachelorstudiengang Wirtschaft und Management belegen.

Darüber hinaus besteht, wie oben schon angesprochen, die Möglichkeit, berufsbegleitend an einer privaten Hochschule oder Fachhochschule zu studieren. So bietet z.B. die FOM verschiedene **Bachelor- und Masterstudiengänge** im Bereich Wirtschaft und Management an, z.B. **Business Administration/Bachelor of Arts (B.A.)** Die Vorlesungen finden in der Regel abends oder am Wochenende statt. Zugangsvoraussetzung sind die Allgemeine Hochschulreife oder die Fachhochschulreife. Die Kosten für einen 7 Semester dauernden Bachelorstudiengang belaufen sich beispielsweise auf insgesamt 15.000,00 €. Ein sich anschließender 4 Semester dauernder Masterstudiengang schlägt dann nochmal mit ca. 14.000,00 € zu Buche. An der FOM ist es sogar möglich, mit dem 7-semestrigen Bachelorstudiengang ausbildungsbegleitend zu beginnen.

Die Aufstiegschancen und somit auch die Verdienstmöglichkeiten nach erfolgreichem Abschluss der oben aufgeführten Fortbildungsmöglichkeiten sind gut. Unternehmen, die auf den Märkten erfolgreich sein wollen, benötigen qualifizierte Fach- und Führungskräfte. Die Konkurrenz ist natürlich auch hier sehr groß. Um so mehr gilt es, sich von anderen abzuheben. Zu den wichtigsten Zusatzqualifikationen, die Unternehmen von Absolventen erwarten, gehören Praktika und Englischkenntnisse. Auch Berufserfahrung oder -ausbildungen werden hoch angerechnet. Studienschwerpunkte und Fächerkombinationen sind wichtigere Auswahlkriterien als Examensnote oder Studiendauer. Bei den sogenannten Soft Skills sind vor allem Eigeninitiative, Kommunikationsfähigkeit und analytische Fähigkeiten gefordert.

---

6 Die verschiedenen Fachschulen und privaten Bildungsträger, die die Fortbildung zum staatlich geprüften Betriebswirt durchführen, bieten unterschiedliche Schwerpunkte, wie z.B. Logistik, Marketing oder Personalwirtschaft an.

7 Die Dozenten bei einem privaten Bildungsträger stammen in der Regel aus der freien Wirtschaft. Daher ist der Praxisbezug wohl ein wenig höher einzuschätzen als bei einer staatlichen Schule, an der überwiegend Lehrer eingesetzt werden.

📖 Lernsituation:

Am Montag, den 15. Februar 20.., bittet Herr Schmidt, Gesellschafter der BüroTec GmbH, seine beiden Mitgesellschafter Frau Peters und Herrn Schneider zu sich.

Herr Schmidt: Guten Morgen, Frau Peters, guten Morgen, Herr Schneider. Wie Sie wissen, habe ich letzte Woche an einer Tagung des Verbandes der holzverarbeitenden Industrie zum Thema „Qualitätsmanagement" teilgenommen. Anwesend war auch der Bundeswirtschaftsminister, der die Gelegenheit nutzte, für seine Aktion „Ausbildungsplatzoffensive 20.." zu werben.

Herr Schneider: Ausbildungsplatzoffensive?

Herr Schmidt: Ja, wie mir berichtet wurde, stehen auch dieses Jahr nicht genügend Ausbildungsplätze zur Verfügung.

Frau Peters: Kein Wunder, vor Kurzem habe ich gelesen, dass sich 70 % der deutschen Unternehmen überhaupt nicht an der Berufsausbildung beteiligen. Wir gehören schließlich auch dazu.

Herr Schmidt: Sehr richtig, Frau Peters. Und genau darüber wollte ich mit Ihnen und Herrn Schneider sprechen. Ich meine, auch wir sollten Ausbildungsplätze zur Verfügung stellen.

Frau Peters: Nun ja, billig ist das Ganze aber nicht.

Herr Schneider: Das ist sicherlich richtig. Auf der anderen Seite dürfen wir nicht vergessen, dass uns die Ausbildung junger Menschen auch Vorteile bringt.

Frau Peters: Na, die müssen Sie uns aber mal nennen!

✒ Arbeitsaufträge:

1. Die Mehrzahl der Unternehmen bildet nicht aus. Nennen Sie Gründe, die aus Sicht der Unternehmen für und gegen die Berufsausbildung im eigenen Haus sprechen.

Berufsausbildung im eigenen Haus	
Pro-Argumente	**Contra-Argumente**

2. Nennen Sie Kosten, die den Unternehmen durch die betriebliche Berufsausbildung entstehen.

Kosten der betrieblichen Berufsausbildung		
	1	
	2	
	3	
	4	
	5	

3. Die Führungsriege der BüroTec GmbH hat nach reiflicher Überlegung entschieden, sich an der Berufsausbildung junger Menschen zu beteiligen. Herr Schmidt beauftragt die Leiterin der Personalabteilung, Frau Saalfeld, damit, diesbezügliche Informationen zusammenzutragen. Unterstützen Sie Frau Saalfeld, indem Sie mithilfe der Informationen aus Info 1 eine Übersicht erstellen (Info 5), die die wesentlichen Merkmale der Berufsausbildung in Deutschland zusammenfasst.

4. Die Ausbildungsordnung ist für die betriebliche Berufsausbildung von großer Bedeutung. Geben Sie an, welche Informationen sich ihr entnehmen lassen (Info 2).

Inhalte der Ausbildungsordnung		
	1	
	2	
	3	
	4	
	5	
	6	

5. Nennen Sie die Aufgaben, die die IHK gemäß Info 3 im Rahmen der Berufsausbildung übernimmt.

Aufgaben der IHK im Rahmen der Berufsausbildung		
	1	
	2	
	3	
	4	
	5	

6. Entscheiden Sie mithilfe der Infos 1-4, ob es sich in den folgenden Fällen um richtige (1) oder falsche (9) Aussagen handelt.

1	Im BBiG kann man nachlesen, welche Kenntnisse und Fertigkeiten Industriekaufleute beherrschen müssen.	
2	Im Erfolgsfall erhalten die Auszubildenden am Ende der Berufsausbildung von der Berufsschule ein Berufsschulabgangszeugnis.	
3	In der IHK-Abschlussprüfung wird ausschließlich der Lernstoff aus der Berufsschule abgefragt.	
4	Grundlage für den betrieblichen Ausbildungsplan ist der in der entsprechenden Ausbildungsordnung aufgeführte Ausbildungsrahmenplan.	
5	Für jeden anerkannten Ausbildungsberuf existiert eine eigene Ausbildungsordnung.	
6	Die Tarifverträge werden zwischen Arbeitgeberverbänden und Arbeitnehmerverbänden (Gewerkschaften) geschlossen und enthalten z.B. Vereinbarungen über die wöchentliche Arbeitszeit.	
7	Gemäß Bundesurlaubsgesetz stehen den Arbeitnehmern mindestens 20 Werktage Urlaub pro Jahr zu.	
8	In Tarifverträgen dürfen die Arbeitnehmer nicht schlechter gestellt werden, als es die arbeitsrechtlichen Gesetze vorsehen.	
9	In Tarifverträgen vereinbaren Arbeitgeberverbände und Betriebsräte u.a. die Höhe der Ausbildungsvergütungen.	
10	Die Abschlussprüfungen werden von den Mitgliedern der branchenbezogenen Prüfungsausschüsse bewertet, die von der IHK einberufen wurden.	
11	Jedes Unternehmen, das ausbildet, ist verpflichtet, einen Ausbilder zu benennen, der eine Ausbildereignungsprüfung zu absolvieren hat.	
12	Der Berufsausbildungsvertrag wird zwischen dem Ausbilder und dem Auszubildenden geschlossen. Bei minderjährigen Auszubildenden müssen auch die gesetzlichen Vertreter unterschreiben.	
13	Auf dem IHK-Abschlusszeugnis wird grundsätzlich die Durchschnittsnote des Berufsschulabschlusszeugnisses vermerkt.	
14	Das Hauptziel der IHK ist in der Förderung der gewerblichen Wirtschaft zu sehen. Aus diesem Grund hält die IHK beispielsweise viele Beratungsangebote bereit.	
15	Grundlage für die Anforderungen in der Zwischenprüfung sind ausschließlich die schulischen Rahmenlehrpläne.	
16	Die von der IHK einberufenen Prüfungserstellungsausschüsse sind dafür zuständig, die Zwischen- und Abschlussprüfungen zu erstellen.	
17	Die Betriebsvereinbarung wird zwischen dem Arbeitgeber und dem Betriebsrat geschlossen und enthält Vereinbarungen über die Löhne und Gehälter, die im Unternehmen gezahlt werden.	

Info 1: Auszug aus dem 1x1 des Personalmanagements

**1 x 1 des Personal-
managements**

Duale Berufsausbildung

Das duale Ausbildungssystem in Deutschland wird oftmals als eines unserer „Markenzeichen" angesehen. Wenn heute über die Qualität des Industriestandortes Deutschland nachgedacht wird, so hört man immer wieder von vielen Seiten, dass vor allem die besonders gute berufliche Aus- und Weiterbildung der Facharbeiter und kaufmännischen Angestellten Wettbewerbsnachteile gegenüber anderen Ländern der EU und außerhalb Europas ausgleicht. Manche Länder, wie z.B. Portugal und Spanien, bemühen sich sogar, die deutsche Form der Berufsausbildung zu übernehmen. Was aber ist eigentlich mit dem Begriff „duale Berufsausbildung" gemeint?

Man bezeichnet unsere Form der Berufsausbildung als dual, weil sie an zwei Lernorten, dem Ausbildungsbetrieb und der Berufsschule, stattfindet. Das Ziel besteht darin, Wissen mit Können und Denken mit Handeln in einer effizienten Weise zu verknüpfen.

Der Ausbildungsbetrieb stellt den Auszubildenden ein und übernimmt den fachpraktischen Teil der Ausbildung.

Bei der betrieblichen Berufsausbildung gilt für jeden anerkannten Ausbildungsberuf – zur Zeit insgesamt etwa 330 – eine verbindliche, bundeseinheitliche Ausbildungsordnung. Die Ausbildungsordnung, auch Verordnung über die Berufsausbildung genannt, ist eine Grundlage für die Berufsausbildung am Lernort Betrieb.

Die zweite Grundlage ist im Berufsbildungsgesetz (BBiG) zu sehen. Das BBiG regelt die Vertragsgestaltung, enthält die Rechte und Pflichten der Ausbildenden und Auszubildenden, gibt Auskunft darüber, welche Inhalte die Ausbildungsordnungen enthalten müssen und regelt die Überwachung der Berufsausbildung. Nach Beendigung der betrieblichen Ausbildung erhalten die Auszubildenden ein einfaches oder qualifiziertes Ausbildungszeugnis.

Die Berufsschule übernimmt den theoretischen Teil der Ausbildung. Sie vermittelt dem Auszubildenden allgemeinbildende und fachliche Lerninhalte des jeweiligen Ausbildungsberufs. Die schulische Berufsausbildung wird nicht durch die Ausbildungs-ordnung und das BBiG geregelt, sondern liegt in den Händen der einzelnen Bundesländer. Grundlage für die schulische Berufsausbildung sind diverse Schulgesetze sowie schulische Rahmenlehrpläne, wie z.B. die „Richtlinien und Lehrpläne für den Bildungsgang Industriekauffrau/Industriekaufmann", die sich an den bestehenden Ausbildungsordnungen orientieren. Am Ende der schulischen Berufsausbildung erhalten die Auszubildenden im Erfolgsfall ein Berufsschul-abschlusszeugnis. Die Berufsausbildung im dualen System erfolgt wöchentlich an 3 bis 4 Tagen im Ausbildungsbetrieb und an 1 bis 2 Tagen in der Berufsschule. Der Berufsschulunterricht kann allerdings auch zu Unterrichtsblöcken von mehreren Wochen zusammengefasst werden. Die Aufgabe der Berufsschule beschränkt sich jedoch bei weitem nicht nur darauf, auf die IHK-Abschlussprüfung vorzubereiten. Vielmehr ist das Hauptziel der beruflichen Bildung in der Förderung der beruflichen Handlungskompetenz zu sehen.

3 Schmidthausen ISBN: 978-3-8120-1024-5

Fortsetzung

Junge Menschen sollen in die Lage versetzt werden, in beruflichen und außerberuflichen Situationen sachgerecht in individueller und gesellschaftlicher Verantwortung zu handeln. Dabei lässt sich Handlungskompetenz in die vier Teilbereiche Fach-, Methoden-, Lern- und Sozialkompetenz unterteilen, die eng miteinander in Verbindung stehen und sich nicht immer scharf voneinander trennen lassen.

Am Ende der Ausbildung müssen die Auszubildenden die IHK-Abschlussprüfung absolvieren. Die Abschlussprüfung erstreckt sich auf die in der Ausbildungsordnung genannten Kenntnisse und Fertigkeiten sowie auf die im Berufsschulunterricht vermittelten Lerninhalte. Bei erfolgreichem Abschneiden erhält der kaufmännische Auszubildende das IHK-Prüfungszeugnis, auf dem auf Antrag des Auszubildenden auch die Berufsschulnote (in diesem Fall die Durchschnittsnote des Abschlusszeugnisses) vermerkt wird.

Info 2: Auszug aus einer Informationsbroschüre der IHK

Niederrheinische Industrie- und Handelskammer
Duisburg – Wesel – Kleve zu Duisburg

Die Ausbildungsordnung

Die Ausbildungsordnung ist die Grundlage für die Berufsausbildung im Betrieb. Sie enthält unter anderem die Bezeichnung des Ausbildungsberufs, die Ausbildungsdauer, das Ausbildungsberufsbild, den Ausbildungsrahmenplan, Hinweise zum Ausbildungsplan und die Anforderungen im Rahmen der Zwischen- und Abschlussprüfung.

Im Folgenden soll die Beziehung zwischen Ausbildungsberufsbild, Ausbildungsrahmenplan und betrieblichem Ausbildungsplan näher betrachtet werden. Das Ausbildungsberufsbild enthält die zu vermittelnden Kenntnisse und Fertigkeiten in recht allgemeiner Form.

Diese werden im Ausbildungsrahmenplan inhaltlich konkretisiert und bezogen auf die sechs Ausbildungshalbjahre in eine zeitliche Reihenfolge gebracht. Man spricht in diesem Zusammenhang von sachlicher und zeitlicher Gliederung der Berufsausbildung.

Auf der Grundlage dieses Ausbildungsrahmenplans ist vom Ausbildenden für den Auszubildenden ein betrieblicher Ausbildungsplan zu erstellen. Der betriebliche Ausbildungsplan kann in bestimmten Punkten vom Ausbildungsrahmenplan abweichen, da die spezifischen Rahmenbedingungen des Ausbildungsbetriebs berücksichtigt werden müssen. Industrielle Dienstleister z.B. können Industriekaufleute ausbilden, obwohl sie keine Produktionsabteilungen haben.

Die Ausbildungsordnungen werden vom Bundesministerium für Wirtschaft und Energie (BMWI) oder dem sonst zuständigen Fachminister im Einvernehmen mit dem Bundesministerium für Bildung und Forschung (BMBF) erlassen. An der Entwicklung der Ausbildungsordnungen wirken auch die Sozialpartner (Arbeitgeberverbände und Gewerkschaften) mit. Die Ausbildung für anerkannte Ausbildungsberufe muss nach der Ausbildungsordnung erfolgen.

Das Bundesinstitut für Berufsbildung (BIBB) führt ein Verzeichnis der anerkannten Ausbildungsberufe. Es kann bei der Industrie- und Handelskammer (IHK) oder der Berufsberatung der Bundesagentur für Arbeit eingesehen werden.

Info 3: Auszug aus einer Informationsbroschüre der IHK

Niederrheinische Industrie- und Handelskammer
Duisburg – Wesel – Kleve zu Duisburg

Aufgaben der IHK

Die Industrie- und Handelskammern sind als Körperschaften des öffentlichen Rechts juristische Personen. Soweit für einen Betrieb nicht die Handwerksordnung zuständig ist, hat die Zugehörigkeit zur IHK Zwangscharakter. Die einzelnen Industrie- und Handelskammern sind im Deutschen Industrie- und Handelstag (DIHT) zusammengeschlossen. Die Aufgaben der IHK sind sehr vielfältig.

Dies soll an einigen Beispielen erläutert werden: Das Hauptziel ist in der Förderung der gewerblichen Wirtschaft zu sehen. So befragt die IHK die Unternehmen der verschiedenen Branchen danach, wie sie die gegenwärtige und zukünftige wirtschaftliche Entwicklung einschätzen. Diese Konjunkturberichte sind eine wesentliche Grundlage für unternehmerische Entscheidungen und für die staatliche Wirtschaftspolitik. Darüber hinaus hält die IHK umfangreiche Beratungsangebote bereit. Das Beratungsangebot umfasst unter anderem folgende Themenkreise: Aufbau internationaler Wirtschaftsbeziehungen, Ermittlung von Bezugsquellen (national und international) und Existenzgründungen inkl. Finanzierungshilfen. Die Beratung erfolgt in Einzelgesprächen oder auch in Seminaren. Darüber hinaus gibt die IHK eine monatliche Kammerzeitschrift heraus und veröffentlicht zu vielen Themen eigene Broschüren.

Eine weitere wichtige Aufgabe der IHK ist im Bereich der Aus- und Weiterbildung zu sehen. So ist sie beispielsweise umfassend in die betriebliche Berufsausbildung eingebunden. Auf der Grundlage des Berufsbildungsgesetzes (BBiG) übernimmt die IHK folgende Aufgaben:

Sie prüft, ob der Ausbildende (der gesetzlich Verantwortliche des Ausbildungsbetriebs) persönlich geeignet ist und das Unternehmen über die notwendige Ausstattung zur Berufsausbildung verfügt.

Jedes Unternehmen ist verpflichtet einen oder mehrere Ausbilder zu benennen. Die IHK prüft, ob die Ausbilder in den Betrieben fachlich und persönlich geeignet sind. Darüber hinaus müssen die benannten Ausbilder eine Ausbildereignungsprüfung absolvieren.

Der Ausbildende und der Auszubildende schließen gemäß BBiG einen schriftlichen Berufsausbildungsvertrag (bei Minderjährigen müssen auch noch die gesetzlichen Vertreter unterschreiben). Dieser Vertrag ist der IHK zuzusenden und wird dort auf Herz und Nieren geprüft. Ist alles in Ordnung, wird der Vertrag in das Verzeichnis der Ausbildungsverhältnisse eingetragen. Dieses Verzeichnis liefert die Daten für die Ausbildungsstatistik.

Eine weitere Aufgabe der IHK besteht darin, die Auszubildenden in allen Fragen der Berufsausbildung, z.B. bei Problemen im Ausbildungsbetrieb, zu beraten. Zudem beruft die IHK Prüfungserstellungsausschüsse, die die Zwischen- und Abschlussprüfungen erstellen sowie branchenbezogene Prüfungsausschüsse, die die Prüfungen durchführen und bewerten. Ist die Prüfung erfolgreich verlaufen, erhalten die Auszubildenden ein IHK-Prüfungszeugnis.

Neben der Berufsausbildung bestehen vielfältige Möglichkeiten, sich bei der IHK im Rahmen von Lehrgängen und Seminaren weiterzubilden.

Info 4: Auszug aus dem Informationspapier der Kanzlei Berger & Partner

Information „Arbeitsrecht"

Berger & Partner
Rechtsanwälte

**Arbeitsrechtliche Aspekte
beim Abschluss von
Berufsausbildungsverträgen**

Arbeitsrecht
Wirtschaftsrecht
Gesellschaftsrecht

Arbeitsrechtliche Aspekte

Beim Abschluss von Berufsausbildungsverträgen sind diverse arbeitsrechtliche Aspekte zu berücksichtigen. Betriebsvereinbarungen, Tarifverträge und andere arbeitsrechtliche Gesetze müssen beachtet werden. Daher sollen die folgenden Begriffe kurz erläutert werden: Berufsausbildungsvertrag, Betriebsvereinbarung, Tarifvertrag und Arbeitsrecht.

Der Berufsausbildungsvertrag wird zwischen dem Ausbildenden (das ausbildende Unternehmen) und dem Auszubildenden geschlossen. Er enthält u.a. die Höhe der Ausbildungsvergütung, die regelmäßige tägliche Arbeitszeit und die Zahl der Urlaubstage.

Die Betriebsvereinbarung wird zwischen dem Arbeitgeber und dem Betriebsrat geschlossen. In Betriebsvereinbarungen werden Arbeitsbedingungen, wie z. B. die tägliche Arbeitszeit, die Pausenzeiten sowie die Urlaubsplanung geregelt. Zudem enthalten Betriebsvereinbarungen häufig Regelungen zur Betriebsordnung. Hierzu zählen z.B. Rauchverbote, Regelungen zur Internetnutzung für private Zwecke sowie Bekleidungsvorschriften. Betriebsvereinbarungen und Betriebsordnungen existieren jedoch häufig auch getrennt voneinander.

Der Tarifvertrag wird zwischen dem Arbeitgeberverband und dem entsprechenden Arbeitnehmerverband (Gewerkschaft) geschlossen. In der Metallbranche sind dies z.B. der Arbeitgeberverband Gesamtmetall und die Gewerkschaft IG Metall. Wesentliche Vertragsbestandteile sind z. B. die wöchentliche Arbeitszeit, die Zahl der Urlaubstage und natürlich die Höhe der Löhne und Gehälter sowie Ausbildungsvergütungen. Das Arbeitsrecht ist durch eine Vielzahl von Gesetzen geregelt. Dies soll an einigen Beispielen erläutert werden: Gemäß Bundesurlaubsgesetz stehen dem Arbeitnehmer mindestens 24 Werktage Urlaub zu. Das Arbeitszeitgesetz sieht z.B. vor, dass die regelmäßige Arbeitszeit an Werktagen 8 Stunden nicht überschreiten darf (Ausnahmen sind aber erlaubt). Hieraus ergibt sich eine wöchentliche Arbeitszeit von 48 Stunden (6 Werktage x 8 Stunden). Weitere spezielle Regelungen finden sich im Berufsbildungsgesetz, im Jugendarbeitsschutzgesetz oder im Mutterschutzgesetz.

Nun stellt sich natürlich folgende Frage: In welcher Beziehung stehen die aufgeführten Verträge, Vereinbarungen und Gesetze zueinander? In diesem Zusammenhang ist zunächst festzustellen, dass die arbeitsrechtlichen Gesetze und Verordnungen das Fundament darstellen. In Tarifverträgen darf z.B. nichts vereinbart werden, was den Arbeitnehmer schlechter stellt, als es in den entsprechenden Gesetzen vorgesehen ist. Sehr wohl ist aber möglich, günstigere Bedingungen auszuhandeln. Gleiches gilt auch für die Tarifverträge und Betriebsvereinbarungen, d.h., die Arbeitnehmer dürfen in den Betriebsvereinbarungen nicht schlechter gestellt werden, als es der Tarifvertrag vorsieht (allerdings sind seit einiger Zeit Ausnahmen möglich, wenn es um den Erhalt von Arbeitsplätzen geht). Arbeits- und Berufsausbildungsverträge sind wiederum an die Betriebsvereinbarungen gebunden.

Info 5: Übersicht „Berufsausbildung in Deutschland"

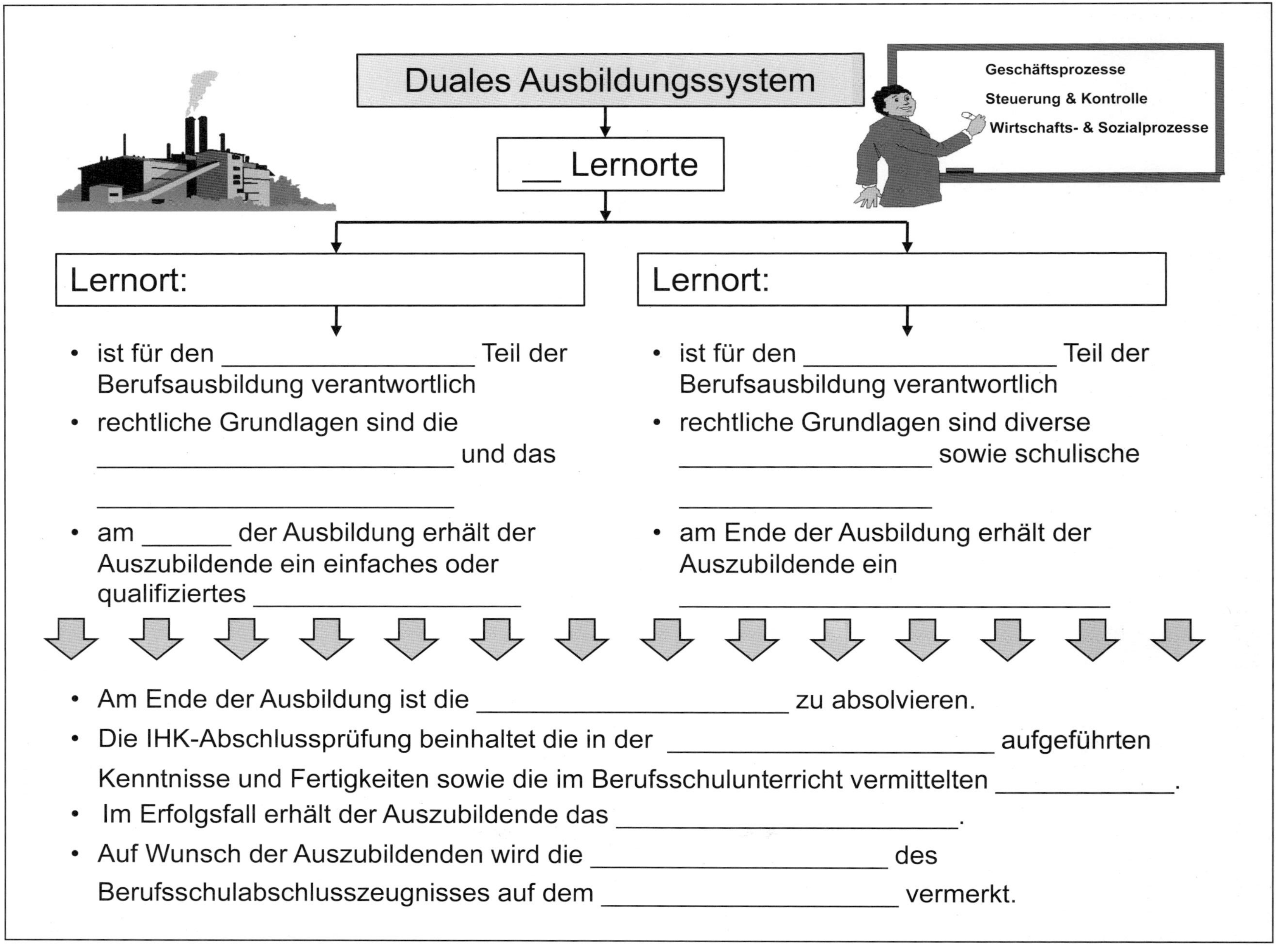

<table>
<tr><td></td><td><h1>Einen Auszubildenden einstellen</h1></td><td>Wirtschafts- und Sozialprozesse</td></tr>
</table>

Lernsituation:

Am Mittwoch, den 17. Februar 20.., informiert Frau Saalfeld die Gesellschafter der BüroTec GmbH über die Berufsausbildung in Deutschland. Nach der Präsentation findet folgendes Gespräch statt:

Herr Schmidt: Vielen Dank, Frau Saalfeld, für den gelungenen Vortrag. Ich denke, wir wissen jetzt genug, um eine Entscheidung treffen zu können.

Herr Schneider: Das sehe ich genauso. Ich meine, wir sollten in die Zukunft investieren und dem Nachwuchs eine Chance geben.

Frau Peters: Ganz recht. Wenn wir nicht ausbilden, brauchen wir uns nicht zu wundern, wenn irgendwann keine qualifizierten Fachkräfte mehr zur Verfügung stehen.

Herr Schmidt: Sehr richtig, Frau Peters. Langfristig können wir nur wettbewerbsfähig bleiben, wenn uns qualifizierte Mitarbeiter zur Verfügung stehen. Ganz zu schweigen von der sozialen Verantwortung, die wir als Unternehmen haben.

Frau Peters: Gut, dann sind wir uns einig. Frau Saalfeld, was ist zu tun, um zum nächstmöglichen Termin einen Auszubildenden einstellen zu können?

Frau Saalfeld: Nun, ich denke, wir müssen zunächst ...

Arbeitsauftrag:

Überlegen Sie gemeinsam mit Ihrem Tischnachbarn bzw. Ihrer Tischnachbarin, welche Maßnahmen die BüroTec GmbH nun ergreifen muss, um zum nächstmöglichen Termin (i. d. R. der 1. September eines Jahres) einen Auszubildenden bzw. eine Auszubildende einstellen zu können. Bearbeiten Sie in diesem Zusammenhang mithilfe folgender Füllworte den nachfolgenden Lückentext:

<u>Füllwörter:</u> Vorstellungsgespräche, Personalbedarf, Ausbildungshalbjahr, Ausbildung, Personalauswahl, Ausbildungsplätze, Einstellungsprozess, Anforderungsprofil, Teamgeist, fachlich, Tageszeitungen, Anforderungsprofil, ausgebildet, Berufsausbildungsvertrag, Internet, Flexibilität, Ausbildungsplan, Personalbeschaffung, Stellenanzeige, Qualifikationen, Einstellungstests, persönlich, Ausstattung, Ausbildungsordnung, Rahmenbedingungen, Entscheidung, Abteilungen, Genehmigung, Ausbildereignungsprüfung.

Info 1: Lückentext

Einen Auszubildenden einstellen

In Abhängigkeit vom zukünftigen (1) _______________ (veränderte Auftragslage, Mitarbeiter kündigen oder verlassen aus Altersgründen das Unternehmen etc.) muss im Rahmen der Personalbedarfsplanung festgelegt werden, für welchen Beruf (2) _______________ werden soll und wie viele (3) _______________ besetzt werden sollen. Hat ein Unternehmen bislang nicht ausgebildet, müssen zunächst die betrieblichen (4) _______________ geschaffen werden. So muss die Unternehmensleitung einen Ausbilder benennen, der für die Ausbildungsangelegenheiten zuständig ist. Darüber hinaus ist auf der Grundlage der für den festgelegten Ausbildungsberuf geltenden (5) _______________ ein betrieblicher (6) _______________ zu erstellen, der im wesentlichen festhält, welche (7) _______________ in welchem (8) _______________ durchlaufen werden sollen. Nun ist bei der IHK die (9) _______________ einzuholen, ausbilden zu dürfen. Die IHK prüft u.a., ob das Unternehmen über die notwendige (10) _______________ zur Berufsausbildung verfügt und ob die Ausbilder (11) _______________ und (12) _______________ geeignet sind. In diesem Zusammenhang müssen die Ausbilder eine (13) _______________ absolvieren. Danach sollten in einem (14) _______________ diejenigen (15) _______________ festgehalten werden, die der zukünftige Mitarbeiter mitbringen sollte. (16) _______________, Kommunikationsfähigkeit und (17) _______________ sind in diesem Zusammenhang häufig genannte Kriterien. Ist die Personalbedarfsplanung abgeschlossen und wurden die nötigen Rahmenbedingungen geschaffen, ist im Rahmen der (18) _______________ eine (19) _______________ zu formulieren, die z.B. in (20) _______________, bei der Bundesagentur für Arbeit oder im (21) _______________ veröffentlicht wird. Gehen mehrere Bewerbungen ein, sind diese im Rahmen der (22) _______________ zunächst zu sichten, um diejenigen Bewerber herauszufiltern, die gemäß dem erstellten (23) _______________ geeignet erscheinen. Im weiteren Verlauf werden häufig (24) _______________ und/oder (25) _______________ durchgeführt, um zu einer fundierten (26) _______________ zu gelangen, welcher Bewerber letztlich eingestellt werden soll. Wurde ein geeigneter Bewerber gefunden, muss ein (27) _______________ abgeschlossen werden. Damit ist der (28) _______________ beendet und der neue Mitarbeiter kann zum im Berufsausbildungsvertrag vereinbarten Zeitpunkt die (29) _______________ beginnen.

<table>
<tr><td>Lernsituation 04</td><td><h1>Einen Berufsausbildungsvertrag abschließen</h1></td><td>Wirtschafts- und Sozialprozesse</td></tr>
</table>

📖 Lernsituation:

Nachdem Frau Saalfeld, die Leiterin der Personalabteilung, sich dazu entschieden hat, Petra Berger im Spätsommer 2018 als Auszubildende für den Ausbildungsberuf Industriekauffrau einzustellen, beauftragt sie ihren Mitarbeiter Herrn Höfer, den Berufsausbildungsvertrag aufzusetzen. Nach getaner Arbeit lässt Herr Höfer den Vertrag von Herrn Schmidt, einem Gesellschafter der BüroTec GmbH, und von Frau Berger unterschreiben. Anschließend schickt er ihn zur IHK. Einige Tage später klingelt bei Frau Saalfeld das Telefon.

Frau Saalfeld: BüroTec GmbH, Saalfeld am Apparat.

Herr Bergmann: IHK Duisburg. Guten Morgen, Frau Saalfeld. Bergmann ist mein Name.

Frau Saalfeld: Guten Morgen, Herr Bergmann. Was kann ich für Sie tun?

Herr Bergmann: Es geht um den Berufsausbildungsvertrag, den Ihr Unternehmen mit Frau Berger abgeschlossen hat. Einen derart fehlerhaften Vertrag können wir nicht in das Verzeichnis der Berufsausbildungsverträge aufnehmen.

Frau Saalfeld: Nun, ich habe einen meiner Mitarbeiter mit der Angelegenheit beauftragt. Möglicherweise ist da etwas schief gegangen. Sie wissen ja, wir haben bislang nicht ausgebildet.

Herr Bergmann: Machen Sie sich keine Sorgen, Frau Saalfeld. Ich schlage vor, ich schicke Ihnen den Vertrag zurück und Sie korrigieren ganz einfach die entsprechenden Passagen.

Frau Saalfeld: Gut, Herr Bergmann, ich werde mich persönlich der Sache annehmen. Sie hören dann von mir.

✎ Arbeitsaufträge:

1. Prüfen Sie mithilfe der zur Verfügung stehenden Informationen (Info 3–9) den vorliegenden Berufsausbildungsvertrag (Info 1).

2. Geben Sie an, welcher wesentliche Vertragsbestandteil in dem vorliegenden Berufsausbildungsvertrag fehlt.

---

3. Sie haben sich bei der IHK Niederrhein einen Mustervertrag heruntergeladen (Info 2). Setzen Sie nun anhand Ihrer Korrekturen einen fehlerfreien Berufsausbildungsvertrag auf.

4. Erstellen Sie eine Übersicht zum Thema „Berufsausbildungsvertrag", indem Sie das zur Verfügung stehende Schaubild (Info 10) ergänzen.

Info 1: Fehlerhafter Berufsausbildungsvertrag

Berufsausbildungsvertrag

BüroTecGmbH Moers

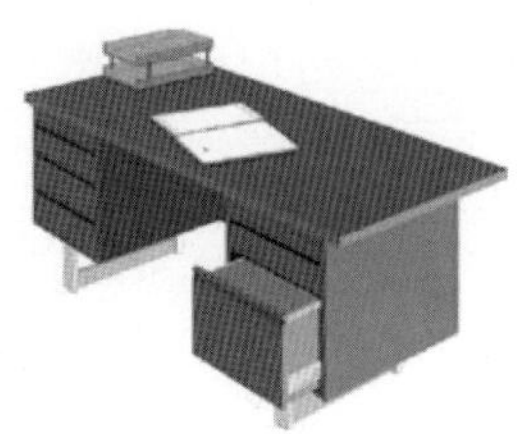

Zwischen dem Ausbildenden (Ausbildungsbetrieb), der
BüroTec GmbH mit Firmensitz auf der **Anglerstr. 34**
in **47055 Moers,** und der Auszubildenden **Petra Berger,**
geboren am **10.01.2001** und wohnhaft auf der
Lotharstr. 4 in **47057 Duisburg,**
wird nachstehender Vertrag geschlossen:

Die Ausbildung erfolgt im Ausbildungsberuf **Sachbearbeiterin im Verkauf** nach Maßgabe der entsprechenden Ausbildungsordnung.

Die von der IHK anerkannte sachliche und zeitliche Gliederung der Ausbildung (Ausbildungsplan) ist Bestandteil dieses Vertrages.

1. Die Ausbildungszeit beträgt **42 Monate.** Sie beginnt am **01.09.2018** und endet am **29.02.2022.**

2. Die Probezeit beträgt **6 Monate.**

3. Die monatliche Vergütung beträgt zurzeit:

Euro	**628,36**	**628,36**	**628,36**
im	1. Jahr	2. Jahr	3. Jahr

4. Der Ausbildende gewährt der Auszubildenden folgenden Urlaubsanspruch:

im Jahr	2018	2019	2020	2021
Werk-tage	**9**	**24**	**24**	**6**

5. Die Ausbildung findet vorbehaltlich der Regelungen unter Punkt 6 in **Moers** statt.

6. Außerhalb der oben benannten Ausbildungsstätte finden **keine Ausbildungs-maßnahmen** statt.

7. Die regelmäßige tägliche Arbeitszeit richtet sich nach dem **Auftragsvolumen.**

8. Auf diesen Berufsausbildungsvertrag findet der **Tarifvertrag** für die holz- und kunststoffverarbeitende Industrie (Tarifvertragsnummer: 0090) Anwendung.

9. Der Ausbildungsnachweis (Berichtsheft) hat in schriftlicher Form zu erfolgen.

Moers, den 17.02.2018

Moritz Schmidt   *Petra Berger*

_________________   _________________   _________________
Ausbildender   Auszubildende   gesetzliche Vertreter

4 Schmidthausen ISBN: 978-3-8120-1024-5

Info 2: Berufsausbildungsvertrag (Blankoformular)

Berufsausbildungsvertrag
(§§ 10, 11 Berufsbildungsgesetz – BBiG)

IHK Industrie- und Handelskammer

Zwischen dem/der Ausbildenden (Ausbildungsbetrieb)   **und dem/der Auszubildenden**   männlich ☐   weiblich ☐

Öffentlicher Dienst ☐   **Berufsausbildung im Rahmen eines dualen Studiums** ☐

KNR	IHK-Firmenident-Nr.	Tel.-Nr.

Anschrift des/der Ausbildenden (Ausbildungsbetrieb)

Straße, Haus-Nr.

PLZ	Ort

E-Mail-Adresse des/der Ausbildenden (Angabe freiwillig)

Verantwortliche/r Ausbilder/in

Name	Vorname

Straße, Haus-Nr.

PLZ	Ort

Geburtsdatum	Staatsangehörigkeit

E-Mail-Adresse (Angabe freiwillig)	Mobil-/Tel.-Nr. (Angabe freiwillig)

Gesetzlicher Vertreter[1]

Namen, Vornamen der gesetzlichen Vertreter

Straße, Haus-Nr.

PLZ	Ort

wird nachstehender Vertrag zur Ausbildung im Ausbildungsberuf

mit der Fachrichtung / dem Schwerpunkt / der/den Wahlqualifikation/en / dem/den Wahlbaustein/en etc. nach **Maßgabe der Ausbildungsordnung[2] geschlossen.**

Änderungen des wesentlichen Vertragsinhaltes sind vom/von der Ausbildenden unverzüglich zur Eintragung in das Verzeichnis der Berufsausbildungsverhältnisse bei der Industrie- und Handelskammer anzuzeigen.

Die beigefügten Angaben zur sachlichen und zeitlichen Gliederung des Ausbildungsablaufs (Ausbildungsplan) sowie die umseitigen Regelungen sind Bestandteil dieses Vertrages.

A   Die Ausbildungszeit beträgt nach der Ausbildungsordnung

     Monate.

☐ Es wird eine Verkürzung der Ausbildungszeit um   Monate beantragt

Verkürzungsgrund:

Das Berufsausbildungsverhältnis

beginnt am   und endet am   .

B   Die Probezeit (Nr. 1.2) beträgt   Monate.[3]

C   Die Ausbildung findet statt in [Name/Anschrift der Ausbildungsstätte(n)]

und den mit dem Betriebssitz für die Ausbildung üblicherweise zusammenhängenden Bau-, Montage- und sonstigen Arbeitsstellen statt.

D   Ausbildungsmaßnahmen außerhalb der Ausbildungsstätte(n) sind für den folgenden Zeitraum in der/den folgenden Ausbildungsstätte(n) vorgesehen (hierzu zählen auch Auslandsaufenthalte) (Nr. 3.12):

E   Der/Die Ausbildende zahlt dem/der Auszubildenden eine angemessene Vergütung (Nr. 5); diese beträgt zurzeit monatlich brutto

€			
im ersten	zweiten	dritten	vierten.

Ausbildungsjahr.

F   Die regelmäßige Ausbildungszeit in Stunden beträgt

täglich[4]   und wöchentlich   .

Teilzeitausbildung wird beantragt (Nr. 6.2):   ja ☐   nein ☐

G   Es besteht ein Urlaubsanspruch

im Kalenderjahr				
Werktage				
Arbeitstage				

H   Der Ausbildungsnachweis wird wie folgt geführt:

schriftlich ☐   elektronisch ☐

I   Hinweise auf anzuwendende Tarifverträge und Betriebsvereinbarungen; sonstige Vereinbarungen (Nr. 11):

J   Die umseitigen Bestimmungen sind Gegenstand dieses Vertrages und werden anerkannt.

Ort, Datum:

Der/Die Ausbildende:

____

Stempel und Unterschrift

Der/Die Auszubildende:

____

Vor- und Familienname

Der/Die gesetzlichen Vertreter/in des/der Auszubildenden:

____

Vater und Mutter/Vormund

[1]   Vertretungsberechtigt sind beide Eltern gemeinsam, soweit nicht die Vertretungsberechtigung nur einem Elternteil zusteht. Ist ein Vormund bestellt, so bedarf dieser zum Abschluss des Ausbildungsvertrages der Genehmigung des Vormundschaftsgerichtes.

[2]   Solange die Ausbildungsordnung nicht erlassen ist, sind gem. § 104 Abs. 1 BBiG die bisherigen Ordnungsmittel anzuwenden.

[3]   Die Probezeit muss mindestens einen Monat und darf höchstens vier Monate betragen.

[4]   Das Jugendarbeitsschutzgesetz sowie für das Ausbildungsverhältnis geltende tarifvertragliche Regelungen und Betriebsvereinbarungen sind zu beachten.

Info 3: Informationen zur Einstellung von Frau Petra Berger

BüroTec GmbH

Interne Mitteilung **Von:** Peter Gehrke **An:** Jan Ludwig

21.03.20..

Daten Petra Berger

Geburtsdatum: 10.01.2001
Adresse: Lotharstr. 4, 47057 Duisburg
Schulbildung: Allgemeine Hochschulreife (Mannesmann-Gymnasium)
Ausbildungsberuf: Industriekauffrau (Beginn 1. September 2018)
Sonstiges: 4 Monate Probezeit, keine Verkürzung der Ausbildungsdauer

Info 4: Auszug aus dem 1 x 1 des Personalmanagements

B

**1 x 1 des Personal-
managements**

Auszug aus dem Berufsbildungsgesetz (BBiG)

§ 11 BBiG Vertragsniederschrift

(1) Der Ausbildende hat unverzüglich nach Abschluss des Berufsausbildungsvertrages, spätestens vor Beginn der Berufsausbildung, den wesentlichen Inhalt des Vertrages schriftlich niederzulegen. In die Niederschrift sind mindestens aufzunehmen

1. Art, sachliche und zeitliche Gliederung sowie Ziel der Berufsausbildung, insbesondere die Berufstätigkeit, für die ausgebildet werden soll,
2. Beginn und Dauer der Berufsausbildung,
3. Ausbildungsmaßnahmen außerhalb der Ausbildungsstätte (**Anmerkung des Verfassers:** z.B. eine sechswöchige Computer-Schulung in einem auswärtigen Schulungszentrum,
4. Dauer der regelmäßigen täglichen Ausbildungszeit,
5. Dauer der Probezeit,
6. Zahlung und Höhe der Vergütung,
7. Dauer des Urlaubs,
8. Voraussetzungen, unter denen der Berufsausbildungsvertrag gekündigt werden kann,
9. ein in allgemeiner Form gehaltener Hinweis auf die Tarifverträge, Betriebs- oder Dienstvereinbarungen, die auf das Berufsausbildungsverhältnis anzuwenden sind.
10. die Form des Ausbildungsnachweises (**Anmerkung des Verfassers:** schriftlich oder elektronisch.)

(2) Die Niederschrift ist von den Ausbildenden, den Auszubildenden und deren gesetzlichen Vertretern und Vertreterinnen zu unterzeichnen. (**Anmerkung des Verfassers:** Mit gesetzlichen Vertretern sind i.d.R. beide Elternteile gemeint.)

§ 17 BBiG Vergütungsanspruch

(1) Ausbildende haben Auszubildenden eine angemessene Vergütung zu gewähren. Sie ist nach dem Lebensalter der Auszubildenden so zu bemessen, dass sie mit fortschreitender Berufsausbildung, mindestens jährlich, ansteigt.

§ 20 BBiG Probezeit

(1) Das Berufsausbildungsverhältnis beginnt mit der Probezeit. Sie muss mindestens einen Monat und darf höchstens vier Monate betragen.

Info 5: Information zur Arbeitszeit der BüroTec GmbH

BüroTec GmbH

Interne Mitteilung

Von: Peter Gehrke
An: Jan Ludwig

21.03.20..

Arbeitszeit

Bezüglich der Arbeitszeit gilt folgende Regelung:

Auf der Grundlage des Tarifvertrags für die holz- und kunststoffverarbeitende Industrie (Tarifvertragsnummer: 0090), in dem die 37-Stunden-Woche festgelegt worden ist, wurde von der Geschäftsführung hinsichtlich der täglichen Arbeitszeit für alle Arbeitnehmer (inkl. aller voll- und minderjährigen Auszubildenden) Nachfolgendes festgelegt. Überstunden für Auszubildende sind gemäß dieser Vereinbarung nicht zulässig.

Montag–Donnerstag	8 Stunden
Freitag	5 Stunden

In den Arbeitsverträgen und Berufsausbildungsverträgen ist als regelmäßige tägliche Arbeitszeit bzw. Ausbildungszeit diejenige Stundenzahl einzutragen, die überwiegend gearbeitet wird.

Peter Gehrke

Info 6: Auszug aus dem 1x1 des Personalmanagements

**1 x 1 des Personal-
managements**

Auszug aus dem Jugendarbeitsschutzgesetz (JArbSchG)

§ 8 Dauer der Arbeitszeit

(1) Jugendliche dürfen nicht mehr als 8 Stunden täglich und nicht mehr als 40 Stunden wöchentlich beschäftigt werden.
(2) Wenn an einzelnen Werktagen die Arbeitszeit auf weniger als 8 Stunden verkürzt ist, können Jugendliche an den übrigen Werktagen derselben Woche achteinhalb Stunden beschäftigt werden.

§ 19 Urlaub

(1) Der Arbeitgeber hat Jugendlichen für jedes Kalenderjahr einen bezahlten Erholungsurlaub zu gewähren.
(2) Der Urlaub beträgt jährlich
1. mindestens 30 Werktage, wenn der Jugendliche (...) noch nicht 16 Jahre alt ist
2. mindestens 27 Werktage, wenn der Jugendliche (...) noch nicht 17 Jahre alt ist
3. mindestens 25 Werktage, wenn der Jugendliche (...) noch nicht 18 Jahre alt ist

Anmerkung des Verfassers:
Hierbei ist entscheidend, wie alt der Arbeitnehmer zu Beginn des Jahres ist.

Info 7: Auszug aus einer Informationsbroschüre des Landesministeriums NRW

**Vergütungen für Auszubildende
Tabellarische Übersicht
aus Branchentarifverträgen
Stand Januar 2017**

Ministerium für **Arbeit,
Soziales** und **Stadtentwicklung,
Kultur** und **Sport** des Landes
Nordrhein-Westfalen

NRW

Tarifvertrag für die holz- und kunststoffverarbeitende Industrie Nordrhein
(Tarifregisternummer: 0090)

Beginn	1. Jahr	2. Jahr	3. Jahr
ab 1. April 2017	779,70 Euro	839,03 Euro	915,30 Euro

Anmerkung des Verfassers: Die BüroTec GmbH ist seit Jahren Mitglied im Arbeitgeberverband der holz- und kunststoffverarbeitenden Industrie.

Info 8: Auszug aus dem Tarifvertrag

Tarifvertrag (zwischen dem Verband der Holzindustrie und Kunststoffverarbeitung und der Gewerkschaft IG Metall)

Anmerkung des Verfassers: Die BüroTec GmbH ist Mitglied im oben genannten Arbeitgeberverband.

Urlaub

Der jährliche Urlaubsanspruch für alle Arbeitnehmer (einschließlich der voll- und minderjährigen Auszubildenden) beträgt 30 Tage und weicht damit von den im Bundesurlaubsgesetz festgelegten 24 Tagen ab. Bei unterjähriger Einstellung ist der Urlaub anteilig zu gewähren.

Beispiel: Einstellung 1. September 2018

= 2,5 Tage pro Monat
2,5 Tage x 4 Mon. (September–Dezember) = 10 Tage

(Hinweis: bei ungeraden Zahlen, z.B. 12,4 Tage, wird grundsätzlich aufgerundet)

Info 9: Auszug aus der Ausbildungsordnung

**Verordnung über die Berufsausbildung
Industriekauffrau/Industriekaufmann**

§ 1 Staatliche Anerkennung des Ausbildungsberufes

Der Ausbildungsberuf Industriekaufmann/Industriekauffrau
wird staatlich anerkannt.

§ 2 Ausbildungsdauer

Die Ausbildung dauert 3 Jahre.

...

Anmerkung des Verfassers: Unter bestimmten Voraussetzungen, z.B. fundierten Kenntnissen in der Betriebs- und Volkswirtschaftslehre, kann die Ausbildungsdauer vertraglich von vornherein auf 2,5 oder sogar 2 Jahre festgesetzt werden.

Info 10: Übersicht zum Thema Berufsausbildungsvertrag

Rechtliche Grundlagen

1._________________________ 2._____________________________

3._________________________ 4._____________________________

⇓ ⇓ ⇓ ⇓ ⇓

Der Berufsausbildungsvertrag

⇓

Vertrag

Bestandteile / Zusatzinformationen

- ______ und Anschrift der ______________ inklusive ________________
- bei Minderjährigen müssen die ________________ ____________ zustimmen und ebenfalls ________________
- <u>Mindestangaben</u>
  1. Art, ______________ und ______________ Gliederung sowie ______ der Ausbildung
  2. ________ und ________ der Berufsausbildung
  3. Dauer der ______________
  4. Zahl der ______________
  5. Voraussetzungen, unter denen ______________ werden kann
  6. Höhe der ______________
  7. Dauer der regelmäßigen täglichen ________________
  8. Ausbildungsmaßnahmen außerhalb der ____________________
  9. Hinweis auf ________________ und ____________________
  10. Hinweis, in welcher Form der ________________ (Berichtsheft) zu erfolgen hat
- muss ________________ abgeschlossen werden
- muss bei der ________ vorgelegt werden
- wird ins ____________________________ eingetragen

📖 **Lernsituation:**

Am Vormittag des 10.04.20.. bittet Herr Driemer, 20-jähriger Auszubildender der BüroTec GmbH im 2. Ausbildungsjahr, die Personalleiterin Frau Saalfeld um ein Gespräch.

Frau Saalfeld: Kommen Sie herein, Herr Driemer, was kann ich für Sie tun?

Herr Driemer: Frau Saalfeld, ich habe lange hin und her überlegt. Ich glaube, die Ausbildung zum Industriekaufmann ist doch nicht das Richtige für mich.

Frau Saalfeld: Wie meinen Sie das?

Herr Driemer: Wissen Sie, Frau Saalfeld, der kaufmännische Bereich liegt mir einfach nicht so. Ab dem kommenden Semester werde ich Maschinenbau in Aachen studieren.

Frau Saalfeld: Aber Herr Driemer, Sie können doch nicht so einfach kündigen. Schließlich waren Sie als Nachfolger von Herrn Schweiger vorgesehen, der in zwei Jahren in den Ruhestand geht.

Herr Driemer: Es tut mir wirklich leid, Frau Saalfeld, aber Sie werden sich einen neuen Auszubildenden suchen müssen.

✒ **Arbeitsaufträge:**

1. Beschreiben Sie, welche Probleme sich für die BüroTec GmbH durch die Kündigung von Herrn Driemer ergeben.

2. Prüfen Sie mithilfe des Berufsbildungsgesetzes (BBiG, siehe Info), ob Herr Driemer die Berufsausbildung bei der BüroTec GmbH so ohne Weiteres beenden kann.

3. Prüfen Sie, ob die BüroTec GmbH Schadensersatzansprüche gegen Herrn Driemer geltend machen kann.

4. Herr Driemer hat sich nach reiflicher Überlegung dazu entschieden, bei seinem Entschluss zu bleiben und möchte die Berufsausbildung Ende Mai beenden, um am 1. Juni ein vierwöchiges Praktikum in einem Maschinenbauunternehmen beginnen zu können.

   4.1 Nennen Sie die Dauer der Kündigungsfrist.

4.2 Erklären Sie, was Herr Driemer bei seiner Kündigung beachten muss.

4.3 Ermitteln Sie, wann Herr Driemer das Kündigungsschreiben spätestens vorlegen muss.

April						
M	D	M	D	F	S	S
						1
2	3	4	5	6	7	8
9	10	11	12	13	14	15
16	17	18	19	20	21	22
23	24	25	26	27	28	29
30						

Mai						
M	D	M	D	F	S	S
	1	2	3	4	5	6
7	8	9	10	11	12	13
14	15	16	17	18	19	20
21	22	23	24	25	26	27
28	29	30	31			

Juni						
M	D	M	D	F	S	S
					1	2	3
4	5	6	7	8	9	10
11	12	13	14	15	16	17
18	19	20	21	22	23	24
25	26	27	28	29	30	

4.4 Erläutern Sie, aus welchen Gründen Herr Driemer fristlos kündigen könnte.

5. Nehmen Sie an, Herr Driemer möchte die Ausbildung bei der BüroTec GmbH beenden, um sich aufgrund der höheren Ausbildungsvergütung bei einem anderen Unternehmen zum Industriekaufmann ausbilden zu lassen. Klären Sie die Rechtslage.

Weitere Fälle:

Fall A:

Der 21-jährige Christian Falke, Auszubildender bei der BüroTec GmbH, hat einen dreijährigen Berufsausbildungsvertrag abgeschlossen, der am 31.07.20.. endet. Herr Falke soll nach der Ausbildung als Sachbearbeiter im Verkauf eingesetzt werden. Aufgrund der guten Leistungen im Betrieb und in der Berufsschule beantragt er die Zulassung zur vorgezogenen Abschlussprüfung. Nach bestandener schriftlicher Abschlussprüfung absolviert Herr Falke am Montag, den 10.01.20.. gegen 16:00 Uhr mit gutem Ergebnis die mündliche Abschlussprüfung. Prüfen Sie, wann Herr Falke frühestens mit der Tätigkeit als Verkaufssachbearbeiter beginnen kann.

Fall B:

Marco Troschke absolviert bei der BüroTec GmbH eine Ausbildung zum Industriekaufmann. Im schriftlichen Prüfungsteil hat er folgende Punkte erzielt:

Prüfungsbereich	Ergebnisse
Geschäftsprozesse	81 Punkte
Kaufmännische Steuerung und Kontrolle	78 Punkte
Wirtschafts- und Sozialprozesse	80 Punkte

Die drei schriftlichen Prüfungsbereiche werden bei der Ermittlung des schriftlichen Prüfungsergebnisses mit 40 %, 20 % und 10 % gewichtet. Der letzte Teil der Abschlussprüfung, die mündliche Prüfung im Einsatzgebiet, geht mit 30 % in das Gesamtergebnis ein.

IHK-Notenschema			
Punktzahl	**Note**	**Punktzahl**	**Note**
92-100	Sehr gut	50-66	Ausreichend
81-91	Gut	25-49	Mangelhaft
67-80	Befriedigend	0-24	Ungenügend

1. Berechnen Sie die erreichte Punktzahl <u>und</u> Note von Herrn Troschke in der schriftlichen Abschlussprüfung.

2. Ermitteln Sie, wie viel Punkte Herr Troschke im Rahmen der Fachaufgabe (= mündliche Prüfung) erzielen muss, um im Gesamtergebnis auf 81 Punkte und damit auf eine gute Note zu kommen. Runden Sie auf ganze Zahlen.

Fall C:

Anna Brücker, 19-jährige Auszubildende der Bergmann OHG im 2. Ausbildungsjahr, hat, obwohl sie sich sehr bemüht, große Schwierigkeiten, in der Berufsschule mitzukommen. Die Ausbilderin Frau Kleine hat sich das ganz anders vorgestellt und überlegt, das Berufsausbildungsverhältnis mit Frau Brücker fristlos zu beenden. Begründen Sie, ob dies zulässig ist.

Fall D:

Sandra Kerner, 18-jährige Auszubildende bei der BüroTec GmbH, möchte ihre 3-jährige Ausbildungszeit aufgrund ihrer guten Leistungen in der Berufsschule auf 2,5 Jahre verkürzen. Da sie mit den betrieblichen Leistungen von Frau Kerner jedoch nicht 100%ig zufrieden ist, unterstützt die Ausbilderin Frau Saalfeld diesen Wunsch nicht. Prüfen Sie, ob Sandra Kerner dennoch ihre Ausbildungszeit verkürzen kann.

5 Schmidthausen ISBN: 978-3-8120-1024-5

Fall E:

Frauke Ludwig, 21-jährige Auszubildende bei der Kaiser KG, hat die Abschlussprüfung zur Kauffrau für Büromanagement nicht bestanden und möchte die Ausbildung daher verlängern. Da Frau Menke, Ausbilderin bei der Kaiser KG, auch mit den betrieblichen Leistungen nicht zufrieden ist, erklärt sie das Ausbildungsverhältnis für beendet. Klären Sie die Rechtslage.

____

____

Fall F:

Adrian Kehrmann hat aufgrund des Besuches der Höheren Handelsschule mit der Hesse AG einen verkürzten Berufsausbildungsvertrag über 2,5 Jahre abgeschlossen. Im Laufe der Ausbildung kommt Herr Kehrmann zu der Erkenntnis, dass er den Anforderungen der vorzeitigen Abschlussprüfung nicht gewachsen ist. Das Ausbildungsziel ist stark gefährdet. Aus diesem Grund möchte er die Berufsausbildung auf 3 Jahre verlängern. Die Verantwortlichen der Hesse AG sind einverstanden. Klären Sie die Rechtslage.

____

____

____

Fall G:

Benjamin Schröder steht kurz vor der schriftlichen Abschlussprüfung zum Industriekaufmann. Im Gespräch mit anderen Auszubildenden vertritt er die Auffassung, es könnte nur die in der Berufsschule vermittelten Lerninhalte abgefragt werden. Nehmen Sie Stellung.

____

____

____

Fall H:

Pia Krug, 18-jährige Auszubildende im 2. Ausbildungsjahr, kommt permanent zu spät zur Arbeit. Schon zweimal hat Pia eine Abmahnung erhalten, nun ist der Ausbilder Herr Kern mit seiner Geduld am Ende. Pia Krug soll gekündigt werden. Prüfen Sie, ob die Kündigung rechtmäßig wäre.

____

____

Fall I:

Aufgrund der guten Auftragslage und dem damit verbundenen hohen Arbeitsaufkommen bittet Herr Herrmann seine 19-jährige Auszubildende Kathrin Wiese darum, in den nächsten Wochen auf den Besuch der Berufsschule zu verzichten. Begründen Sie, ob die Bitte zulässig ist.

____

____

Fall J:

Patrick Sander, 20-jähriger Auszubildender bei der BüroTec GmbH, soll in den nächsten 8 Wochen den Außendienstmitarbeiter Herrn Klose bei seiner Verkaufstätigkeit begleiten. Frau Saalfeld bittet Herrn Sander, mit Hinweis auf die in der Betriebsordnung aufgeführten Kleiderordnung, auf Turnschuhe, T-Shirt und ausgewaschene Jeans zu verzichten. Patrick Sander lehnt mit der Begründung ab, im Rechnungswesen und in der Arbeitsvorbereitung sei das auch kein Problem gewesen. Begründen Sie, ob Patrick Sander im Recht ist.

Fall K:

Als Frank Stehle sein IHK-Abschlusszeugnis ausgehändigt bekommt, nimmt er verwundert zur Kenntnis, dass die Berufsschulnote nicht aufgeführt ist. Frank Stehle war immer der Auffassung, dass die Berufsschulnote automatisch auf dem IHK-Abschlusszeugnis erscheint. Überprüfen Sie, ob der IHK ein Fehler unterlaufen ist.

Fall L:

Bei einer Betriebsfeier kommt es aufgrund des übermäßigen Alkoholkonsums des Auszubildenden Maik Schinder zu einer Rangelei mit dem Buchhaltungsmitarbeiter Herrn Tender. Herr Tender erleidet Verletzungen, die im Krankenhaus behandelt werden müssen. Frau Saalfeld beschließt, Herrn Schinder fristlos zu kündigen. Klären Sie, ob die Kündigung rechtens ist.

Fall M:

Niels Baumann, Auszubildender der Medizintechnik GmbH, erzählt bei einem Treffen mit Freunden voller Begeisterung von einer bahnbrechenden Erfindung, die sein Unternehmen in den kommenden Wochen zum Patent anmelden möchte. Die Ausbildungsleiterin Frau Schmidt beschließt, Niels Baumann fristlos zu kündigen. Prüfen Sie, ob die Kündigung zulässig ist.

Fall N:

Rita Mischke, Einkaufsachbearbeiterin der Dachser KG und einzige Ausbilderin mit einer erfolgreich absolvierten Ausbildereignungsprüfung, geht Ende des Jahres in den verdienten Ruhestand. Erläutern Sie, welche Maßnahme der Personalleiter ergreifen muss.

Info: Informationsbroschüre der Kanzlei Berger & Partner

Information „Berufsausbildung"

Berger & Partner
Rechtsanwälte

Arbeitsrecht
Wirtschaftsrecht
Gesellschaftsrecht

Auszug aus dem Berufsbildungsgesetz (BBiG)

§ 1 Ziele und Begriffe der Berufsbildung

(1) Berufsbildung im Sinne dieses Gesetzes sind die Berufsausbildungsvorbereitung, die Berufsausbildung, die berufliche Fortbildung und die berufliche Umschulung. […]

§ 7 Anrechnung beruflicher Vorbildung auf die Ausbildungszeit

(1) Die Landesregierungen können […] bestimmen, dass der Besuch eines Bildungsganges berufsbildender Schulen oder die Berufsausbildung in einer sonstigen Einrichtung ganz oder teilweise auf die Ausbildungszeit angerechnet wird. […]

§ 8 Abkürzung und Verlängerung der Ausbildungszeit

(1) Auf gemeinsamen Antrag der Auszubildenden und Ausbildenden hat die zuständige Stelle die Ausbildungszeit zu kürzen, wenn zu erwarten ist, dass das Ausbildungsziel in der gekürzten Zeit erreicht wird. […]

(2) In Ausnahmefällen kann die zuständige Stelle auf Antrag Auszubildender die Ausbildungszeit verlängern, wenn die Verlängerung erforderlich ist, um das Ausbildungsziel zu erreichen. Vor der Entscheidung nach Satz 1 sind die Ausbildenden zu hören. […]

Anmerkung Berger & Partner:

Dem Antrag auf Verkürzung wird entsprochen, wenn die für die Abschlussprüfung relevanten Leistungen im Ausbildungsbetrieb und in der Berufsschule überdurchschnittlich, d.h. mit mindestens gut beurteilt werden. Der durch die Berufsschule nachzuweisende Notendurchschnitt in den für die Prüfung relevanten Unterrichtsfächern (Geschäftsprozesse, Steuerung und Kontrolle sowie Wirtschafts- und Sozialprozesse) darf höchstens 2,49 betragen. Darüber hinaus darf der Auszubildende in keinem der Unterrichtsfächer unter der Note „befriedigend" liegen.

§ 13 Verhalten während der Berufsausbildung

Auszubildende haben sich zu bemühen, die berufliche Handlungsfähigkeit zu erwerben, die zum Erreichen des Ausbildungsziels erforderlich ist. Sie sind insbesondere verpflichtet,
1. die ihnen im Rahmen ihrer Berufsausbildung aufgetragenen Aufgaben sorgfältig auszuführen,
2. an Ausbildungsmaßnahmen teilzunehmen, für die sie nach § 15 freigestellt werden,
3. den Weisungen zu folgen, die ihnen im Rahmen der Berufsausbildung von Ausbildenden, von Ausbildern oder Ausbilderinnen oder von anderen weisungsberechtigten Personen erteilt werden,
4. die für die Ausbildungsstätte geltende Ordnung zu beachten,
5. Werkzeug, Maschinen und sonstige Einrichtungen pfleglich zu behandeln,
6. über Betriebs- und Geschäftsgeheimnisse Stillschweigen zu wahren,
7. einen schriftlichen oder elektronischen Ausbildungsnachweis zu führen.

§ 14 Berufsausbildung

(1) Ausbildende haben
1. dafür zu sorgen, dass den Auszubildenden die berufliche Handlungsfähigkeit vermittelt wird, die zum Erreichen des Ausbildungszieles erforderlich ist, und die Berufsausbildung in einer durch ihren Zweck gebotenen Form planmäßig, zeitlich und sachlich gegliedert so durchzuführen, dass das Ausbildungsziel in der vorgesehenen Ausbildungszeit erreicht werden kann,
2. selbst auszubilden oder einen Ausbilder oder eine Ausbilderin ausdrücklich damit zu beauftragen,
3. Auszubildenden kostenlos die Ausbildungsmittel, insbesondere Werkzeuge und Werkstoffe zur Verfügung zu stellen, die zur Berufsausbildung und zum Ablegen von Zwischen- und Abschlussprüfungen, auch soweit solche nach Beendigung des Berufsausbildungsverhältnisses stattfinden, erforderlich sind,
4. Auszubildende zum Besuch der Berufsschule anzuhalten,
5. dafür zu sorgen, dass Auszubildende charakterlich gefördert sowie sittlich und körperlich nicht gefährdet werden.

Fortsetzung

(2)   Ausbildende haben Auszubildende zum Führen der Ausbildungsnachweise nach § 13 Satz 2 Nummer 7 anzuhalten und diese regelmäßig durchzusehen. Den Auszubildenden ist Gelegenheit zu geben, den Ausbildungsnachweis am Arbeitsplatz zu führen.

(3)   Auszubildenden dürfen nur Aufgaben übertragen werden, die dem Ausbildungszweck dienen und ihren körperlichen Kräften angemessen sind.

§ 15 Freistellung

Ausbildende haben Auszubildende für die Teilnahme am Berufsschulunterricht und an Prüfungen freizustellen. Das Gleiche gilt, wenn Ausbildungsmaßnahmen außerhalb der Ausbildungsstätte durchzuführen sind.

§ 21 Beendigung

(1)   Das Berufsausbildungsverhältnis endet mit dem Ablauf der Ausbildungszeit. [...]

(2)   Bestehen Auszubildende vor Ablauf der Ausbildungszeit die Abschlussprüfung, so endet das Berufsausbildungsverhältnis mit Bekanntgabe des Ergebnisses durch den Prüfungsausschuss.

(3)   Bestehen Auszubildende die Abschlussprüfung nicht, so verlängert sich das Berufsausbildungsverhältnis auf ihr Verlangen bis zur nächstmöglichen Wiederholungsprüfung, höchstens um ein Jahr.

§ 22 Kündigung

(1)   Während der Probezeit kann das Berufsausbildungsverhältnis jederzeit ohne Einhalten einer Kündigungsfrist gekündigt werden.

(2)   Nach der Probezeit kann das Berufsausbildungsverhältnis nur gekündigt werden
    1. aus einem wichtigen Grund ohne Einhalten einer Kündigungsfrist,
    2. von Auszubildenden mit einer Kündigungsfrist von vier Wochen (**Anmerkung Berger & Partner:** vier Wochen = 28 Tage), wenn sie die Berufsausbildung aufgeben oder sich für eine andere Berufstätigkeit ausbilden lassen wollen.

(3)   Die Kündigung muss schriftlich und in den Fällen des Absatzes 2 unter Angabe der Kündigungsgründe erfolgen. [...]

Anmerkung Berger & Partner: Einer fristlosen Kündigung durch den Ausbildenden wird i.d.R. eine zweimalige Abmahnung vorausgehen (Faustregel aufgrund von Gerichtsurteilen).

§ 23 Schadensersatz bei vorzeitiger Beendigung

(1)   Wird das Berufsausbildungsverhältnis nach der Probezeit vorzeitig gelöst, so können Ausbildende oder Auszubildende Ersatz des Schadens verlangen, wenn die andere Person den Grund für die Auflösung zu vertreten hat. Dies gilt nicht im Falle des § 22 Abs. 2 Nr. 2. [...]

§ 28 Eignung von Ausbildenden und Ausbildern oder Ausbilderinnen

(1)   Auszubildende darf nur einstellen, wer persönlich geeignet ist. Auszubildende darf nur ausbilden, wer persönlich und fachlich geeignet ist.

(2)   Wer fachlich nicht geeignet ist oder wer nicht selbst ausbildet, darf Auszubildende nur dann einstellen, wenn er persönlich und fachlich geeignete Ausbilder oder Ausbilderinnen bestellt, die die Ausbildungsinhalte in der Ausbildungsstätte unmittelbar, verantwortlich und in wesentlichem Umfang vermitteln. [...]

Anmerkung Berger & Partner: Die fachliche Eignung muss gemäß Ausbilder-Eignungsverordnung (AusbEignV) im Rahmen einer erfolgreich absolvierten Ausbildereignungsprüfung nachgewiesen werden.

§ 37 Abschlussprüfung

(1)   In den anerkannten Ausbildungsberufen sind Abschlussprüfungen durchzuführen. Die Abschlussprüfung kann im Fall des Nichtbestehens zweimal wiederholt werden. [...]

(2)   Dem Prüfling ist ein Zeugnis auszustellen. Ausbildenden werden auf deren Verlangen die Ergebnisse der Abschlussprüfung der Auszubildenden übermittelt. [...]

(3)   [...] Auf Antrag der Auszubildenden kann das Ergebnis berufsschulischer Leistungsfeststellungen auf dem Zeugnis ausgewiesen werden. [...]

§ 38 Prüfungsgegenstand

Durch die Abschlussprüfung ist festzustellen, ob der Prüfling die berufliche Handlungsfähigkeit erworben hat. In ihr soll der Prüfling nachweisen, dass er die erforderlichen beruflichen Fertigkeiten beherrscht, die notwendigen beruflichen Kenntnisse und Fähigkeiten besitzt und mit dem im Berufsschulunterricht zu vermittelnden, für die Berufsausbildung wesentlichen Lehrstoff vertraut ist. Die Ausbildungsordnung ist zugrunde zu legen.

Jugendarbeitsschutzbestimmungen rechtssicher anwenden

Wirtschafts- und Sozialprozesse

 **Lernsituation:**

Dennis Berg und Svenja Krabbe haben am 01.09.20.. ihre Berufsausbildung bei der BüroTec GmbH begonnen. Zweimal pro Woche besuchen die beiden die Berufsschule. Am ersten Berufsschultag trinken sie in der Pause einen Kaffee.

Dennis: Puh, ich bin ganz schön kaputt. Jeden Morgen früh raus und abends erst spät zu Hause.

Svenja: Geht mir auch so. Ich hoffe, man gewöhnt sich daran.

Dennis: Ich bin froh, dass wir montags nach der Berufsschule nicht mehr zu arbeiten brauchen.

Svenja: Wieso nicht mehr arbeiten? Davon hat mir Frau Saalfeld nichts gesagt.

Dennis: Verstehe ich nicht, mir hat sie gesagt, ich hätte montags nach der Berufsschule immer frei.

Svenja: Das ist doch total unfair. Die können dich doch nicht besser behandeln als mich.

Noch am gleichen Tag sucht Svenja die Ausbilderin Frau Saalfeld auf, um die Angelegenheit zu klären. Zu Svenjas Erstaunen teilt Frau Saalfeld ihr mit, dass sie im Gegensatz zu Dennis tatsächlich montags noch zur Arbeit kommen muss. Svenja versteht die Welt nicht mehr.

 **Arbeitsaufträge:**

1. Svenja muss montags nach der Berufsschule noch arbeiten gehen, während Dennis nach Hause gehen darf. Klären Sie die Rechtslage mithilfe von Info 1-4.

2. Am Montag und am Donnerstag haben Dennis und Svenja Berufsschule. Der Unterricht beginnt jeweils um 8:00 Uhr und umfasst am Montag sechs und am Donnerstag fünf Stunden von je 45 Minuten Länge. An beiden Tagen werden die Unterrichtsstunden von jeweils zwei zwanzigminütigen Pausen unterbrochen. Die Wegezeit von der Berufsschule zur BüroTec GmbH beträgt 35 Minuten. Ermitteln Sie, wie lange Dennis und Svenja an den Berufsschultagen noch arbeiten müssen.

Auszubildender	Berufsschultag	Anzurechnende Arbeitszeit	Verbleibende Arbeitszeit
Dennis (17 Jahre)	Montag		
	Donnerstag		
Svenja (18 Jahre)	Montag		
	Donnerstag		

3. Vervollständigen Sie unter Info 5 die Übersicht zum Jugendarbeitsschutzgesetz.

Weitere Fälle

Prüfen Sie mithilfe des Jugendarbeitsschutzgesetzes die Rechtslage in folgenden Fällen und geben Sie an, auf welchen Paragrafen Sie sich jeweils beziehen.

Fall A:

Die 17-jährige Auszubildende Corinna Schwabe hat bis 20:00 Uhr gearbeitet. Wann darf sie am nächsten Morgen frühestens beschäftigt werden?

Fall B:

Darf ein 17-jähriger Auszubildender in der Automobilindustrie an taktgebundenen Fließbändern beschäftigt werden?

Fall C:

Weil Sophie Berg, 17 Jahre, zwei Tage in der Woche Berufsschulunterricht hat, schlägt ein Mitarbeiter der Personalabteilung vor, die Ausbildungsvergütung um 20 % zu kürzen. Ist der Vorschlag rechtens?

Fall D:

Lena Schmidt, 17 Jahre, macht eine Ausbildung zur Industriekauffrau. Dabei muss sie mehrfach im Monat neun Stunden täglich arbeiten. Sabine erscheint das zu lang. Herr Berger, Sachbearbeiter im Einkauf, sieht das jedoch anders: „Mit 38 Stunden in der Woche kannst du noch zufrieden sein. Dein Kollege Jens arbeitet jeden Tag acht Stunden und kommt auf insgesamt 40 Stunden pro Woche." Hat Herr Berger recht?

Fall E:

Der Auszubildende Timo Decker, 16 Jahre, ist mit seinen Pausenzeiten nicht zufrieden, da sie ihm zu kurz erscheinen. Frau Pesch, Mitarbeiterin der Abteilung Auftragsbearbeitung, hält ihm entgegen: „Na, nun rechnen Sie mal. Sie fangen um 7:30 Uhr an, haben sechs Ruhepausen von je 10 Minuten und sind um 16:30 Uhr fertig. Damit arbeiten Sie acht Stunden und haben Ihre 60 Minuten Ruhepausen." Stimmen Sie Frau Pesch zu?

Fall F:

Dienstags muss Lars Meckermann, 16-jähriger Auszubildender, lediglich fünf Stunden, von 7:30 Uhr bis 12:30 Uhr, arbeiten. Als er von seinem Abteilungsleiter um 10:00 Uhr bei einer heimlichen Frühstückspause erwischt wird, wird der Abteilungsleiter ärgerlich: „Mein lieber Herr Meckermann, wenn ich Sie schon um 12:30 Uhr gehen lasse, dann kann ich bitte schön erwarten, dass Sie in diesen paar Stunden bei der Arbeit bleiben." Ist der Abteilungsleiter im Recht?

Fall G:

Frau Becker, Mitarbeiterin der Personalabteilung, ist auf die Idee gekommen, die zweite, halbstündige Ruhepause der Auszubildenden grundsätzlich an das Ende der täglichen Arbeitszeit zu verlegen. Sie argumentiert: „Wir werden damit auch dem Jugendarbeitsschutzgesetz gerecht, denn bei acht Stunden Arbeitszeit erhalten unsere Auszubildenden insgesamt ihre 60 Minuten Ruhepause." Stimmen Sie Frau Becker zu?

Fall H:

Marcel (15), Vanessa (16) und Julia (17) diskutieren am Tag nach der Neujahrsparty über ihren Urlaub im neuen Jahr. Marcel meint: „Na klar haben wir alle gleich viele Urlaubstage. Wir sind doch alle Azubis. Schließlich gelten für uns ja auch dieselben Kündigungsfristen." Hat Marcel recht?

Fall I:

Die fast 18-jährige Tanja Vollmann hat am Montag, den 15. November, ihre schriftliche Abschlussprüfung. Sie verlangt von Frau Saalfeld, am Freitag, den 12. November, freigestellt zu werden, um sich besser auf die Prüfung vorbereiten zu können. Sie beruft sich dabei auf das JArbSchG. Zu Recht?

Fall J:

Gabriele Wickenberg bittet ihre langjährige Freundin Karin Saalfeld darum, ihren 13-jährigen Sohn Chris in dessen Sommerferien halbtags im Versandlager der BüroTec GmbH zu beschäftigen, damit dieser den Ernst des Lebens kennenlernt. Darf Frau Saalfeld dem Wunsch ihrer Freundin entsprechen?

Info 1: Auszug aus den Personalakten

BüroTec GmbH

Interne Mitteilung

an: Frau Saalfeld

von: Pia Veh
Abteilung: Personal
Datum: 04.09.20..
Zeichen: ve

Auszug aus den Personalakten

Dennis Berg:

Schulabschluss:	Fachoberschulreife
Anschrift:	Linzer Str. 16, 47249 Duisburg
Alter:	17 Jahre

Svenja Krabbe:

Schulabschluss:	Fachhochschulreife
Anschrift:	Wanheimer Str. 16, 47053 Duisburg
Alter:	18 Jahre

Info 2: Auszug aus dem Tarifvertrag

Tarifvertrag
(zwischen dem Verband der Holzindustrie und der Kunststoffverarbeitung und der IG Metall)

Anmerkung des Verfassers: Die BüroTec GmbH ist Mitglied im oben genannten Arbeitgeberverband.

Ausbildungszeit

Die regelmäßige wöchentliche Ausbildungszeit für volljährige Auszubildende entspricht der regelmäßigen wöchentlichen Arbeitszeit und beträgt von montags bis freitags 35 Stunden. Unter Ausbildungszeit ist im Rahmen dieses Tarifvertrages die betriebliche und schulische Ausbildungszeit zu verstehen. Der tägliche Arbeitsbeginn und das Arbeitsende sowie die Lage der Pausen werden in den Betrieben festgelegt.

Info 3: Arbeitszeitregelung der BüroTec GmbH

Arbeitszeitregelung BüroTec GmbH

Tägliche Arbeitszeit

Die tägliche Arbeitszeit bzw. Ausbildungszeit von montags bis donnerstags beträgt 8 Stunden. Sie beginnt um 8:00 Uhr und endet um 17:00 Uhr. In der Zeit von 12:00 Uhr bis 13:00 Uhr liegt die 60-minütige Mittagspause. Die tägliche Arbeitszeit am Freitag beträgt 5,5 Stunden. Auch hier ist eine 60-minütige Mittagspause enthalten. Die Arbeitszeit beginnt um 8:00 Uhr und endet um 14:30 Uhr.

Info 4: Auszug aus dem Jugendarbeitsschutzgesetz

J

Arbeitsrecht

Jugendarbeitsschutzgesetz (JArbSchG)

Das Jugendarbeitsschutzgesetz soll jugendliche Auszubildende und Arbeitnehmer, d.h. Personen im Alter von 15 bis 17 Jahren vor Überforderung und Beeinträchtigung der Gesundheit schützen. Zudem soll die Entwicklung des Jugendlichen nicht gefährdet werden. Die Einhaltung des JArbSchG obliegt bestimmten Aufsichtsbehörden, z.B. den Gewerbeaufsichtsämtern. Bei Verstoß gegen das JArbSchG können Geld- oder sogar Freiheitsstrafen verhängt werden.

Auszug

§ 4 Arbeitszeit
(1) Tägliche Arbeitszeit ist die Zeit vom Beginn bis zum Ende der täglichen Beschäftigung ohne die Ruhepausen (§ 11). [...]

§ 5 Verbot der Beschäftigung von Kindern
(1) Die Beschäftigung von Kindern [...] ist verboten. (**Anmerkung des Verfassers:** Kinder sind Personen, die noch nicht 15 Jahre alt sind.)
(2) Das Verbot des Absatzes 1 gilt nicht für die Beschäftigung von Kindern
   1. zum Zwecke der Beschäftigungs- und Arbeitstherapie,
   2. im Rahmen des Betriebspraktikums während der Vollzeitschulpflicht [...].
(3) Das Verbot des Absatzes 1 gilt ferner nicht für die Beschäftigung von Kindern über 13 Jahre mit Einwilligung des Personensorgeberechtigten, soweit die Beschäftigung leicht und für Kinder geeignet ist. [...]

§ 8 Dauer der Arbeitszeit
(1) Jugendliche dürfen nicht mehr als acht Stunden täglich und nicht mehr als 40 Stunden wöchentlich beschäftigt werden. [...]
(2a) Wenn an einzelnen Werktagen die Arbeitszeit auf weniger als acht Stunden verkürzt ist, können Jugendliche an den übrigen Werktagen derselben Woche 8,5 Stunden beschäftigt werden.

§ 9 Berufsschule
(1) Der Arbeitgeber hat den Jugendlichen für die Teilnahme am Berufsschulunterricht freizustellen. Er darf den Jugendlichen nicht beschäftigen
   1. vor einem vor 9 Uhr beginnenden Unterricht; dies gilt auch für Personen, die über 18 Jahre alt und noch berufsschulpflichtig sind,
   2. an einem Berufsschultag mit mehr als fünf Unterrichtsstunden von mindestens je 45 Minuten, einmal in der Woche, (**Anmerkung des Verfassers:** Der erste Berufsschultag mit mehr als 5 Unterrichtsstunden wird bei Jugendlichen pauschal mit 8 Stunden auf die Ausbildungszeit angerechnet. Findet ein zweiter Berufsschultag statt, ist dieser mit der tatsächlichen Berufsschulzeit zuzüglich der Pausen und der Wegezeit von der Berufsschule zum Ausbildungsbetrieb auf die Ausbildungszeit anzurechnen.)

§ 10 Prüfungen und außerbetriebliche Ausbildungsmaßnahmen
(1) Der Arbeitgeber hat den Jugendlichen
   1. für die Teilnahme an Prüfungen [...],
   2. an dem Arbeitstag, der der schriftlichen Abschlussprüfung unmittelbar vorangeht, freizustellen. [...]

§ 11 Ruhepausen, Aufenthaltsräume
(1) Jugendlichen müssen im Voraus feststehende Ruhepausen von angemessener Dauer gewährt werden. Die Ruhepausen müssen mindestens betragen 1. 30 Minuten bei einer Arbeitszeit von mehr als 4,5 bis zu 6 Stunden, 60 Minuten bei einer Arbeitszeit von mehr als 6 Stunden. 2. Als Ruhepause gilt nur eine Arbeitsunterbrechung von mindestens 15 Minuten.
(2) Die Ruhepausen müssen in angemessener zeitlicher Lage gewährt werden, frühestens 1 Stunde nach Beginn und spätestens eine Stunde vor Ende der Arbeitszeit. Länger als 4,5 Stunden hintereinander dürfen Jugendliche nicht ohne Ruhepause beschäftigt werden. [...]

Fortsetzung

§ 13 Tägliche Freizeit
Nach Beendigung der täglichen Arbeitszeit dürfen Jugendliche nicht vor Ablauf einer ununterbrochenen Freizeit von mindestens 12 Stunden beschäftigt werden.

§ 14 Nachtruhe
(1) Jugendliche dürfen nur in der Zeit von 6 bis 20 Uhr beschäftigt werden. [...]

§ 15 Fünf-Tage-Woche
Jugendliche dürfen nur an fünf Tagen in der Woche beschäftigt werden. Die beiden wöchentlichen Ruhetage sollen nach Möglichkeit aufeinander folgen.

§ 16 Samstagsruhe
An Samstagen dürfen Jugendliche nicht beschäftigt werden. [...]

§ 17 Sonntagsruhe
An Sonntagen dürfen Jugendliche nicht beschäftigt werden. [...]

§ 18 Feiertagsruhe
Am 24. und 31. Dezember nach 14 Uhr und an gesetzlichen Feiertagen dürfen Jugendliche nicht beschäftigt werden. [...]

§ 19 Urlaub
(1) Der Arbeitgeber hat Jugendlichen für jedes Kalenderjahr einen bezahlten Erholungsurlaub zu gewähren.
(2) Der Urlaub beträgt jährlich
    1. mindestens 30 Werktage, wenn der Jugendliche zu Beginn des Kalenderjahres noch nicht 16 Jahre alt ist,
    2. mindestens 27 Werktage, wenn der Jugendliche zu Beginn des Kalenderjahres noch nicht 17 Jahre alt ist,
    3. mindestens 25 Werktage, wenn der Jugendliche zu Beginn des Kalenderjahres noch nicht 18 Jahre alt ist.
(3) Der Urlaub soll Berufsschülern in der Zeit der Berufsschulferien gegeben werden. Soweit er nicht in den Berufsschulferien gegeben wird, ist für jeden Berufsschultag, an dem die Berufsschule während des Urlaubs besucht wird, ein weiterer Urlaubstag zu gewähren.

§ 22 Gefährliche Arbeiten
Jugendliche dürfen nicht beschäftigt werden
1. mit Arbeiten, die ihre physische oder psychische Leistungsfähigkeit übersteigen,
2. mit Arbeiten, bei denen sie sittlichen Gefahren ausgesetzt sind
3. mit Arbeiten, die mit Unfallgefahren verbunden sind [...]

§ 23 Akkordarbeit; tempoabhängige Arbeiten
Jugendliche dürfen nicht beschäftigt werden 1. mit Akkordarbeit und sonstigen Arbeiten, bei denen durch ein gesteigertes Arbeitstempo ein höheres Entgelt erzielt werden kann, 2. in einer Arbeitsgruppe mit erwachsenen Arbeitnehmern, die mit Arbeiten nach Nummer 1 beschäftigt werden, 3. mit Arbeiten, bei denen ihr Arbeitstempo nicht nur gelegentlich vorgeschrieben, vorgegeben oder auf andere Weise erzwungen wird.[...]

§ 32 Erstuntersuchung
(1) Ein Jugendlicher, der in das Berufsleben eintritt, darf nur beschäftigt werden, wenn
    1. er innerhalb der letzten vierzehn Monate von einem Arzt untersucht worden ist (Erstuntersuchung) und
    2. dem Arbeitgeber eine von diesem Arzt ausgestellte Bescheinigung vorliegt.
(2) Absatz 1 gilt nicht für eine nur geringfügige oder eine nicht länger als zwei Monate dauernde Beschäftigung mit leichten Arbeiten, von denen keine gesundheitlichen Nachteile für den Jugendlichen zu befürchten sind.

§ 33 Erste Nachuntersuchung
(1) Ein Jahr nach Aufnahme der ersten Beschäftigung hat sich der Arbeitgeber die Bescheinigung eines Arztes darüber vorlegen zu lassen, dass der Jugendliche nachuntersucht worden ist (erste Nachuntersuchung). Die Nachuntersuchung darf nicht länger als drei Monate zurückliegen. [...]
(2) Legt der Jugendliche die Bescheinigung nicht nach Ablauf eines Jahres vor, hat ihn der Arbeitgeber innerhalb eines Monats unter Hinweis auf das Beschäftigungsverbot nach Absatz 3 schriftlich aufzufordern, ihm die Bescheinigung vorzulegen. [...]
(3) Der Jugendliche darf nach Ablauf von 14 Monaten nach Aufnahme der ersten Beschäftigung nicht weiterbeschäftigt werden, solange er die Bescheinigung nicht vorgelegt hat.

Info 5: Übersicht zum Jugendarbeitsschutzgesetz

Jugendarbeitsschutzgesetz (JArbSchG)

Arbeitsschutz

Arbeitszeit

- wöchentlich max. ____ Std.
- tägl. max. ____ Std.

Verbotene Arbeiten

- __________arbeit
- ________________ Fließbandarbeit
- Arbeiten, die Jugendliche ________ gefährden
- ____________________ Arbeiten

Berufsschule

- bei > als ____ Unterrichtsstunden muss nachmittags ______ gearbeitet werden
- bei einem 2. Berufsschultag ______ nachmittags noch gearbeitet werden

Prüfungen

- Freistellung für die Zwischen- und ________ prüfung
- Freistellung für den Arbeitstag, der der Abschlussprüfung ________ __________ vorausgeht

Gesundheitsschutz

Untersuchungen

- Erstuntersuchung vor __________ der Ausbildung
- Nachuntersuchung vor Ablauf des ___ Jahres der Beschäftigung

Überwachung

- ________aufsichtsamt
- bei Verstoß Geld- oder Freiheitsstrafe

Ziele

- Schutz vor Überforderung
- Schutz der ____________
- Entwicklung soll nicht gefährdet werden

Geltungsbereich

- Jugendliche (15 bis ___ J.), die sich in der __________ ________ befinden oder als Arbeitnehmer beschäftigt werden

Freizeitschutz

Ruhepausen

- 4,5 bis 6 Std. => ____ Min.
- > 6 Std. => ____ Minuten
- mind. ____ Min. am Stück

Urlaub

- 15-jährige => ____ Tage
- 16-jährige => ____ Tage
- 17-jährige => ____ Tage

Nachtruhe

- von 20:00 bis ______ Uhr

Arbeitstage je Woche

- ____ Arbeitstage
- samstags, sonntags und feiertags darf ______ gearbeitet werden

Tägliche Freizeit

- ohne Unterbrechung mindestens ____ Std.

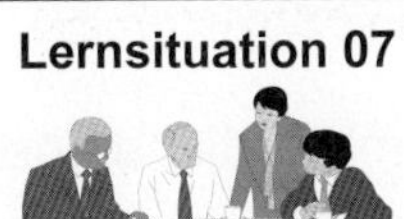

Einen Betriebsrat errichten

Wirtschafts- und Sozialprozesse

Lernsituation:

Henning Beer ist seit einem halben Jahr als Einkaufssachbearbeiter bei der BüroTec GmbH tätig. Ende Januar trifft er im Fußballstadion zufällig seinen ehemaligen Arbeitskollegen Fabian Klose und kommt mit ihm ins Gespräch.

Fabian Klose: Mensch Henning, dass ich dich hier treffe!

Henning Beer: Hallo Fabian! Ja, das ist ein Zufall.

Fabian Klose: Wir sollten uns unbedingt mal wieder treffen, aber du weißt ja, die Arbeit lässt einem so wenig Zeit. Wie läuft`s denn bei dir so in der Firma?

Henning Beer: Na ja, es geht so.

Fabian Klose: Was soll das denn heißen? Und außerdem, was ist los mit dir, du siehst so geknickt aus?!

Henning Beer: Na ja, in der Firma hängt der Haussegen schief. Die Geschäftsführung trifft ständig Entscheidungen, mit denen wir als Belegschaft überhaupt nicht einverstanden sind.

Fabian Klose: Mann, das hört sich nicht gut an. Erzähl doch mal.

Henning Beer: Ach, da kommt so einiges zusammen. Jetzt sollen auch noch im Juli Betriebsferien eingeführt werden. Da wird der Urlaub bald das Dreifache kosten.

Fabian Klose: Mensch, das geht doch nicht. Die können doch nicht einfach mit euch machen, was sie wollen.

Henning Beer: Ja, das denke ich auch. Aber die Geschäftsführung hat gesagt, es ginge nicht anders.

Fabian Klose: Henning, da müsst ihr aber was unternehmen. Das könnt ihr nicht mit euch machen lassen. Ihr müsst euch irgendwie untereinander absprechen und denen da oben sagen, dass das so nicht geht.

Henning Beer: Ich weiß. Du hast recht. Aber was sollen wir tun?

Arbeitsaufträge:

1. Henning Beer und einige seiner Kollegen und Kolleginnen beabsichtigen einen Betriebsrat zu gründen, um sicherzustellen, dass zukünftig die Arbeitnehmerinteressen bei Entscheidungen der Geschäftsführung stärker berücksichtigt werden. Prüfen Sie mithilfe der internen Mitteilung (Info 1) und des Betriebsverfassungsgesetzes (Info 2), ob bei der BüroTec GmbH ein Betriebsrat eingerichtet werden darf.

1.1 Klären Sie zunächst, in welchen Betrieben Betriebsräte errichtet werden können.

1.2 Prüfen Sie nun anhand folgender Leitfragen, ob die BüroTec GmbH die obigen Voraussetzungen erfüllt, um einen Betriebsrat gründen zu können.

Leitfragen	Zahl	Berechnung
Wie viele ständige Mitarbeiter sind bei der BüroTec GmbH beschäftigt?		
Wie viele Mitarbeiter sind gemäß BetrVerG wahlberechtigt?		
Wie viele Mitarbeiter sind gemäß BetrVerG wählbar?		

Sind die Voraussetzungen erfüllt?	

2. Erläutern Sie, wovon die Zahl der Betriebsratsmitglieder abhängig ist.

3. Nehmen Sie an, die BüroTec GmbH hätte um die 140 wahlberechtigte Mitarbeiter. Entscheiden Sie, aus wie vielen Mitgliedern ein neu errichteter Betriebsrat bestehen würde.

4. Da es sich im obigen Fall um einen neu zu errichtenden Betriebsrat handelt, kann die Wahl zum Betriebsrat zu jedem beliebigen Zeitpunkt stattfinden. Prüfen Sie, wann Betriebsratswahlen regulär stattfinden.

5. Geben Sie an, wer die Kosten, die im Rahmen der Betriebsratsarbeit anfallen, trägt.

6. Begründen Sie, ob die Betriebsräte der BüroTec GmbH, ihre Sprechstunden außerhalb der regulären Arbeitszeit anbieten müssen.

7. Tobias Bauer, frisch gewählter Betriebsrat bei der BüroTec GmbH, vertritt die Auffassung, dass er als Betriebsrat gänzlich von seiner beruflichen Tätigkeit freigestellt werden muss. Klären Sie die Rechtslage.

8. Beschreiben Sie, welche Aufgabe die Einigungsstelle hat.

____

____

____

____

9. Julian Korb ist seit zwei Jahren Betriebsrat bei der Wagner & Henning OHG. Nun soll ihm aufgrund der schlechten Auftragslage fristgerecht gekündigt werden. Prüfen Sie, ob die Kündigung rechtlich zulässig ist.

____

10. Nehmen Sie an, Julian Korb hat Herrn Wagner, Gesellschafter der Wagner & Henning OHG, in einer Diskussion über die zukünftige Regelung der Überstunden auf das Heftigste beleidigt. Nun soll ihm fristlos gekündigt werden. Klären Sie die Rechtslage.

____

____

Info 1: Interne Mitteilung

BüroTec GmbH

Interne Mitteilung

an: Herrn Beer   **von:** Lena Much
                         Abteilung: Personal
                         Datum: 26.01.20..
                         Zeichen: mu

Mitarbeiterinformationen wegen Betriebsratswahl

BüroTec GmbH – Altersstruktur		
unter 18 Jahren	3 Arbeitnehmer	*Auszubildende*
über 18 Jahren	147 Arbeitnehmer	*kaufmännische und gewerblich-technische Mitarbeiter*

Von diesen 147 Arbeitnehmern sind 10 volljährige Arbeitnehmer über ein Zeitarbeitsunternehmen bei uns beschäftigt. 4 dieser Leiharbeitnehmer haben ihre Tätigkeit vor zwei Wochen aufgenommen und werden insgesamt acht Wochen bei uns eingesetzt. Die übrigen Leiharbeitnehmer arbeiten schon vier Wochen für uns und werden noch weitere acht Monate für uns tätig sein. Alle anderen Arbeitnehmer sind unbefristet eingestellt und, von 6 Arbeitnehmern abgesehen, schon mehrere Jahre dabei. Die 6 genannten Arbeitnehmer sind erst seit 2 Monaten für uns tätig. Darüber hinaus handelt es sich bei 2 der 147 Mitarbeiter um Prokuristen, die eng mit der Geschäftsführung zusammenarbeiten.

Mit freundlichen Grüßen

Lena Much

Info 2: Informationsbroschüre der Kanzlei Berger & Partner

Information „Arbeitsrecht"

Berger & Partner
Rechtsanwälte

Arbeitsrecht
Wirtschaftsrecht
Gesellschaftsrecht

Der Betriebsrat

A: Auszug aus dem Betriebsverfassungsgesetz

§ 1 Errichtung von Betriebsräten
(1) In Betrieben mit in der Regel mindestens fünf ständigen **wahlberechtigten** Arbeitnehmern, von denen drei **wählbar** sind, werden Betriebsräte gewählt. [...]
(**Anmerkung Berger & Partner:** Mit „ständigen" Arbeitnehmern sind im Grundsatz diejenigen Arbeitnehmer gemeint, die unbefristet eingestellt wurden. Auszubildende werden allerdings ebenfalls zu den ständigen Mitarbeitern gezählt.)

§ 5 Arbeitnehmer
(1) Arbeitnehmer (Arbeitnehmerinnen und Arbeitnehmer) im Sinne dieses Gesetzes sind Arbeiter und Angestellte einschließlich der zu ihrer Berufsausbildung Beschäftigten, unabhängig davon, ob sie im Betrieb, im Außendienst oder mit Telearbeit beschäftigt werden. [...]
(3) Dieses Gesetz findet, soweit in ihm nicht ausdrücklich etwas anderes bestimmt ist, keine Anwendung auf leitende Angestellte. (**Anmerkung Berger & Partner:** Leitende Angestellte sind Mitarbeiter zu verstehen, die Personal einstellen bzw. entlassen dürfen. Dies trifft z.B. auf Prokuristen oder Generalbevollmächtigte zu.)

§ 7 Wahlberechtigung
Wahlberechtigt sind alle Arbeitnehmer des Betriebs, die das 18. Lebensjahr vollendet haben. Werden Arbeitnehmer eines anderen Arbeitgebers zur Arbeitsleistung überlassen (**Anmerkung Berger & Partner:** sogenannte Leiharbeitnehmer), so sind diese wahlberechtigt, wenn sie länger als drei Monate im Betrieb eingesetzt werden. **Anmerkung Berger & Partner:** Entscheidend ist dabei nicht, wie lange der Leiharbeiter zur Zeit der Betriebsratswahl schon tatsächlich im Entleihbetrieb gearbeitet hat. Vielmehr kommt es auf die vorgesehene Beschäftigungsdauer an. Ein Leiharbeiter ist also bei einer vorgesehenen Entleihzeit von vier Monaten schon in seiner ersten tatsächlichen Einsatzwoche wahlberechtigt.

§ 8 Wählbarkeit
(1) Wählbar sind alle Wahlberechtigten, die sechs Monate dem Betrieb angehören oder als in Heimarbeit Beschäftigte in der Hauptsache für den Betrieb gearbeitet haben. (**Anmerkung Berger & Partner:** Hiervon ausgenommen sind die Leiharbeitnehmer.)

§ 9 Zahl der Betriebsratsmitglieder
Der Betriebsrat besteht in Betrieben mit in der Regel
- 5 bis 20 wahlberechtigten Arbeitnehmern aus einer Person,
- 21 bis 50 wahlberechtigten Arbeitnehmern aus 3 Mitgliedern,
- 51 bis 100 wahlberechtigten Arbeitnehmern aus 5 Mitgliedern,
- 101 bis 200 wahlberechtigten Arbeitnehmern aus 7 Mitgliedern,
- 201 bis 400 wahlberechtigten Arbeitnehmern aus 9 Mitgliedern,
- 401 bis 700 wahlberechtigten Arbeitnehmern aus 11 Mitgliedern,
- 701 bis 1.000 wahlberechtigten Arbeitnehmern aus 13 Mitgliedern,
- [...]
- 7.001 bis 9.000 wahlberechtigten Arbeitnehmern aus 35 Mitgliedern.

In Betrieben mit mehr als 9.000 Arbeitnehmern erhöht sich die Zahl der Mitglieder des Betriebsrats für je angefangene weitere 3.000 Arbeitnehmer um 2 Mitglieder.

§ 13 Zeitpunkt der Betriebsratswahlen
(1) Die regelmäßigen Betriebsratswahlen finden alle vier Jahre in der Zeit vom 1. März bis 31. Mai statt. [...]

§ 15 Zusammensetzung nach Beschäftigungsarten und Geschlechter
(1) Der Betriebsrat soll sich möglichst aus Arbeitnehmern der einzelnen Organisationsbereiche und der verschiedenen Beschäftigungsarten der im Betrieb tätigen Arbeitnehmer zusammensetzen.
(2) Das Geschlecht, das in der Belegschaft in der Minderheit ist, muss mindestens entsprechend seinem zahlenmäßigen Verhältnis im Betriebsrat vertreten sein, wenn dieser aus mindestens drei Mitgliedern besteht.

Fortsetzung

§ 21 Amtszeit
Die regelmäßige Amtszeit des Betriebsrats beträgt vier Jahre. Die Amtszeit beginnt mit der Bekanntgabe des Wahlergebnisses oder, wenn zu diesem Zeitpunkt noch ein Betriebsrat besteht, mit Ablauf von dessen Amtszeit. Die Amtszeit endet spätestens am 31. Mai des Jahres, in dem nach § 13 Abs. 1 die regelmäßigen Betriebsratswahlen stattfinden.

§ 38 Freistellungen
(1) Von ihrer beruflichen Tätigkeit sind mindestens freizustellen in Betrieben mit in der Regel 200 bis 500 Arbeitnehmern ein Betriebsratsmitglied, 501 bis 900 Arbeitnehmern 2 Betriebsratsmitglieder, [...] 9.001 bis 10.000 Arbeitnehmern 12 Betriebsratsmitglieder. In Betrieben mit über 10.000 Arbeitnehmern ist für je angefangene weitere 2.000 Arbeitnehmer ein weiteres Betriebsratsmitglied freizustellen.[...]

§ 39 Sprechstunden
(1) Der Betriebsrat kann während der Arbeitszeit Sprechstunden einrichten. Zeit und Ort sind mit dem Arbeitgeber zu vereinbaren.[...]
(3) Versäumnis von Arbeitszeit, die zum Besuch der Sprechstunden [...] des Betriebsrats erforderlich ist, berechtigt den Arbeitgeber nicht zur Minderung des Arbeitsentgelts des Arbeitnehmers.

§ 40 Kosten und Sachaufwand des Betriebsrats
(1) Die durch die Tätigkeit des Betriebsrats entstehenden Kosten trägt der Arbeitgeber.
(2) Für die Sitzungen, die Sprechstunden und die laufende Geschäftsführung hat der Arbeitgeber in erforderlichem Umfang Räume, sachliche Mittel, Informations- und Kommunikationstechnik sowie Büropersonal zur Verfügung zu stellen.

§ 76 Einigungsstelle
(1) Zur Beilegung von Meinungsverschiedenheiten zwischen Arbeitgeber und Betriebsrat [...], ist bei Bedarf eine Einigungsstelle zu bilden. [...]
(2) Die Einigungsstelle besteht aus einer gleichen Anzahl von Beisitzern, die vom Arbeitgeber und Betriebsrat bestellt werden, und einem unparteiischen Vorsitzenden, auf dessen Person sich beide Seiten einigen müssen. Kommt eine Einigung über die Person des Vorsitzenden nicht zustande, so bestellt ihn das Arbeitsgericht.[...]

§ 80 Allgemeine Aufgaben
(1) Der Betriebsrat hat folgende allgemeine Aufgaben:
1. darüber zu wachen, dass die zugunsten der Arbeitnehmer geltenden Gesetze, Verordnungen, Unfallverhütungsvorschriften, Tarifverträge und Betriebsvereinbarungen durchgeführt werden;
2. Maßnahmen, die dem Betrieb und der Belegschaft dienen, beim Arbeitgeber zu beantragen;
2a. die Durchsetzung der tatsächlichen Gleichstellung von Frauen und Männern, insbesondere bei der Einstellung, Beschäftigung, Aus-, Fort- und Weiterbildung und dem beruflichen Aufstieg, zu fördern;
2b. die Vereinbarkeit von Familie und Erwerbstätigkeit zu fördern;
3. Anregungen von Arbeitnehmern und der Jugend- und Auszubildendenvertretung entgegenzunehmen [...];
4. die Eingliederung Schwerbehinderter und sonstiger besonders schutzbedürftiger Personen zu fördern;
5. die Wahl einer Jugend- und Auszubildendenvertretung vorzubereiten und durchzuführen [...];
6. die Beschäftigung älterer Arbeitnehmer im Betrieb zu fördern;
7. die Integration ausländischer Arbeitnehmer im Betrieb und das Verständnis zwischen ihnen und den deutschen Arbeitnehmern zu fördern, sowie Maßnahmen zur Bekämpfung von Rassismus und Fremdenfeindlichkeit im Betrieb zu beantragen;
8. die Beschäftigung im Betrieb zu fördern und zu sichern;
9. Maßnahmen des Arbeitsschutzes und des betrieblichen Umweltschutzes zu fördern.[...]

B: Auszug aus dem Kündigungsschutzgesetz

§ 15 Unzulässigkeit von Kündigungen

(1) Die Kündigung eines Mitglieds eines Betriebsrats [oder] einer Jugend- und Auszubildendenvertretung [...] ist unzulässig, es sei denn, dass Tatsachen vorliegen, die den Arbeitgeber zur Kündigung aus wichtigem Grund ohne Einhaltung einer Kündigungsfrist berechtigen. (**Anmerkung Berger & Partner:** z.B. Diebstahl, Beleidigungen, oder körperliche Gewalt). Nach Beendigung der Amtszeit ist die Kündigung eines Mitglieds eines Betriebsrats oder einer Jugend- und Auszubildendenvertretung [...] innerhalb eines Jahres vom Zeitpunkt der Beendigung der Amtszeit an gerechnet unzulässig, es sei denn, dass Tatsachen vorliegen, die den Arbeitgeber zur Kündigung aus wichtigem Grund ohne Einhaltung einer Kündigungsfrist berechtigen; [...].
(3a) [...] Wird ein Betriebsrat [oder] eine Jugend- und Auszubildendenvertretung [...] nicht gewählt, besteht der Kündigungsschutz [...] drei Monate.

7 Schmidthausen ISBN: 978-3-8120-1024-5

📖 Lernsituation:

Seit der Betriebsratswahl bei der BüroTec GmbH sind mittlerweile drei Jahre vergangen. Im Moment werden bei der BüroTec GmbH sieben Personen in verschiedenen Berufen ausgebildet. Zwei der Auszubildenden, Lena Gerke und Marcel Lerch, stehen kurz vor der Abschlussprüfung. Jeden Montagabend treffen sich die beiden bei Lena zum gemeinsamen Lernen.

Marcel Lerch: Mensch Lena, ich bin froh, wenn wir die Prüfung hinter uns haben.

Lena Gerke: Geht mir genauso, Marcel. Ich hätte am Anfang der Ausbildung nicht gedacht, dass wir so viel lernen müssen.

Marcel Lerch: Stimmt, aber so wie wir uns reinhängen, werden wir die Prüfung mit Bravour meistern. Sorgen mache ich mir mehr, wenn ich an danach denke.

Lena Gerke: Was meinst du damit?

Marcel Lerch: Ich meine unsere Übernahme. Bislang haben wir noch keine Zusage.

Lena Gerke: Wollte sich nicht unser Betriebsrat, der Herr Bauer, für uns einsetzen?

Marcel Lerch: Hat er zumindest vor ein paar Wochen gesagt. Aber als ich gestern mal nachgefragt habe, hatte ich den Eindruck, dass er uns ganz einfach vergessen hat.

Lena Gerke: Soviel ich weiß, hat der im Moment unheimlich viel mit der Umstrukturierung in der Fertigung zu tun. Ich glaube, wir müssen die Sache selbst in die Hand nehmen.

Arbeitsaufträge:

1. Lena Gerke, Marcel Lerch und die übrigen Auszubildenden haben sich überlegt, eine Jugend- und Auszubildendenvertretung zu wählen, um ihren speziellen Interessen mehr Gehör zu verschaffen.

   1.1 Klären Sie zunächst, in welchen Betrieben Jugend- und Auszubildendenvertretungen gewählt werden können.

   ____

   ____

   ____

   1.2 Prüfen Sie nun, ob die BüroTec GmbH die obigen Voraussetzungen erfüllt, um eine Jugend- und Auszubildendenvertretung wählen zu können.

   Informationen aus der Personalabteilung:

Name	Ausbildungsberuf/Tätigkeit	Ausbildungsjahr	Alter
Maria Bauer	Tischlerin	Ausbildungsjahr 1	18 Jahre
Noah Drews	Tischler	Ausbildungsjahr 2	19 Jahre
Lena Gerke	Industriekauffrau	Ausbildungsjahr 3	21 Jahre
Marcel Lerch	Industriekaufmann	Ausbildungsjahr 3	22 Jahre
Kim Maurer	Lagermitarbeiter	ohne Ausbildung	17 Jahre
Sophie Tix	Kauffrau für Büromanagement	Ausbildungsjahr 1	18 Jahre
Tim Weber	Kaufmann für Lagerlogistik	Ausbildungsjahr 1	26 Jahre

   ____

   ____

   ____

2. Vervollständigen Sie den Lückentext zum Thema Jugend- und Auszubildendenvertretung.

Die Jugend- und Auszubildendenvertretung im Überblick

Durch seine Zusammensetzung ist der (1)____ nicht immer geeignet, die Angelegenheiten der jugendlichen (2)______________und (3)______________entsprechend zu vertreten. Dieser Mangel wird durch die (4)____ weitgehend ausgeglichen, die zu allen Betriebsratssitzungen (5)____________________ Vertreter entsenden kann.

Sie wird von allen Arbeitnehmern bis 18 Jahre und allen (6)__________________bis (7)____________Jahre gewählt. Zur Wahl dürfen sich alle Arbeitnehmer stellen, die das 25. Lebensjahr noch nicht vollendet haben, es sei denn, dass sie bereits Mitglied im (8)________________________ sind. Die Zahl der Jugend- und Auszubildendenvertreter ist abhängig von der Zahl der Jugendlichen und Auszubildenden. So besteht z.B. die JAV in Betrieben mit 5 bis 20 Jugendlichen und Auszubildenden aus (9)________________________ und mit 21 bis 50 aus (10) ______ Mitgliedern. Die JAV soll sich möglichst aus Vertretern der verschiedenen (11)____________________der im Betrieb vertretenen Jugendlichen und Auszubildenden zusammensetzen und ein angemessenes (12) __________________________________ aufweisen. Die regelmäßigen, (13)________________ finden alle (14)________ Jahre in der Zeit von Oktober bis November statt. Die Amtszeit beträgt regelmäßig (15)________ Jahre und ist kürzer als die des Betriebsrates, da Jugendliche schnell aus dem wahlfähigen Alter entwachsen. Vollendet ein Mitglied im Laufe der Amtszeit das (16)________________, bleibt es bis zum Ende der Amtszeit im Amt. Die wesentlichen Aufgaben der JAV sind die Beantragung von Maßnahmen beim Betriebsrat, die junge Arbeitnehmer insbesondere in Fragen der (17)____________________und der (18)____________________________ der Auszubildenden in ein (19)____________________________ betreffen. Darüber hinaus überwacht die JAV z.B. die Einhaltung von (20)________________________________ und fördert die (21) ____________________ junger Arbeitnehmer mit Migrationshintergrund. Um diese Aufgaben durchführen zu können, ist die JAV (22) ____________________ und (23) ____________________ durch den Betriebsrat zu unterrichten.

Info: Informationsbroschüre der Kanzlei Berger & Partner

Information „Arbeitsrecht"

Berger & Partner
Rechtsanwälte

Arbeitsrecht
Wirtschaftsrecht
Gesellschaftsrecht

Die Jugend- und Auszubildendenvertretung (JAV)

A: Auszug aus dem Betriebsverfassungsgesetz

§ 60 Errichtung
(1) In Betrieben mit in der Regel mindestens fünf Arbeitnehmern, die das 18. Lebensjahr noch nicht vollendet haben (jugendliche Arbeitnehmer) oder die zu ihrer Berufsausbildung beschäftigt sind und das 25. Lebensjahr noch nicht vollendet haben, werden Jugend- und Auszubildendenvertretungen gewählt.

§ 61 Wahlberechtigung und Wählbarkeit
(1) Wahlberechtigt sind alle in § 60 Abs. 1 genannten Arbeitnehmer des Betriebs.
(2) Wählbar sind alle Arbeitnehmer des Betriebs, die das 25. Lebensjahr noch nicht vollendet haben […]. Mitglieder des Betriebsrats können nicht zu Jugend- und Auszubildendenvertretern gewählt werden.

§ 62 Zahl der Jugend- und Auszubildendenvertreter, Zusammensetzung der Jugend- und Auszubildendenvertretung
(1) Die Jugend- und Auszubildendenvertretung besteht in Betrieben mit in der Regel 5 bis 20 der in § 60 Abs. 1 genannten Arbeitnehmer aus einer Person, 21 bis 50 der in § 60 Abs. 1 genannten Arbeitnehmer aus 3 Mitgliedern, 51 bis 150 der in § 60 Abs. 1 genannten Arbeitnehmer aus 5 Mitgliedern, 151 bis 300 der in § 60 Abs. 1 genannten Arbeitnehmer aus 7 Mitgliedern, 301 bis 500 der in § 60 Abs. 1 genannten Arbeitnehmer aus 9 Mitgliedern, 501 bis 700 der in § 60 Abs. 1 genannten Arbeitnehmer aus 11 Mitgliedern, 701 bis 1.000 der in § 60 Abs. 1 genannten Arbeitnehmer aus 13 Mitgliedern, mehr als 1.000 der in § 60 Abs. 1 genannten Arbeitnehmer aus 15 Mitgliedern.
(2) Die Jugend- und Auszubildendenvertretung soll sich möglichst aus Vertretern der verschiedenen Beschäftigungsarten und Ausbildungsberufe der im Betrieb tätigen in § 60 Abs. 1 genannten Arbeitnehmer zusammensetzen.
(3) Das Geschlecht, das unter den in § 60 Abs. 1 genannten Arbeitnehmern in der Minderheit ist, muss mindestens entsprechend seinem zahlenmäßigen Verhältnis in der Jugend- und Auszubildendenvertretung vertreten sein, wenn diese aus mindestens drei Mitgliedern besteht.

§ 63 Wahlvorschriften
(1) Die Jugend- und Auszubildendenvertretung wird in geheimer und unmittelbarer Wahl gewählt. […]

§ 64 Zeitpunkt der Wahlen und Amtszeit
(1) Die regelmäßigen Wahlen der Jugend- und Auszubildendenvertretung finden alle zwei Jahre in der Zeit vom 1. Oktober bis 30. November statt. […]
(2) Die regelmäßige Amtszeit der Jugend- und Auszubildendenvertretung beträgt zwei Jahre. Die Amtszeit beginnt mit der Bekanntgabe des Wahlergebnisses oder, wenn zu diesem Zeitpunkt noch eine Jugend- und Auszubildendenvertretung besteht, mit Ablauf von deren Amtszeit. […]
(3) Ein Mitglied der Jugend- und Auszubildendenvertretung, das im Laufe der Amtszeit das 25. Lebensjahr vollendet, bleibt bis zum Ende der Amtszeit Mitglied der Jugend- und Auszubildendenvertretung.

§ 67 Teilnahme an Betriebsratssitzungen
(1) Die Jugend- und Auszubildendenvertretung kann zu allen Betriebsratssitzungen einen Vertreter entsenden. Werden Angelegenheiten behandelt, die besonders die in § 60 Abs. 1 genannten Arbeitnehmer betreffen, so hat zu diesen Tagesordnungspunkten die gesamte Jugend- und Auszubildendenvertretung ein Teilnahmerecht.
(2) Die Jugend- und Auszubildendenvertreter haben Stimmrecht, soweit die zu fassenden Beschlüsse des Betriebsrats überwiegend die in § 60 Abs. 1 genannten Arbeitnehmer betreffen.

Fortsetzung

§ 70 Allgemeine Aufgaben

(1) Die Jugend- und Auszubildendenvertretung hat folgende allgemeine Aufgaben:

1. Maßnahmen, die den in § 60 Abs. 1 genannten Arbeitnehmern dienen, insbesondere in Fragen der Berufsbildung und der Übernahme der zu ihrer Berufsausbildung Beschäftigten in ein Arbeitsverhältnis, beim Betriebsrat zu beantragen;

1a. Maßnahmen zur Durchsetzung der tatsächlichen Gleichstellung der in § 60 Abs. 1 genannten Arbeitnehmer entsprechend § 80 Abs. 1 Nr. 2a und 2b beim Betriebsrat zu beantragen;

2. darüber zu wachen, dass die zugunsten der in § 60 Abs. 1 genannten Arbeitnehmer geltenden Gesetze, Verordnungen, Unfallverhütungsvorschriften, Tarifverträge und Betriebsvereinbarungen durchgeführt werden;

3. Anregungen von in § 60 Abs. 1 genannten Arbeitnehmern, insbesondere in Fragen der Berufsbildung, entgegenzunehmen und, falls sie berechtigt erscheinen, beim Betriebsrat auf eine Erledigung hinzuwirken. Die Jugend- und Auszubildendenvertretung hat die betroffenen in § 60 Abs. 1 genannten Arbeitnehmer über den Stand und das Ergebnis der Verhandlungen zu informieren;

4. die Integration ausländischer, in § 60 Abs. 1 genannter Arbeitnehmer im Betrieb zu fördern und entsprechende Maßnahmen beim Betriebsrat zu beantragen.

(2) Zur Durchführung ihrer Aufgaben ist die Jugend- und Auszubildendenvertretung durch den Betriebsrat rechtzeitig und umfassend zu unterrichten. Die Jugend- und Auszubildendenvertretung kann verlangen, dass ihr der Betriebsrat die zur Durchführung ihrer Aufgaben erforderlichen Unterlagen zur Verfügung stellt.

B: Auszug aus dem Kündigungsschutzgesetz

§ 15 Unzulässigkeit von Kündigungen

(1) Die Kündigung eines Mitglieds eines Betriebsrats [oder] einer Jugend- und Auszubildendenvertretung [...] ist unzulässig, es sei denn, dass Tatsachen vorliegen, die den Arbeitgeber zur Kündigung aus wichtigem Grund ohne Einhaltung einer Kündigungsfrist berechtigen. (**Anmerkung Berger & Partner:** z.B. Diebstahl, Beleidigungen, oder körperliche Gewalt). Nach Beendigung der Amtszeit ist die Kündigung eines Mitglieds eines Betriebsrats oder einer Jugend- und Auszubildendenvertretung [...] innerhalb eines Jahres vom Zeitpunkt der Beendigung der Amtszeit an gerechnet unzulässig, es sei denn, dass Tatsachen vorliegen, die den Arbeitgeber zur Kündigung aus wichtigem Grund ohne Einhaltung einer Kündigungsfrist berechtigen; [...].

(3a) [...] Wird ein Betriebsrat [oder] eine Jugend- und Auszubildendenvertretung [...] nicht gewählt, besteht der Kündigungsschutz [...] drei Monate.

 **Lernsituation:**

Bei der BüroTec GmbH wurden am 1. März 20.. zum ersten Mal Betriebsratswahlen durchgeführt. Am Montag, den 10. Mai 20.. bittet der Geschäftsführer Herr Schmidt die Betriebsratsmitglieder Frau Schwarz und Herrn Fischer zu einer ersten Besprechung, um geplante Maßnahmen zu besprechen.

Herr Schmidt: Liebe Kollegen, ich möchte Ihnen zunächst zur Wahl als Betriebsräte gratulieren. Ich gehe von einer guten Zusammenarbeit aus, da wir ja alle das Wohl unseres Unternehmens im Auge haben.

Herr Fischer: Vielen Dank, Herr Schmidt.

Herr Schmidt: Da die Zeit drängt, möchte ich gleich zur Sache kommen. Wir beabsichtigen, in den nächsten 2 Monaten Überstunden zu fahren. Betroffen sind im Wesentlichen die Kollegen aus der Fertigung und dem Verkauf.

Frau Schwarz: Überstunden? Wieso denn das?

Herr Schmidt: Erfreulicherweise ist die Nachfrage nach unseren neuen Sitz- und Steharbeitsplätzen viel höher als erwartet. Wir kommen mit der Produktion überhaupt nicht mehr nach.

Herr Fischer: Da haben Sie es. Die Mitarbeiter, denen Sie im letzten Jahr betriebsbedingt gekündigt haben, könnten wir jetzt gut gebrauchen.

Herr Schmidt: Nun ja, letztes Jahr haben wir die Kündigungen für absolut nötig gehalten.

Frau Schwarz: Ich will ganz offen sprechen. Das mit den Überstunden wird unseren Kollegen nicht gefallen.

Herr Schmidt: Ob es den Kollegen gefällt oder nicht. Die Überstunden müssen sein.

Herr Fischer: Nun mal langsam, Herr Schmidt. So einfach geht das nicht.

Arbeitsaufträge:

1. Klären Sie mithilfe des Betriebsverfassungsgesetzes (Info 1), ob der Geschäftsführer Moritz Schmidt die Überstunden anordnen darf.

____

____

____

____

____

2. Beurteilen Sie die Haltung des Betriebsrates zu den geplanten Überstunden.

____

____

____

Weitere Fälle:

Da die gewählten Betriebsratsmitglieder über keinerlei Erfahrung als Betriebsräte verfügen, besuchen sie ein Fortbildungsseminar, um sich für die kommenden Aufgaben zu qualifizieren. Im Seminar werden sie mit folgenden Fällen aus der Praxis konfrontiert. Klären Sie, welche Rechte der Betriebsrat in den vorliegenden Fällen hat.

Fall A: Um ihre Mitarbeiter im Hinblick auf Beförderungen oder Gehaltserhöhungen fairer beurteilen zu können, beabsichtigt die Geschäftsführung der Seeheimer OHG allgemeine Beurteilungsgrundsätze zu erarbeiten.

Fall B: Aufgrund drastischer Auftragsrückgänge sieht sich die Neumann GmbH gezwungen, die Kosten zu senken. Die Geschäftsleitung plant daher, im nächsten Jahr 10 % der Mitarbeiter einzusparen. Auf betriebsbedingte Kündigungen wird man vermutlich nicht verzichten können.

Fall C: Ein Jahr später hat sich die wirtschaftliche Lage nicht verbessert. Die Geschäftsführung der Neumann GmbH sieht keine andere Möglichkeit, als betriebsbedingte Kündigungen auszusprechen. Konkret betroffen ist unter anderem Daniel Berger, 50-jähriger Fertigungsmitarbeiter, der seit 12 Jahren im Unternehmen beschäftigt ist.

Fall D: Der Geschäftsführer der EGS GmbH möchte die Produktivität seiner Angestellten ermitteln und überlegt sich, Videokameras in den Büros zu installieren, die das Arbeits- und Pausenverhalten der Mitarbeiter überwachen sollen. Einige Angestellte sind damit überhaupt nicht einverstanden.

Fall E: Die Secret AG mit 1.500 Mitarbeitern in ganz Deutschland weigert sich, dem Betriebsrat am Ende des Geschäftsjahres einen Einblick in die Bilanz und die Gewinn- und Verlustrechnung und damit in die wirtschaftliche Situation des Unternehmens zu geben.

Fall F: Aufgrund der schlechten wirtschaftlichen Lage plant die Gerber KG (230 Mitarbeiter) Kosten einzusparen. Dafür soll nun ein Teil der Produktion nach Polen verlagert werden.

Fall G: Bei der EGS GmbH wird bislang von montags bis freitags jeweils 8 Std. gearbeitet. Um flexibler auf Nachfrageschwankungen reagieren zu können, überlegt sich der Geschäftsführer der EGS GmbH folgendes Arbeitszeitmodell: Die Wochenarbeitszeit von 40 Std. soll beibehalten werden. Die täglichen Arbeitszeiten sollen jedoch je nach Auftragslage variieren.

Fall H: Nachdem die Secret AG (1.500 Mitarbeiter) im vergangenen Geschäftsjahr dem Betriebsrat einen Einblick in die Bilanz verweigert hatte, geht sie im aktuellen Geschäftsjahr anders vor und informiert den Wirtschaftsausschuss 10 Wochen nach Fertigstellung des Berichtes mündlich über die wirtschaftliche Lage. Der Wirtschaftsausschuss soll dann dem Betriebsrat Bericht erstatten.

Fall I: Da die 80 Mitarbeiter der EGS GmbH nicht bereit sind, langfristig in derartig hohem Maße Überstunden zu leisten, entschließt sich der Geschäftsführer des Unternehmens dazu, weitere Mitarbeiter einzustellen. Ohne den Betriebsrat einzuschalten, werden 20 neue Mitarbeiter eingestellt.

Fall J: Das Industrieunternehmen Talbau KG mit 130 Mitarbeitern stellt Komponenten für Waschmaschinen her. Da es in diesem Segment immer mehr Wettbewerber aus dem Ausland gibt, plant die Geschäftsführung umfangreiche Rationalisierungsmaßnahmen.

Info: Information „Arbeitsrecht"

Information „Arbeitsrecht"　　　　　　　　　　　**Berger & Partner**
Rechtsanwälte

Arbeitsrecht
Wirtschaftsrecht
Gesellschaftsrecht 

Der Betriebsrat

A: Grundlegende Rechte

Die im Betriebsverfassungsgesetz geregelte Mitbestimmung umfasst 3 Stufen, sodass von Mitbestimmung im engeren und im weiteren Sinne gesprochen werden kann:

Stufe 1: Mitbestimmung

Der Arbeitgeber und der Betriebsrat treffen die Entscheidungen gemeinsam. Ist dies nicht möglich, wird die Einigungsstelle eingeschaltet. Die Einigungsstelle wird bei Bedarf gebildet. Durch Betriebsvereinbarung kann aber auch eine ständige Einigungsstelle errichtet werden. Sie setzt sich zu gleichen Teilen aus Vertretern der Belegschaft und der Arbeitgeberseite sowie einem unparteiischen Vorsitzenden zusammen. Kommt keine Einigung zustande, sind die Arbeitsgerichte zuständig.

Stufe 2: Mitwirkung

Das Mitwirkungsrecht wird auch als <u>eingeschränktes</u> Mitbestimmungsrecht bezeichnet. Der Betriebsrat kann aus schwerwiegenden Gründen den Entscheidungen der Geschäftsleitung widersprechen (Veto- oder Widerspruchsrecht). Der Arbeitgeber muss nun nach einer alternativen Lösung suchen.

Stufe 3: Unterrichtung und Beratung

Der Arbeitgeber muss den Betriebsrat rechtzeitig umfassend unterrichten und sich mit ihm beraten. Der Arbeitgeber muss die Vorschläge des Betriebsrats in seinen Überlegungen mit einbeziehen. Der Betriebsrat kann die geplante Maßnahme jedoch <u>nicht</u> verhindern.

B: Auszug aus dem Betriebsverfassungsgesetz

<u>Ausgewählte Paragrafen zur Mitbestimmung (Stufe 1)</u>

§ 87 Mitbestimmungsrechte
(1) Der Betriebsrat hat, soweit eine gesetzliche oder tarifliche Regelung nicht besteht, in folgenden Angelegenheiten mitzubestimmen:
1. Fragen der Ordnung des Betriebs und des Verhaltens der Arbeitnehmer im Betrieb;
2. Beginn und Ende der täglichen Arbeitszeit einschließlich der Pausen sowie Verteilung der Arbeitszeit auf die einzelnen Wochentage;
3. vorübergehende Verkürzung oder Verlängerung der betriebsüblichen Arbeitszeit;
4. Zeit, Ort und Art der Auszahlung der Arbeitsentgelte;
5. Aufstellung allgemeiner Urlaubsgrundsätze und des Urlaubsplans sowie die Festsetzung der zeitlichen Lage des Urlaubs für einzelne Arbeitnehmer, wenn zwischen dem Arbeitgeber und den beteiligten Arbeitnehmern kein Einverständnis erzielt wird;
6. Einführung und Anwendung von technischen Einrichtungen, die dazu bestimmt sind, das Verhalten oder die Leistung der Arbeitnehmer zu überwachen;
7. Regelungen über die Verhütung von Arbeitsunfällen und Berufskrankheiten sowie über den Gesundheitsschutz im Rahmen der gesetzlichen Vorschriften oder der Unfallverhütungsvorschriften;
8. Form, Ausgestaltung und Verwaltung von Sozialeinrichtungen, deren Wirkungsbereich auf den Betrieb, das Unternehmen oder den Konzern beschränkt ist;
9. Zuweisung und Kündigung von Wohnräumen, die den Arbeitnehmern mit Rücksicht auf das Bestehen eines Arbeitsverhältnisses vermietet werden, sowie die allgemeine Festlegung der Nutzungsbedingungen;
10. Fragen der betrieblichen Lohngestaltung, insbesondere die Aufstellung von Entlohnungsgrundsätzen und die Einführung und Anwendung von neuen Entlohnungsmethoden sowie deren Änderung;
11. Festsetzung der Akkord- und Prämiensätze und vergleichbarer leistungsbezogener Entgelte, einschließlich der Geldfaktoren;
12. Grundsätze über das betriebliche Vorschlagswesen;

8 Schmidthausen ISBN: 978-3-8120-1024-5

Fortsetzung

13. Grundsätze über die Durchführung von Gruppenarbeit; Gruppenarbeit im Sinne dieser Vorschrift liegt vor, wenn im Rahmen des betrieblichen Arbeitsablaufs eine Gruppe von Arbeitnehmern eine ihr übertragene Gesamtaufgabe im Wesentlichen eigenverantwortlich erledigt.[...]

§ 94 Personalfragebogen, Beurteilungsgrundsätze

(1) Personalfragebogen bedürfen der Zustimmung des Betriebsrats. Kommt eine Einigung über ihren Inhalt nicht zustande, so entscheidet die Einigungsstelle. Der Spruch der Einigungsstelle ersetzt die Einigung zwischen Arbeitgeber und Betriebsrat.

(2) Absatz 1 gilt entsprechend für persönliche Angaben in schriftlichen Arbeitsverträgen, die allgemein für den Betrieb verwendet werden sollen, sowie für die Aufstellung allgemeiner Beurteilungsgrundsätze.

§ 98 Durchführung betrieblicher Bildungsmaßnahmen

(1) Der Betriebsrat hat bei der Durchführung von Maßnahmen der betrieblichen Berufsbildung mitzubestimmen. [...]

Ausgewählte Paragrafen zur Mitwirkung (Stufe 2)

§ 99 Mitbestimmung bei personellen Einzelmaßnahmen

(1) In Unternehmen mit in der Regel mehr als zwanzig wahlberechtigten Arbeitnehmern hat der Arbeitgeber den Betriebsrat vor jeder Einstellung, Eingruppierung, Umgruppierung und Versetzung zu unterrichten, ihm die erforderlichen Bewerbungsunterlagen vorzulegen und Auskunft über die Person der Beteiligten zu geben; er hat dem Betriebsrat unter Vorlage der erforderlichen Unterlagen Auskunft über die Auswirkungen der geplanten Maßnahme zu geben und die Zustimmung des Betriebsrats zu der geplanten Maßnahme einzuholen. Bei Einstellungen und Versetzungen hat der Arbeitgeber insbesondere den in Aussicht genommenen Arbeitsplatz und die vorgesehene Eingruppierung mitzuteilen. [...]

(2) Der Betriebsrat kann die Zustimmung verweigern, wenn

1. die personelle Maßnahme gegen ein Gesetz, eine Verordnung, eine Unfallverhütungsvorschrift oder gegen eine Bestimmung in einem Tarifvertrag oder in einer Betriebsvereinbarung oder gegen eine gerichtliche Entscheidung oder eine behördliche Anordnung verstoßen würde, [...].

4. der betroffene Arbeitnehmer durch die personelle Maßnahme benachteiligt wird, ohne dass dies aus betrieblichen oder in der Person des Arbeitnehmers liegenden Gründen gerechtfertigt ist, [...].

(3) Verweigert der Betriebsrat seine Zustimmung, so hat er dies unter Angabe von Gründen innerhalb einer Woche nach Unterrichtung durch den Arbeitgeber diesem schriftlich mitzuteilen. Teilt der Betriebsrat dem Arbeitgeber die Verweigerung seiner Zustimmung nicht innerhalb der Frist schriftlich mit, so gilt die Zustimmung als erteilt.

(4) Verweigert der Betriebsrat seine Zustimmung, so kann der Arbeitgeber beim Arbeitsgericht beantragen, die Zustimmung zu ersetzen.

§ 102 Mitbestimmung bei Kündigungen

(1) Der Betriebsrat ist vor jeder Kündigung zu hören. Der Arbeitgeber hat ihm die Gründe für die Kündigung mitzuteilen. Eine ohne Anhörung des Betriebsrats ausgesprochene Kündigung ist unwirksam.

(2) Hat der Betriebsrat gegen eine ordentliche Kündigung Bedenken, so hat er diese unter Angabe der Gründe dem Arbeitgeber spätestens innerhalb einer Woche schriftlich mitzuteilen. Äußert er sich innerhalb dieser Frist nicht, gilt seine Zustimmung zur Kündigung als erteilt. Hat der Betriebsrat gegen eine außerordentliche Kündigung Bedenken, so hat er diese unter Angabe der Gründe dem Arbeitgeber unverzüglich, spätestens jedoch innerhalb von drei Tagen, schriftlich mitzuteilen. [...]

Ausgewählte Paragrafen zur Unterrichtung und Beratung (Stufe 3)

§ 90 Unterrichtungs- und Beratungsrechte

(1) Der Arbeitgeber hat den Betriebsrat über die Planung

1. von Neu-, Um- und Erweiterungsbauten von Fabrikations-, Verwaltungs- und sonstigen betrieblichen Räumen,

2. von technischen Anlagen,

3. von Arbeitsverfahren und Arbeitsabläufen oder

4. der Arbeitsplätze

rechtzeitig unter Vorlage der erforderlichen Unterlagen zu unterrichten.

(2) Der Arbeitgeber hat mit dem Betriebsrat die vorgesehenen Maßnahmen und ihre Auswirkungen auf die Arbeitnehmer, insbesondere auf die Art ihrer Arbeit sowie die sich daraus ergebenden Anforderungen an die Arbeitnehmer so rechtzeitig zu beraten, dass Vorschläge und Bedenken des Betriebsrats bei der Planung berücksichtigt werden können. [...]

Fortsetzung

§ 92 Personalplanung

(1) Der Arbeitgeber hat den Betriebsrat über die Personalplanung, insbesondere über den gegenwärtigen und künftigen Personalbedarf sowie über die sich daraus ergebenden personellen Maßnahmen und Maßnahmen der Berufsbildung anhand von Unterlagen rechtzeitig und umfassend zu unterrichten. Er hat mit dem Betriebsrat über Art und Umfang der erforderlichen Maßnahmen und über die Vermeidung von Härten zu beraten. [...]

§ 96 Förderung der Berufsbildung

(1) Arbeitgeber und Betriebsrat haben im Rahmen der betrieblichen Personalplanung und in Zusammenarbeit mit den für die Berufsbildung und den für die Förderung der Berufsbildung zuständigen Stellen die Berufsbildung der Arbeitnehmer zu fördern. Der Arbeitgeber hat auf Verlangen des Betriebsrats den Berufsbildungsbedarf zu ermitteln und mit ihm Fragen der Berufsbildung der Arbeitnehmer des Betriebs zu beraten. Hierzu kann der Betriebsrat Vorschläge machen. [...]

§ 106 Wirtschaftsausschuss

(1) In allen Unternehmen mit in der Regel mehr als einhundert ständig beschäftigten Arbeitnehmern ist ein Wirtschaftsausschuss zu bilden. Der Wirtschaftsausschuss hat die Aufgabe, wirtschaftliche Angelegenheiten mit dem Unternehmer zu beraten und den Betriebsrat zu unterrichten. (Anmerkung: In Unternehmen mit weniger als 101 Mitarbeitern ist der Betriebsrat direkt zu unterrichten und mit ihm zu beraten.)

(2) Der Unternehmer hat den Wirtschaftsausschuss rechtzeitig und umfassend über die wirtschaftlichen Angelegenheiten des Unternehmens unter Vorlage der erforderlichen Unterlagen zu unterrichten, soweit dadurch nicht die Betriebs- und Geschäftsgeheimnisse des Unternehmens gefährdet werden, sowie die sich daraus ergebenden Auswirkungen auf die Personalplanung darzustellen. [...]

(3) Zu den wirtschaftlichen Angelegenheiten im Sinne dieser Vorschrift gehören insbesondere

1. die wirtschaftliche und finanzielle Lage des Unternehmens;
2. die Produktions- und Absatzlage;
3. das Produktions- und Investitionsprogramm;
4. Rationalisierungsvorhaben;
5. Fabrikations- und Arbeitsmethoden, insbesondere die Einführung neuer Arbeitsmethoden;
5a. Fragen des betrieblichen Umweltschutzes;
6. die Einschränkung oder Stilllegung von Betrieben oder von Betriebsteilen;
7. die Verlegung von Betrieben oder Betriebsteilen;
8. der Zusammenschluss oder die Spaltung von Unternehmen oder Betrieben;
9. die Änderung der Betriebsorganisation oder des Betriebszwecks;
9a. die Übernahme des Unternehmens, wenn hiermit der Erwerb der Kontrolle verbunden ist, sowie
10. sonstige Vorgänge und Vorhaben, welche die Interessen der Arbeitnehmer des Unternehmens wesentlich berühren können.

§ 111 Betriebsänderungen

In Unternehmen mit in der Regel mehr als zwanzig wahlberechtigten Arbeitnehmern hat der Unternehmer den Betriebsrat über geplante Betriebsänderungen, die wesentliche Nachteile für die Belegschaft oder erhebliche Teile der Belegschaft zur Folge haben können, rechtzeitig und umfassend zu unterrichten und die geplanten Betriebsänderungen mit dem Betriebsrat zu beraten. [...] Als Betriebsänderungen im Sinne des Satzes 1 gelten

1. Einschränkung und Stilllegung des ganzen Betriebs oder von wesentlichen Betriebsteilen,
2. Verlegung des ganzen Betriebs oder von wesentlichen Betriebsteilen,
3. Zusammenschluss mit anderen Betrieben oder die Spaltung von Betrieben,
4. grundlegende Änderungen der Betriebsorganisation, des Betriebszwecks oder der Betriebsanlagen,
5. Einführung grundlegend neuer Arbeitsmethoden und Fertigungsverfahren.

<table>
<tr><td>Lernsituation 10</td><td><h1>Tarifverträge abschließen</h1></td><td>Wirtschafts- und Sozialprozesse</td></tr>
</table>

Lernsituation:

Warnstreikwelle auf dem Höhepunkt

Die IG Metall hat am Mittwoch, den 4. April ihre Warnstreiks im Tarifkonflikt in der baden-württembergischen Metall- und Elektroindustrie massiv ausgeweitet.

Landesweit hatte die Gewerkschaft Zehntausende Beschäftigte in 35 Betrieben zu Aktionen aufgerufen. Betroffen davon waren unter anderem Daimler in Stuttgart, Bosch in Gerlingen, Bauknecht in Stuttgart und Gühring in Albstadt. In Reutlingen zogen Mitarbeiter von fünf Betrieben in einer Demonstration durch die Stadt. Weitere größere Aktionen gab es in Pforzheim, Ulm, Böblingen und Singen. Die hohe Beteiligung bei den Warnstreiks ist für die IG Metall ein Zeichen, dass die Beschäftigten hinter den Forderungen der Gewerkschaft stehen. Trotz kalter Witterung sei die Stimmung gut und kämpferisch. Die Gewerkschaft hatte mit Ablauf der Friedenspflicht am Morgen des 29. Januars zu ersten Warnstreiks aufgerufen, um in der Tarifrunde für die rund 800.000 Beschäftigten der Branche den Druck auf die Arbeitgeber zu erhöhen. Die IG Metall fordert 5,5 Prozent Lohnerhöhung. In der ersten Verhandlungsrunde hatte der Arbeitgeberverband dies strikt abgelehnt und 2,2 Prozent angeboten. Die nächste Verhandlungsrunde findet am 9. Februar in Böblingen statt.

Durchbruch im Tarifstreit

Am frühen Dienstagmorgen haben die Gewerkschaft IG Metall und der Arbeitgeberverband Südwestmetall eine Einigung im Tarifstreit erzielen können. Die Einigung hat teils sogar Pilotcharakter.

Der Tarifstreit der Metall- und Elektroindustrie ist am Dienstagmorgen beendet worden. Die Verhandlungspartner IG Metall und Südwestmetall konnten eine Einigung erzielen, die in Teilen sogar Pilotcharakter haben soll. Die Konfliktparteien konnten sich im Tarifstreit in mehreren Punkten einigen. So sollen die Beschäftigten in Baden-Württemberg ab April 3,4 Prozent mehr Lohn und eine Einmalzahlung in Höhe von 150 Euro erhalten. Die Gewerkschaft IG Metall und der Arbeitgeberverband Südwestmetall haben sich nach über 15 Stunden Verhandlungen in Böblingen bei Stuttgart auf einen neuen Tarifvertrag einigen können. Der neue Vertrag läuft ein Jahr. 800.000 Beschäftigte sind von der Lohnerhöhung betroffen. Der Arbeitgeberverband Südwestmetall betonte, dass der Tarifabschluss auch den anderen Tarifgebieten in Deutschland zur Übernahme empfohlen werden würde. Bei den neuen Tarifverträgen geht es bislang nur um den Tarifbezirk Baden-Württemberg.

(In Anlehnung an: AFP/sh / Augsburger Allgemeine Onlineausgabe vom 24.02.2015)

Arbeitsaufträge:

1. Verschaffen Sie sich einen Überblick über das Zustandekommen von Tarifverträgen und deren Inhalte (Info 3), indem Sie die wesentlichen Aspekte stichwortartig in dem zur Verfügung stehenden Schaubild festhalten (Info 1).

2. Entscheiden Sie, in welcher Tarifvertragsart obiger Tarifabschluss von 3,4 % mehr Lohn und eine Einmalzahlung von 150,00 € vereinbart wird.

3. Geben Sie an, ab wann die Gewerkschaften frühestens Warnstreiks ausrufen dürfen.

4. Beschreiben Sie die Auswirkung auf die Arbeitnehmer, wenn die Inflationsrate (Teuerungsrate) eines Jahres deutlich höher ausfällt als die von den Tarifparteien ausgehandelten Lohn- und Gehaltserhöhungen von 3,4 %.

5. Im Tarifvertragsrecht gelten verschiedene Grundsätze. Ordnen Sie den nachfolgend aufgeführten Beschreibungen jeweils einen der aufgeführten Grundsätze zu.

1 = Tariffähigkeit	2 = Erfüllungspflicht
3 = Tarifgebundenheit	4 = Tarifautonomie
5 = Nachwirkung	6 = Unabdingbarkeit

A	Die Tarifparteien haben das Recht, selbstständig und ohne Einmischung von außen Arbeitsbedingungen auszuhandeln. Der Staat darf nicht regulierend eingreifen. Allerdings wird gesamtwirtschaftliches Verantwortungsbewusstsein vorausgesetzt.	
B	Die Tarifvertragsparteien und ihre Mitglieder sind an die im Tarifvertrag vereinbarten Bestimmungen gebunden (§ 3 III TVG).	
C	Bei auslaufenden Tarifverträgen gilt der alte Tarifvertrag so lange weiter, bis ein neuer Tarifvertrag abgeschlossen worden ist (§§ 3 III und 4 V TVG).	
D	Das Recht, Tarifverträge abzuschließen haben i.d.R. nur die Arbeitgeber- und Arbeitnehmerverbände. Ausnahmsweise haben dieses Recht auch einzelne Unternehmen, so z.B. das Volkswagen Werk (§ 2 I TVG).	
E	Nach § 2 IV TVG haften die Tarifvertragsparteien dafür, dass ihre Mitglieder die vertraglich übernommenen Verpflichtungen erfüllen.	
F	Die Bedingungen des Einzelarbeitsvertrages dürfen für einen Arbeitnehmer nicht ungünstiger sein als die des Tarifvertrages. Die Inhalte des Tarifvertrages stellen also für den Arbeitnehmer Mindestbedingungen dar.	

6. Beschreiben Sie den Ablauf von Tarifverhandlungen, indem Sie die entsprechende Übersicht (Info 2) vervollständigen. Nutzen Sie hierzu Info 3.

7. Erläutern Sie, warum der Gesetzgeber im Tarifvertragsgesetz (TVG) festgelegt hat, dass im Rahmen der zweiten Urabstimmung nur 25 % der Gewerkschaftsmitglieder dem neuen Tarifvertrag zustimmen müssen, um ihn in Kraft treten zu lassen.

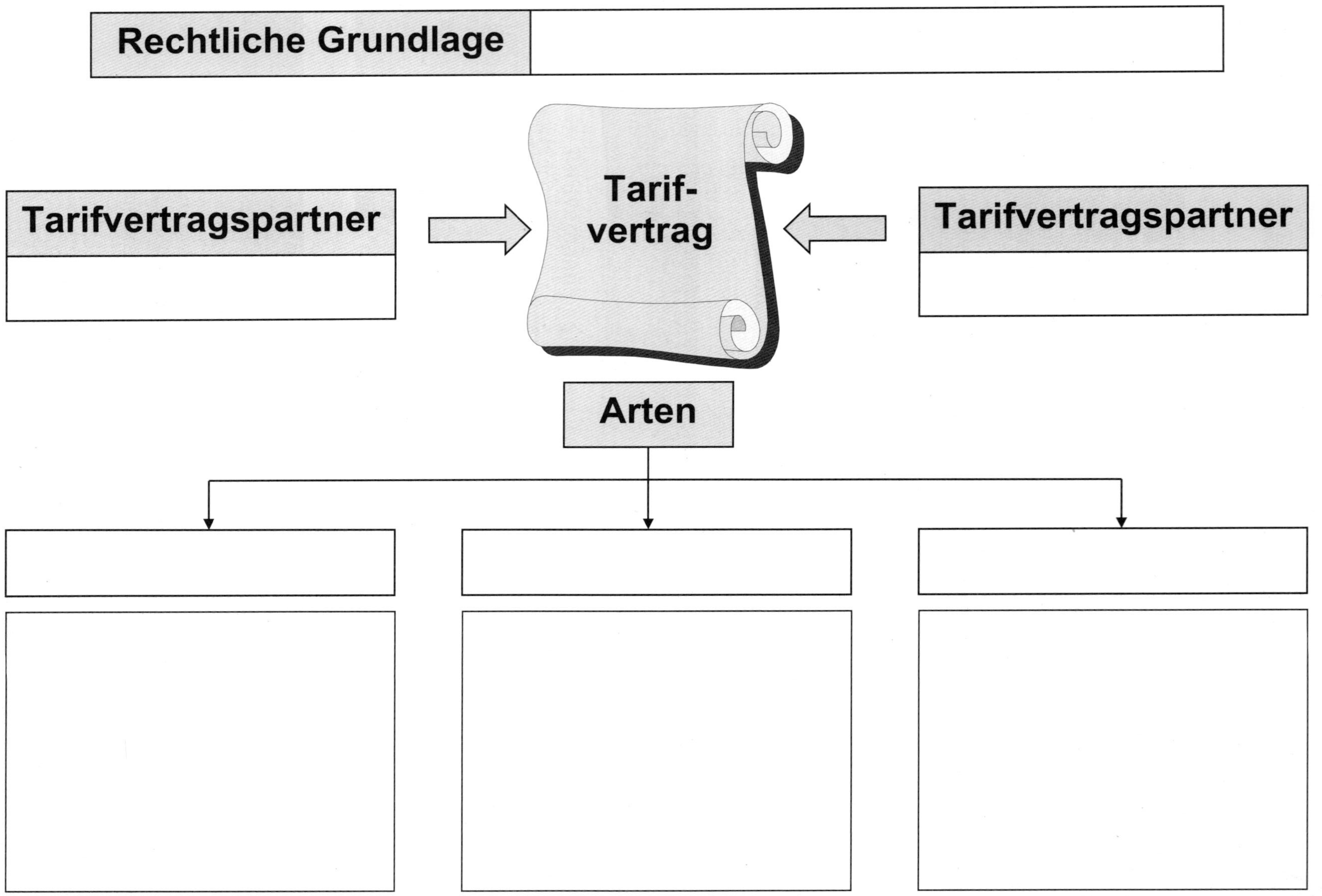

Rechtliche Grundlage
Tarifvertragspartner
Tarif-vertrag
Tarifvertragspartner
Arten

Info 2: Übersicht „Der lange Weg zum neuen Tarifvertrag"

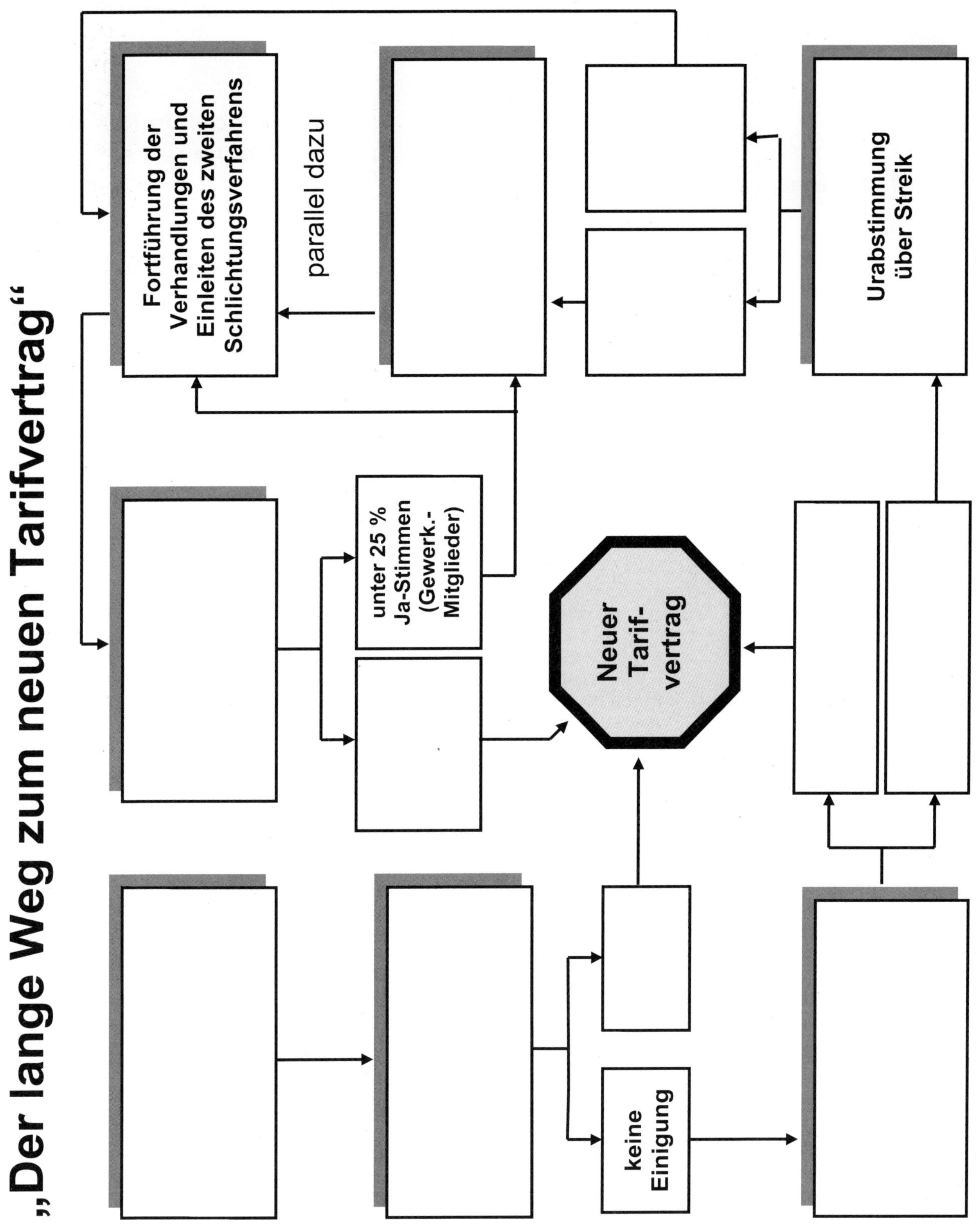

Info 3: Auszug aus dem 1 x 1 des Personalmanagements

T

1 x 1 des Personalmanagements

Tarifverträge

Grundlagen

Tarifverträge werden zwischen den Sozialpartnern einer Branche abgeschlossen. Das sind auf der einen Seite die Arbeitnehmerverbände, sprich die Gewerkschaften (z.B. IG Metall) und auf der anderen Seite die Arbeitgeberverbände (z.B. Südwestmetall). Aus diesem Grund gilt ein Tarifvertrag i.d.R. für eine ganze Branche. Man spricht in diesem Fall auch vom Flächentarifvertrag. In Ausnahmefällen kann der Vertragspartner der Gewerkschaften jedoch auch ein einzelnes (meist) größeres Unternehmen sein. Für einen Tarifvertrag ist die Schriftform vorgeschrieben.

Rechtliche Grundlage für den Abschluss von Tarifverträgen ist das Tarifvertragsgesetz (TVG).

Tarifverhandlungen finden in der privaten Wirtschaft meist regional, d. h. im jeweiligen Tarifbezirk statt. So gibt es beispielsweise in der Metall- und Elektroindustrie sieben Tarifbezirke (Baden-Württemberg, Bayern, Berlin/Brandenburg/Sachsen, Nordrhein-Westfalen, Mitte, Küste und Niedersachsen/Sachsen-Anhalt). Nicht selten ist es so, dass der Abschluss in einem großen Tarifbezirk als Richtlinie für die anderen Tarifbezirke gilt und dort so oder ähnlich übernommen wird.

Während der Laufzeit eines Tarifvertrages dürfen von den Tarifvertragsparteien keine Arbeitskampfmaßnahmen ergriffen werden. Man spricht in diesem Fall von der sogenannten Friedenspflicht.

Unternehmen, deren Inhaber nicht einem Arbeitgeberverband angehören, sind an die Bestimmungen des Tarifvertrages nicht gebunden. Die Tarifvereinbarungen können von den nicht organisierten Unternehmen somit auch unterschritten werden. Das Tarifvertragsgesetz eröffnet dem Bundes- oder Landesarbeitsministers die Möglichkeit, Tarifverträge auch auf die bisher nicht tarifgebundenen Arbeitgeber und Arbeitnehmer auszudehnen, sofern ein öffentliches Interesse gegeben ist. (TVG § 5, IV). Danach ist es einem Arbeitgeber z.B. nicht mehr möglich, nicht organisierte Arbeitnehmer zu schlechteren Bedingungen zu beschäftigen als Gewerkschaftsmitglieder.

Der Abschluss eines Tarifvertrages sowie die Allgemeinverbindlichkeitserklärung werden in ein öffentliches Tarifregister eingetragen, das beim Bundesministerium für Arbeit und Soziales geführt wird.

Grundsätzlich ist zwischen drei verschiedenen Tarifvertragsarten zu unterscheiden:

In **Lohn- und Gehaltstarifverträgen,** auch Entgelttarifverträge genannt, werden Löhne, Gehälter und Ausbildungsvergütungen vereinbart. Eine wichtige Rolle spielen hierbei die sogenannten Eckentgelte (siehe nächster Absatz). Die Laufzeit dieser Tarifverträge ist kurz und beträgt i.d.R. ein bis zwei Jahre.

In **Lohn- und Gehaltsrahmentarifverträgen** (auch Entgeltrahmentarifverträge genannt) werden Lohn- und Gehaltsgruppen bzw. Entgeltgruppen (z.B. I bis VI) gebildet, die unterschiedliche Leistungs- bzw. Schwierigkeitsgrade repräsentieren. Eine besondere Rolle spielt hierbei diejenige Entgeltgruppe, die einer mittleren Leistung entspricht (im unteren Beispiel die Entgeltgruppe IV). Sie wird gleich 100 % gesetzt. Das hier gezahlte Entgelt wird als Eckentgelt bezeichnet. Die höheren bzw. niedrigeren Entgeltgruppen werden mit auszuhandelnden prozentualen Auf- und Abschlägen versehen.

Entgeltgruppe	%-Satz	Entgelt je Stunde	
I	85 %	11,90 €	
II	90 %	12,60 €	
III	95 %	13,30 €	
IV	100 %	14,00 €	Eckentgelt
V	105 %	14,70 €	
VI	110 %	15,40 €	

Fortsetzung

Der Vorteil besteht nun darin, dass in den in kürzeren Zeitabständen stattfindenden Lohn- und Gehaltstarifverträgen nur noch der Ecklohn ausgehandelt werden muss. Das Entgelt für die übrigen Entgeltgruppen lässt sich anschließend problemlos anhand der Zu- und Abschläge ermitteln.

Die im Unternehmen vorhandenen Stellen können ihrer Stellenbeschreibung entsprechend den einzelnen Gruppen zugeordnet werden. Innerhalb der Entgeltgruppen findet nicht selten eine Differenzierung nach Betriebszugehörigkeit, Alter bzw. Berufserfahrung statt. Da sich diese Rahmenbedingungen nicht so schnell ändern, haben Entgeltrahmentarifverträge eine Laufzeit über mehrere Jahre.

In **Manteltarifverträgen** (auch Rahmentarifverträge genannt) werden allgemeine Arbeitsbedingungen ausgehandelt, die länger gültig sind. Beispiele hierfür sind unter anderem: Wöchentliche Arbeitszeit, Zahl der Urlaubstage, vermögenswirksame Leistungen, Taktzeiten bei Akkordarbeit, verlängerte Kündigungsfristen, Zuschläge für Mehr-, Nacht- und Feiertagsarbeit, und betriebliche Altersversorgung. Manteltarifverträge haben i.d.R. eine Laufzeit von mehreren Jahren.

Tarifverhandlungen – der lange Weg zum neuen Tarifvertrag:

Zu Tarifverhandlungen kommt es, wenn der alte Tarifvertrag abgelaufen oder gemäß den Vereinbarungen fristgerecht gekündigt wurde. Meist ist es die Gewerkschaft, die den Vertrag kündigt, da sie an einer Verbesserung der Arbeitsbedingungen interessiert ist.

Im zweiten Schritt treffen sich die beiden Tarifvertragsparteien, um einen neuen Tarifvertrag auszuhandeln. In dieser Phase kann es auch zu kurzzeitigen Arbeitsniederlegungen, sogenannten Warnstreiks kommen, um den Arbeitgeberverband unter Druck zu setzen.

Kommt es zu keiner Einigung, kann jede Partei die Verhandlungen für gescheitert erklären. Ist diesem Fall wird ein Schlichtungsverfahren eingeleitet.

Die Schlichtungsstelle ist mit Vertretern beider Seiten besetzt, die zusammen mit einem neutralen Vorsitzenden einen Einigungsvorschlag erarbeiten sollen. Wird der Einigungsvorschlag abgelehnt, gilt die Schlichtung als gescheitert.

Die Gewerkschaft wird nun ihre Mitglieder per Urabstimmung befragen, ob sie für oder gegen einen Arbeitskampf (Streik) sind. Stimmen mindestens 75 % der Mitglieder für einen Streik, kann die Gewerkschaft zu diesem Mittel greifen. Die Löhne und Gehälter der streikenden Mitarbeiter werden aus der Streikkasse, d.h. von den Gewerkschaftsbeiträgen der Mitglieder bezahlt. Auf den Streik können die Arbeitgeber mit der Aussperrung reagieren. Das heißt Arbeitnehmern, die sich nicht am Streik beteiligen, wird der Zugang zu ihren Arbeitsplätzen verweigert. Die entstehenden Lohn- und Gehaltseinbußen müssen von den Gewerkschaften aus der Streikkasse bezahlt werden.

Die **Aussperrung** ist zudem eine Möglichkeit, sogenannten Schwerpunktstreiks zu begegnen. Wird z.B. ein Unternehmen bestreikt, das wichtige Komponenten für die Automobilindustrie herstellt, kann diese schon bald nicht mehr produzieren. Werden die hier tätigen Mitarbeiter ausgesperrt, müssen keine Löhne und Gehälter mehr gezahlt werden. Die Arbeitnehmer müssten aus der Streikkasse bezahlt werden, was die Gewerkschaften empfindlich träfe. Die Aussperrung ist in der heutigen Zeit kaum mehr anzutreffen. Seit mehr als 35 Jahren hat es in Deutschland keine Aussperrung mehr gegeben. Die letzte Aussperrung fand Ende der 70er-Jahre statt und betraf 140.000 Mitarbeiter der Metallindustrie.

Parallel zum Streik werden die Verhandlungen zwischen den Tarifvertragsparteien weitergeführt. Sie zielen auf eine Beendigung des Arbeitskampfes ab.

Geraten die Verhandlungen wieder ins Stocken, wird in dieser Phase ein weiteres Schlichtungsverfahren eingeleitet, das also im Gegensatz zum ersten Schlichtungsverfahren während des Streiks erfolgt.

Der Einigungsvorschlag der Schlichtungsstelle wird nun den Gewerkschaftsmitgliedern per zweiter Urabstimmung zur Annahme vorgelegt. Zu diesem Zeitpunkt müssen nur noch 25 % der Gewerkschaftsmitglieder für den Vorschlag stimmen, damit ein neuer Tarifvertrag zustande kommt.

Findet der Vorschlag, dies ist jedoch eher selten der Fall, nicht die nötige Zustimmung, wird weiter gestreikt und neu verhandelt.

9 Schmidthausen ISBN: 978-3-8120-1024-5

 **Lernsituation:**

In der Metall- und Elektroindustrie im Tarifbezirk NRW sind die Tarifverträge ausgelaufen. Tarifverhandlungen stehen an. Die IG Metall ist fest entschlossen, einiges für ihre Mitglieder herauszuholen. Sie will die Stimmung in der Bevölkerung nutzen, um für saftige Lohnerhöhungen zu werben. Die Arbeitgeber sind natürlich dagegen. Zu recht, zu unrecht?

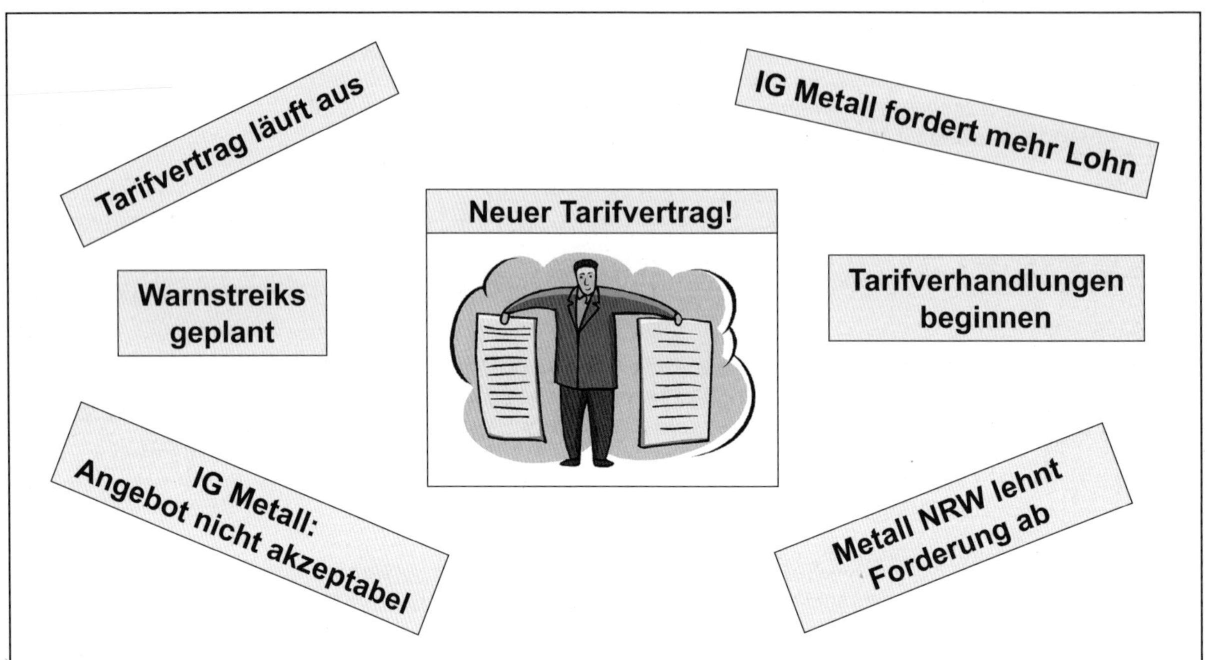

 **Arbeitsaufträge:**

1. Übernehmen Sie als Verhandlungsführer die Aufgabe, die Tarifverhandlung zu führen. Bilden Sie hierzu 4 Arbeitsgruppen und setzen Sie sich als Gruppe mit der Position der Gewerkschaft IG Metall bzw. des Arbeitgeberverbandes Metall NRW auseinander. Bestimmen Sie 2 Gruppenmitglieder, die die Tarifverhandlung bestreiten. Die übrigen Gruppenmitglieder haben die Aufgabe, die beiden Verhandlungsrunden mithilfe der zur Verfügung stehenden Auswertungsbögen aufmerksam zu beobachten.

Tarifverhandlung 1			Tarifverhandlung 2	
IG Metall Herr Kern & Frau Berns	**Metall NRW** Herr Fritz & Frau Leno	danach	**IG Metall** Herr Kern & Frau Berns	**Metall NRW** Herr Fritz & Frau Leno
Gruppe 1 **(2 Vertreter)**	**Gruppe 2** **(2 Vertreter)**		**Gruppe 3** **(2 Vertreter)**	**Gruppe 4** **(2 Vertreter)**

Bereiten Sie sich mithilfe folgender Fragen auf die Tarifverhandlung vor:

- Welche Forderungen wollen Sie in der Tarifverhandlung stellen?
- Was wollen Sie mindestens erreichen?
- Wie groß sind Ihre Spielräume?
- Welche Argumente wollen Sie ins Feld führen?
- Wie wird die Gegenseite wohl argumentieren?

Ergebnis Tarifverhandlung 1

Verhandlungspunkte	Vorher	Nachher
Löhne & Gehälter	100 %	
Arbeitszeit	38 h/Woche	

Ergebnis Tarifverhandlung 2

Verhandlungspunkte	Vorher	Nachher
Löhne & Gehälter	100 %	
Arbeitszeit	38 h/Woche	

2. Jeder Tarifvertrag hat vielfältige Auswirkungen auf die gesamtwirtschaftliche Entwicklung. Sind Lohn- und Gehaltserhöhungen gleichzeitig mit einer Verlängerung der Arbeitszeit und/oder auch einer Verringerung der Urlaubstage verbunden, ist eine Bewertung schwierig. Gehen Sie daher aus Vereinfachungsgründen davon aus, dass sich der Arbeitnehmerverband mit seiner Lohn- und Gehaltsforderung von 6 % durchsetzen konnte und die bisherige wöchentliche Arbeitszeit sowie die Zahl der Urlaubstage beibehalten werden. Beschreiben Sie die kurz- und langfristigen Auswirkungen dieses Tarifabschlusses anhand der folgenden Kennzahlen:

Lohn- und Gehaltserhöhung	**+ 6 %**

Kennzahlen	Kurzfristige Auswirkungen		Langfristige Auswirkungen	
	↑ / ↓ / −	Erläuterung	↑ / ↓ / −	Erläuterung
Preise				
Kaufkraft				
Arbeits- losenquote				
Steuerein- nahmen				
Exporte				
Importe				
Wettbewerbs- fähigkeit				

Info 1: Rollenkarte – Verhandlungsführer der Gewerkschaft

Rollenkarte: Verhandlungsführer der Gewerkschaft IG Metall

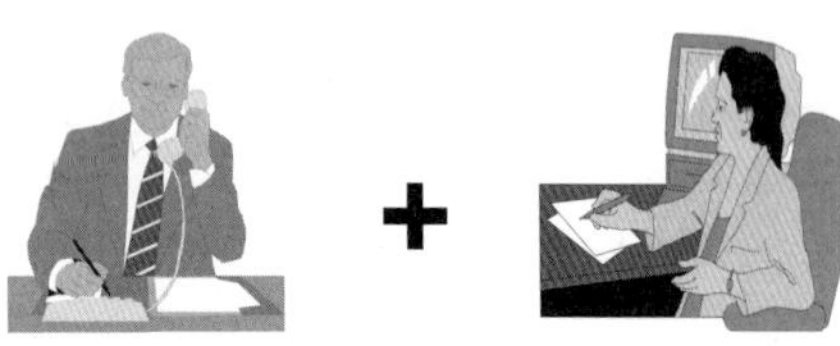

Herr Kern   Frau Berns   (**Gruppe 1 & 3**)

<u>Informationen:</u>

- Die Gewerkschaft beabsichtigt für die Beschäftigten in der holzverarbeitenden Industrie eine **Lohn- und Gehaltserhöhung** in Höhe von 6 % durchzusetzen. Hinweis: Verzichten Sie bitte aus Vereinfachungsgründen in der Tarifverhandlung auf die Forderung nach Gewinnbeteiligungen oder Einmalzahlungen.
- Ein von der Gewerkschaft in Auftrag gegebenes Gutachten geht im kommenden Jahr von einer **Produktivitätssteigerung** von 3 % aus. Eine Steigerung der Produktivität bedeutet, dass in der gleichen Zeit, z.B. aufgrund von technologischen Weiterentwicklungen, mehr produziert werden konnte als im Jahr zuvor.
- Die **Inflationsrate** wird im gleichen Zeitraum vermutlich um 2 % liegen.
- Die Gewerkschaft lehnt die vom Arbeitgeberverband geforderte **Arbeitszeitverlängerung** von derzeit 38 h/Woche auf 41 h/Woche ohne Lohnausgleich ab.
- Das von der Gewerkschaft in Auftrag gegebene **Gutachten** schätzt hingegen die in den Mantel-tarifverträgen vereinbarte Arbeitszeit aufgrund des zunehmenden globalen Wettbewerbsdrucks als arbeitsplatzgefährdend ein. Der Vorschlag der Gutachter lautet daher, die Arbeitszeit auf 40 h je Woche ohne Lohnausgleich zu verlängern.
- Die Gewerkschaft strebt grundsätzlich eine Einigung mit dem Arbeitgeberverband an, da die Kosten, die ein Streik mit sich bringen würde, aufgrund sinkender Mitgliederzahlen nur schwer zu tragen wären. Falls das Verhandlungsergebnis jedoch in keinster Weise Ihrer Vorstellung entspricht, können Sie die Tarifverhandlungen selbstverständlich für gescheitert erklären und Ihre Mitglieder per Urabstimmung zum Streik aufrufen.

Stichworte für die Argumentation

Info 2: Rollenkarte – Verhandlungsführer des Arbeitgeberverbandes

Rollenkarte: Verhandlungsführer des Arbeitgeberverbandes Metall NRW

Gruppe 2 & 4

Herr Fritz   Frau Leno

<u>Informationen:</u>

- Der Arbeitgeberverband möchte **Lohn- und Gehaltserhöhungen** über der Inflationsrate nach Möglichkeit vermeiden. Hinweis: Verzichten Sie bitte aus Vereinfachungsgründen in der Tarifverhandlung auf das Angebot von Gewinnbeteiligungen oder Einmalzahlungen.
- Ein vom Arbeitgeberverband in Auftrag gegebenes Gutachten geht im kommenden Jahr von einer **Produktivitätssteigerung** von 2,5 % bis 3 % aus. Eine Steigerung der Produktivität bedeutet, dass in der gleichen Zeit, z.B. aufgrund von technologischen Weiterentwicklungen, mehr produziert werden konnte als im Jahr zuvor.
- Die **Inflationsrate** wird im gleichen Zeitraum vermutlich 1,5 % betragen.
- Der Arbeitgeberverband möchte eine **Arbeitszeitverlängerung** von derzeit 38 h je Woche auf 41 h je Woche ohne Lohnausgleich durchsetzen.
- Das vom Arbeitgeberverband in Auftrag gegebene **Gutachten** schätzt die in den Manteltarifverträgen vereinbarte Arbeitszeit aufgrund des zunehmenden globalen Wettbewerbsdrucks als extrem arbeitsplatzgefährdend ein. Der Vorschlag der Gutachter lautet daher: Arbeitszeitverlängerung auf 41 h je Woche ohne Lohnausgleich.
- Der Arbeitgeberverband ist sehr an einer Einigung mit dem Arbeitnehmerverband gelegen. Die mit einem Streik verbundenen Produktionsausfallkosten wären immens. Falls das Verhandlungsergebnis jedoch in keinster Weise Ihren Vorstellungen entspricht, können Sie die Verhandlungsrunde abbrechen.

Stichworte für die Argumentation

Info 3: Auswertungsbogen „Beobachtungen"

Auswertungsbogen

Tarifverhandlung 1

Gewerkschaft IG Metall vs. Arbeitgeberverband Metall NRW

Was hat Ihnen gut gefallen?	Was könnte man besser machen?

Tarifverhandlung 2

Gewerkschaft IG Metall vs. Arbeitgeberverband Metall NRW

Was hat Ihnen gut gefallen?	Was könnte man besser machen?

Lernsituation:

Die drei neuen Auszubildenden der BüroTec GmbH treffen sich wie jeden Mittag in der Kantine. Auch heute ergibt sich während des Mittagessens wieder eine angeregte Unterhaltung.

Joachim: Sagt mal, habt ihr das auch gesehen? Durch die Sozialversicherungsbeiträge schmälert sich unsere Ausbildungsvergütung unglaublich. Wir würden viel mehr herausbekommen, wenn wir die nicht zahlen müssten.

Annette: Ja, ich habe auch schwer geschluckt, als ich meine letzte Abrechnung gesehen habe.

Markus: Schön und gut, aber da kommen wir wohl nicht drum rum, oder?

Joachim: Also, ich trete zumindest aus der Rentenversicherung aus. Ich meine, wenn ich später mal richtig Geld verdiene, dann kann ich immer noch anfangen, für meine Rente zu sparen. Man kann zum Beispiel auch privat Altersvorsorge betreiben. Riester-Rente oder so heißt das.

Markus: Aber eine Arbeitslosenversicherung finde ich schon gut. Heute ist ja kaum ein Arbeitsplatz sicher.

Annette: Stimmt, aber bevor die zahlen, muss man doch erst eine ganze Weile einbezahlt haben, oder? Wisst ihr vielleicht, wie lange?

Joachim: Weiß ich auch nicht so genau. Ich habe mich auf jeden Fall entschieden, eine private Krankenversicherung abzuschließen. Da wird man als Patient ganz anders versorgt.

Markus: Das ist dann aber doch sicher noch teurer?

Annette: Wisst ihr was? Ich bin doch gerade in der Personalabteilung im Einsatz. Die kennen sich bestimmt mit Sozialversicherungen aus. Ich frage mal nach, ob das jemand vernünftig erklären kann.

Arbeitsaufträge:

1. Informieren Sie sich im Internet umfassend über die Zweige der gesetzlichen Sozialversicherung und halten Sie die wesentlichen Merkmale in der zur Verfügung stehenden Übersicht fest (Info 1).

   Orientieren Sie sich hierbei an folgenden Leitfragen:

   - Wer ist Träger dieser Sozialversicherung (T)?
   - Wer ist versicherungspflichtig (V)?
   - Welche Leistungen werden erbracht (L)?

2. Die Kluft zwischen den Einnahmen der Krankenkassen und den ständig steigenden Ausgaben wird trotz der in den letzten Jahrzehnten steigenden Beitragssätze immer größer. So betrug der Krankenkassenbeitragssatz bis Mitte der 70er-Jahre noch unter 10 %.

2.1 Im Jahr 1970 betrug der Krankenkassenbeitragssatz 8,2 %. Mittlerweile (Stand 2018) liegt er bei durchschnittlich 15,6 %. Berechnen Sie, um wie viel Prozent der Beitragssatz in dieser Zeit gestiegen ist.

____

2.2 Beschreiben Sie zwei Lösungen, die grundsätzlich denkbar sind, um die Lücke zwischen den Einnahmen der Krankenkasse und den steigenden Ausgaben in den Griff zu bekommen.

____

____

____

2.3 Nennen Sie mögliche Ursachen für die Misere.

____

____

____

____

____

2.4 Erläutern Sie, welche konkreten Lösungsmöglichkeiten Sie sehen, um das Problem zu bewältigen.

____

____

____

3. Folgendes Schaubild veranschaulicht die Probleme in der Rentenversicherung:

Rentenproblematik

2000   **2050**

 = Arbeitnehmer   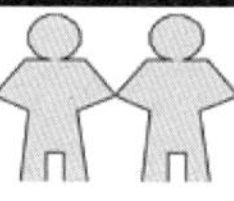 = Rentner

3.1 Erklären Sie, welches Problem sich aus dem obigen Schaubild ergibt.

____

____

3.2 Erläutern Sie, welche Konsequenzen dies für die Rentner im Jahr 2050 hat.

____

____

3.3 Recherchieren Sie, wie der Staat versucht, das Problem zu lösen.

____

____

3.4 Informieren Sie sich bei den Banken und Versicherungen (persönlich oder per Internet) über die sogenannte Riester-Rente.

____

____

____

____

____

____

____

____

____

3.5 Die Rente mit 67 wird als ein Baustein dafür gesehen, die Probleme der gesetzlichen Rentenversicherung zu mindern. Umfragen zufolge sprechen sich allerdings große Teile der Bevölkerung gegen die Erhöhung des Rentenalters aus. Nehmen Sie Stellung zu diesem Thema und begründen Sie Ihren Standpunkt.

____

____

____

____

____

____

____

10 Schmidthausen ISBN: 978-3-8120-1024-5

4. Recherchieren Sie im Internet die aktuellen Beitragssätze in den gesetzlichen Sozialversicherungszweigen (mit Ausnahme der gesetzlichen Unfallversicherung) sowie deren Beitragsbemessungsgrenzen.

	Krankenversicherung	Pflegeversicherung
%-Satz		
davon AN		
davon AG		
BeiBemG West		
BeiBemG Ost		

	Rentenversicherung	Arbeitslosenversicherung
%-Satz		
davon AN		
davon AG		
BeiBemG West		
BeiBemG Ost		

5. Lohnsteuer, Solidaritätszuschlag und Kirchensteuer fallen erst bei einem bestimmten Bruttoverdienst an. Daher müssen Auszubildende von ihrer Ausbildungsvergütung brutto meist nur den Arbeitnehmeranteil an den Sozialabgaben abziehen, um zur Ausbildungsvergütung netto zu gelangen. Ermitteln Sie in folgendem Fall die Ausbildungsvergütung netto von Nadine Heinen, einer 18-jährigen kinderlosen Auszubildenden bei der BüroTec GmbH, wohnhaft in Duisburg. Rechnen Sie bei der Ermittlung des Arbeitnehmeranteils zur Krankenversicherung mit dem von Nadines Krankenkasse erhobenen Zusatzbeitrag in Höhe von 1,0 %.

Ausbildungsvergütung brutto	750,00 €
- AN-Anteil Krankenversicherung	
- AN-Anteil Pflegeversicherung	
- AN-Anteil Rentenversicherung	
- AN-Anteil Arbeitslosenversicherung	
= **Ausbildungsvergütung netto**	

6. Prüfen Sie in folgenden Fällen, ob es sich um einen Fall für die gesetzliche Unfallversicherung handelt.

Fall A	Zutreffendes bitte ankreuzen!	
Marla Becker, 21-jährige Auszubildende bei der BüroTec GmbH in Moers, kommt an einem Montagmorgen im Januar auf vereister Straße ohne Fremdeinwirkung von der Fahrbahn ab. Im Krankenhaus werden ein komplizierter Beinbruch und Prellungen am ganzen Körper festgestellt.	Arbeitsunfall	
	Wegeunfall	
	Berufskrankheit	
	Kein Versicherungsfall	

Fall B	Zutreffendes bitte ankreuzen!	
Bernd Dreher, 45 Jahre, arbeitet als Chemielaborant in der Chemiebranche. Durch den täglichen Umgang mit verschiedenen Chemikalien hat Bernd Dreher eine schwere Hautallergie entwickelt. An ein Weiterarbeiten in diesem Bereich ist nicht zu denken. Intensiv denkt er über eine Umschulung zum Industriekaufmann nach.	Arbeitsunfall	
	Wegeunfall	
	Berufskrankheit	
	Kein Versicherungsfall	

Fall C	Zutreffendes bitte ankreuzen!	
Pierre Moreno, 25-jährige Fachkraft für Lagerlogistik bei der BüroTec GmbH, ist bei der Einlagerung von Arbeitsplatten so unglücklich gestürzt, dass er sich eine schwere Gehirnerschütterung zugezogen hat. Laut behandelndem Arzt ist Pierre Moreno für mindestens zwei Wochen arbeitsunfähig.	Arbeitsunfall	
	Wegeunfall	
	Berufskrankheit	
	Kein Versicherungsfall	

Fall D	Zutreffendes bitte ankreuzen!	
Nina Anders, 30-jährige Kauffrau für Büromanagement bei der BüroTec GmbH, macht nach der Arbeit auf dem Weg nach Hause noch einen kleinen Abstecher ins nah gelegene Möbelhaus. Auf dem anschließenden Heimweg nimmt sie einem anderen Fahrzeug die Vorfahrt und verunglückt schwer.	Arbeitsunfall	
	Wegeunfall	
	Berufskrankheit	
	Kein Versicherungsfall	

7. Begründen Sie, warum es von Vorteil ist, dass sich ein Unfall bei der Arbeit und nicht bei einem Wochenendausflug ins Allgäu ereignet.

____

____

____

____

____

8. Bearbeiten Sie den Test zum Thema Sozialversicherungen (Info 2).

Info 1: Übersicht „Zweige der gesetzlichen Sozialversicherung"

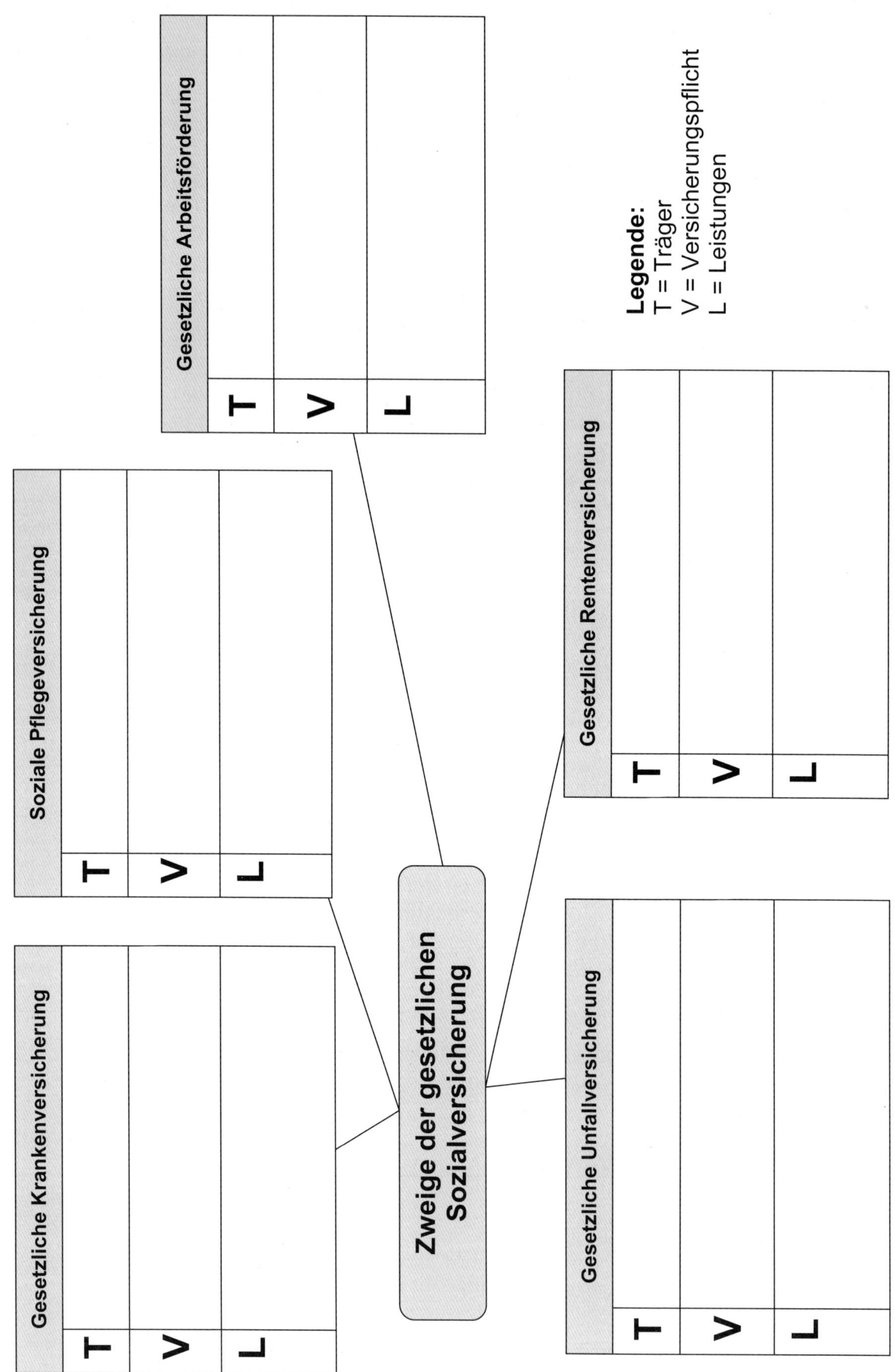

Info 2: Test

Test „Sozialversicherungen"

Name	
Punkte	
%-Satz	

Aufgabe A: Richtig oder falsch? (11 Punkte)

Richtig = 1   Falsch = 9

Aussagen	
Die drei Säulen der Altersvorsorge sind die gesetzliche Rentenversicherung, die private Altersvorsorge und die betriebliche Altersvorsorge.	
Die fünf gesetzlichen Sozialversicherungen finanzieren sich, abgesehen von Sonder- bzw. Zusatzbeiträgen der Arbeitnehmer, zu je 50 % aus Arbeitgeber- und Arbeitnehmerbeiträgen.	
Die Beiträge zur Unfallversicherung werden nur vom Arbeitgeber getragen.	
Die Berufsunfähigkeitsversicherung ist ein weiterer Zweig der gesetzlichen Sozialversicherung.	
Unterhaltspflichtige Kinder sind in der gesetzlichen Kranken- und Pflegeversicherung beitragsfrei mitversichert.	
Arbeitslosengeld I wird aus den Beiträgen der Arbeitslosenversicherung finanziert, das Arbeitslosengeld II hingegen aus Steuereinnahmen.	
Die gesetzliche Sozialversicherung ist durch das Solidaritätsprinzip gekennzeichnet: „Einer für alle, alle für einen."	
Die Krankenkassenbeiträge werden durch Rechtsverordnung festgelegt und sind daher bei allen gesetzlichen Krankenkassen gleich.	
Die Höhe der Renten richtet sich nach der Zahl der Versicherungsjahre und der Höhe der Beiträge.	
Die Beitragssätze sind in allen gesetzlichen Sozialversicherungszweigen gleich.	
Liegt das Bruttoentgelt eines Mitarbeiters über der Beitragsbemessungsgrenze der Krankenversicherung, kann dieser sich überlegen, ob er sich privat krankenversichern möchte.	

Aufgabe B: Berechnung des Rentenversicherungsbeitrags (4 Punkte)

Tim Falke, 48, Abteilungsleiter Controlling in einem Großunternehmen der Chemie in Rheinland-Pfalz, verdient monatlich 6.800,00 € brutto.

Frederike Sturm, 22 Jahre, Verkaufssachbearbeiterin im gleichen Unternehmen, erhält ein monatliches Bruttogehalt von 2.600,00 €.

Berechnen Sie den monatlichen Rentenversicherungsbeitrag der beiden Mitarbeiter. Gehen Sie von einem Rentenversicherungsbeitragssatz in Höhe von 18,6 % und einer Beitragsbemessungsgrenze von 6.500,00 € aus.

Mitarbeiter	Betrag	Mitarbeiter	Betrag
Tim Falke		Frederike Sturm	

Aufgabe C: Zuordnung von Leistungen (20 Punkte)

1 = Gesetzliche Krankenversicherung 4 = Gesetzliche Arbeitslosenversicherung
2 = Gesetzliche Rentenversicherung 5 = Gesetzliche Unfallversicherung
3 = Gesetzliche Pflegeversicherung   6 = keine Zuordnung möglich

Leistungen	Nr.	Leistungen	Nr.
Mutterschaftsgeld		Ärztliche Vorsorgeuntersuchungen	
Arbeitslosengeld I		Rehabilitation (Beinbruch nach Skiunfall)	
Regelaltersrente		Arbeitslosengeld II	
Zuschüsse zu Heimkosten		Hinterbliebenenrente	
Ärztliche Behandlung nach Wegeunfall		Verschreibungspflichtige Medikamente	
BAföG		Erwerbsminderungsrente (Skiunfall)	
Kurzarbeitergeld		Krankengeld	
Erwerbsminderungsrente nach Wegeunfall		Insolvenzgeld	
Qualifizierung wegen Arbeitslosigkeit		Vollstationäre Pflege	
Wohngeld		Umschulung nach Arbeitsunfall	

Aufgabe D: Träger der Sozialversicherung (5 Punkte)

Gesetzliche Sozialversicherungen	Träger
Rentenversicherung	
Arbeitslosenversicherung	
Krankenversicherung	
Pflegeversicherung	
Unfallversicherung	

Aufgabe E: Richtig oder falsch? (5 Punkte)

Richtig = 1 Falsch = 9

Aussagen	
Die heutige beitragszahlende Generation verpflichtet sich, die Renten der vorausgehenden Generation zu sichern.	
Die Rentenbeiträge der heutigen Generation werden angespart und bei Eintritt in das Rentenalter ausgezahlt.	
Jede sozialversicherungspflichtige Person erhält einen Sozialversicherungsausweis, der bei Arbeitsantritt dem Arbeitgeber vorgelegt werden muss.	
Die erste Aussage bezeichnet man als Generationenvertrag.	
Jeder Bürger ist verpflichtet, eine private Lebensversicherung abzuschließen.	

📖 Lernsituation:

Alina Behnke, 21 Jahre alt, wird bei der BüroTec GmbH zur Industriekauffrau ausgebildet und befindet sich derzeit mitten im 3. Ausbildungsjahr. An einem Samstag im Dezember trifft sie sich mit ihrer besten Freundin, Svenja Stein, in einem Café in der Moerser Innenstadt.

Svenja: Hallo, Alina. Schön, dich zu sehen.

Alina: Hi, Svenja, ich bin so froh, dass wir uns heute treffen können. Ich muss dir etwas ganz Wichtiges erzählen.

Svenja: Na, da bin ich ja mal gespannt.

Alina: Svenja, ich bin im 3. Monat schwanger.

Svenja: Na, das sind ja Neuigkeiten. Seit wann weißt du es?

Alina: Seit einer Woche.

Svenja: Und, freust du dich?

Alina: Ja, schon. Nico und ich wollen das Kind unbedingt. Ich mache mir nur große Sorgen um meine Ausbildung.

Svenja: Hast du es schon deiner Ausbilderin gesagt?

Alina: Nein, das ist es doch. Ich mache mir große Sorgen, dass die mich sofort rauswerfen, wenn ich jetzt häufiger fehle.

✏️ Arbeitsaufträge:

1. Alina macht sich Sorgen, dass ihr vonseiten der BüroTec GmbH gekündigt wird. Klären Sie die Rechtslage mithilfe der zur Verfügung stehenden Informationen.

2. Nehmen Sie an, Alina hätte aufgrund der Schwangerschaft oft in der Berufsschule gefehlt und befürchtet nun, in der Abschlussprüfung durchzufallen. Erläutern Sie, was sie tun kann.

3. Prüfen Sie, wie lange Alina vor und nach der Entbindung nicht arbeiten darf.

4. Alina erhält bei der BüroTec GmbH im 3. Ausbildungsjahr eine Ausbildungsvergütung in Höhe von 748,10 € pro Monat. Nach Abzug der gesetzlichen Sozialversicherungsbeiträge verbleiben ihr 600,00 € netto im Monat.

   4.1 Nennen Sie die Höhe des Mutterschaftsgelds, das Alina während der Mutterschutzfrist erhält.

Mutterschaftsgeld	

   4.2 Geben Sie an, wer die Kosten trägt und ermitteln Sie die Höhe.

	Wer?	In welcher Höhe?
A		
B		

Weitere Fälle/Aufgaben

5. Annika Becker hat ihrem Arbeitgeber, der Pro Cycle GmbH, ihre Schwangerschaft verschwiegen. Mittlerweile ist sie im 5. Monat und die Unpässlichkeiten, die mit der Schwangerschaft einhergehen, häufen sich. Da sie nächste Woche ein einwöchiges Fortbildungsseminar besuchen soll und ihr danach gar nicht der Sinn steht, entscheidet sie sich, ihrem Abteilungsleiter, Herrn Gerland, die Wahrheit zu sagen. Herr Gerland ist nicht begeistert: „Frau Becker, ich freue mich natürlich für Sie. Aber das hätten Sie doch früher sagen müssen, das Fortbildungsseminar haben wir doch extra für Sie gebucht. Das Ganze kostet 4.000,00 € und eine Stornierung ist so kurzfristig nicht mehr möglich. Wie stellen Sie sich das vor?" Prüfen Sie, wer die Kosten für das Fortbildungsseminar tragen muss.

6. Frauke Henning, Personalsachbearbeiterin bei der BüroTec GmbH, hat eine Woche vor dem errechneten Termin ihr Baby bekommen. Mutter und Kind geht es gut. Begründen Sie, wie viele Wochen Frauke nach der Entbindung nicht arbeiten muss.

7. Aufgrund der schlechten Auftragslage wird der 25-jährigen Versandmitarbeiterin Lisa Steinkühler bei der Gerber KG fristgerecht gekündigt. Lisa weiß seit einem Monat, dass sie schwanger ist, hat dies ihrem Arbeitgeber aber noch nicht mitgeteilt. Auf Nachfrage teilt die Personalabteilung der Gerber KG Lisa Steinkühler mit, dass die Kündigung trotzdem nicht zurückgenommen wird. Klären Sie die Rechtslage.

8. Irina Grabowski, 23 Jahre alt, arbeitet seit einem Jahr als Vollzeitkraft im Lager der BüroTec GmbH. Ihr Nettoarbeitsentgelt liegt bei monatlich 1.152,00 €. Irina geht nächste Woche in Mutterschutz.

   8.1 Nennen Sie die Höhe des Mutterschaftsgelds während der Mutterschutzfrist.

Mutterschaftsgeld	

   8.2 Geben Sie an, wer die Kosten trägt und ermitteln Sie die Höhe.

	Wer?	In welcher Höhe?
A		
B		

9. Nach der Geburt entscheiden sich Irina und ihr Mann Tobias dazu, gleichzeitig für sieben Monate in Elternzeit zu gehen. Tobias hat in den letzten zwei Jahren als Einkaufssachbearbeiter in einem kleinen Industrieunternehmen monatlich 1.420,00 € netto verdient. Berechnen Sie das monatliche Elterngeld von Irina und Tobias sowie die daraus resultierende monatliche Gehaltseinbuße.

	Irina	Tobias	Gesamt
Nettoentgelt pro Monat			
Elterngeld pro Monat			
Gehaltseinbuße			

10. Entscheiden Sie, ob folgende Aussagen richtig oder falsch sind.

   1 = richtig 9 = falsch

A	Schwangere Frauen sind verpflichtet, dem Arbeitgeber ihre Schwangerschaft und den mutmaßlichen Tag der Entbindung mitzuteilen, sobald ihnen die Schwangerschaft bekannt ist.	
B	Schwangere Frauen dürfen in den letzten sechs Wochen vor der Entbindung unter gar keinen Umständen beschäftigt werden.	
C	Wer eine schwangere oder stillende Frau mit Tätigkeiten beauftragt, bei denen sie ständig stehen muss, hat für sie eine Sitzgelegenheit zum kurzen Ausruhen bereitzustellen.	
D	Während der Mutterschutzfrist darf eine Frau vor und nach der Entbindung nicht die Berufsschule besuchen.	
E	Der Arbeitgeber darf eine Frau in den acht Wochen nach der Entbindung unter gar keinen Umständen beschäftigen.	
F	Die Elternzeit beträgt maximal 36 Monate. Mutter und Vater können selbst entscheiden, wie sie diese 36 Monate untereinander aufteilen und ob sie die Zeit ganz ausschöpfen.	
G	Während der Mutterschutzfrist erhält eine Frau Mutterschaftsgeld.	
H	Das Elterngeld beträgt mindestens 300,00 Euro und maximal 1.800,00 Euro pro Monat und wird maximal für 14 Monate gezahlt.	
I	Schwangere Frauen dürfen nicht mit Arbeiten betraut werden, bei denen regelmäßig Lasten von > als 5 Kilogramm Gewicht ohne mechanische Hilfsmittel von Hand bewegt werden müssen.	
J	Eine schwangere Frau bzw. junge Mutter hat nach der bestandenen Abschlussprüfung einen Anspruch auf eine Übernahme in ein unbefristetes Beschäftigungsverhältnis.	

11 Schmidthausen ISBN: 978-3-8120-1024-5

Info: Informationsbroschüre der Kanzlei Berger & Partner

Mutterschutz & Elterngeld

Auszüge aus dem Mutterschutzgesetz
& Erläuterungen

Berger & Partner
Rechtsanwälte

Arbeitsrecht
Wirtschaftsrecht
Gesellschaftsrecht

Das **Mutterschutzgesetz** (MuSchG) soll Frauen und ihre Kinder während der Schwangerschaft und für eine gewisse Zeit nach der Geburt vor Gesundheitsgefährdungen und Überforderung am Arbeitsplatz, vor finanziellen Schwierigkeiten sowie vor dem Verlust des Arbeitsplatzes schützen.

Das Mutterschutzgesetz gilt für alle Frauen während der Schwangerschaft, nach der Entbindung und in der Stillzeit, die in einem Arbeits- oder Ausbildungsverhältnis stehen. Das Gesetz gilt unter bestimmten Voraussetzungen auch für Schülerinnen und Studentinnen, z.B. wenn sie ein Praktikum absolvieren.

§ 3 Schutzfristen vor und nach der Entbindung
(1) Der Arbeitgeber darf eine schwangere Frau in den letzten sechs Wochen vor der Entbindung nicht beschäftigen (Schutzfrist vor der Entbindung), soweit sie sich nicht zur Arbeitsleistung ausdrücklich bereit erklärt. Sie kann die Erklärung nach Satz 1 jederzeit mit Wirkung für die Zukunft widerrufen. Für die Berechnung der Schutzfrist vor der Entbindung ist der voraussichtliche Tag der Entbindung maßgeblich […]. Entbindet eine Frau nicht am voraussichtlichen Tag, verkürzt oder verlängert sich die Schutzfrist vor der Entbindung entsprechend. (**Anmerkung Berger & Partner:** Eine übliche Schwangerschaft dauert 40 Wochen. Eine Frühgeburt liegt vor, wenn das Kind vor Vollendung der 37. Woche geboren wird.)
(2) Der Arbeitgeber darf eine Frau bis zum Ablauf von acht Wochen nach der Entbindung nicht beschäftigen (Schutzfrist nach der Entbindung). […]

§ 9 Gestaltung der Arbeitsbedingungen […]
(3) Der Arbeitgeber hat sicherzustellen, dass die schwangere oder stillende Frau ihre Tätigkeit am Arbeitsplatz, soweit es für sie erforderlich ist, kurz unterbrechen kann. Er hat darüber hinaus sicherzustellen, dass sich die schwangere oder stillende Frau während der Pausen und Arbeitsunterbrechungen unter geeigneten Bedingungen hinlegen, hinsetzen und ausruhen kann.

§ 11 Unzulässige Tätigkeiten und Arbeitsbedingungen für schwangere Frauen
(1) Der Arbeitgeber darf eine schwangere Frau keine Tätigkeiten ausüben lassen und sie keinen Arbeitsbedingungen aussetzen, bei denen sie in einem Maß Gefahrstoffen ausgesetzt ist oder sein kann, dass dies für sie oder für ihr Kind eine unverantwortbare Gefährdung darstellt. […]
(3) Der Arbeitgeber darf eine schwangere Frau keine Tätigkeiten ausüben lassen und sie keinen Arbeitsbedingungen aussetzen, bei denen sie physikalischen Einwirkungen in einem Maß ausgesetzt ist oder sein kann, dass dies für sie oder für ihr Kind eine unverantwortbare Gefährdung darstellt. […]
1. […] Strahlungen, 2. Erschütterungen, Vibrationen und Lärm sowie 3. Hitze, Kälte und Nässe.
(5) […] Der Arbeitgeber darf eine schwangere Frau insbesondere keine Tätigkeiten ausüben lassen, bei denen 1. sie ohne mechanische Hilfsmittel regelmäßig Lasten von mehr als 5 Kilogramm Gewicht oder gelegentlich Lasten von mehr als 10 Kilogramm Gewicht von Hand heben, halten, bewegen oder befördern muss, […].

§ 15 Mitteilungen und Nachweise der schwangeren und stillenden Frauen
(1) Eine schwangere Frau soll ihrem Arbeitgeber ihre Schwangerschaft und den voraussichtlichen Tag der Entbindung mitteilen, sobald sie weiß, dass sie schwanger ist. […] (**Anmerkung Berger & Partner:** Schwangere Frauen sind nicht verpflichtet, ihren Arbeitgeber über ihre Schwangerschaft zu informieren. Allerdings können sie sich auch nicht auf die Schutzbestimmungen des MuSchG berufen, wenn der Arbeitgeber von der Schwangerschaft nichts weiß. Der Arbeitgeber kann von der schwangeren Frau Schadenersatz verlangen, wenn ihm durch eine unterlassene oder verspätete Mitteilung ein Schaden entstanden sein sollte. Auch bei einer Bewerbung muss die schwangere Frau dem Arbeitgeber ihre Schwangerschaft nicht mitteilen. Selbst wenn eine Schwangere absichtlich eine falsche Auskunft gibt, darf sie später nicht entlassen werden. Ob das jedoch dem Vertrauensverhältnis zwischen Arbeitnehmer und Arbeitgeber zuträglich ist, steht natürlich auf einem anderen Blatt.)

§ 17 Kündigungsverbot
(1) Die Kündigung gegenüber einer Frau ist unzulässig
1. während ihrer Schwangerschaft,
2. bis zum Ablauf von vier Monaten nach einer Fehlgeburt nach der zwölften Schwangerschaftswoche und
3. bis zum Ende ihrer Schutzfrist nach der Entbindung, mindestens jedoch bis zum Ablauf von vier Monaten nach der Entbindung,

82

Fortsetzung

wenn dem Arbeitgeber zum Zeitpunkt der Kündigung die Schwangerschaft, die Fehlgeburt nach der zwölften Schwangerschaftswoche oder die Entbindung bekannt ist oder wenn sie ihm innerhalb von zwei Wochen nach Zugang der Kündigung mitgeteilt wird. […]

Während der Mutterschutzfrist (sechs Wochen vor der Geburt und acht Wochen danach) erhält die schwangere Frau bzw. Mutter kein reguläres Arbeitsentgelt, sondern das sogenannte **Mutterschaftsgeld**. Es ist so hoch wie der durchschnittliche Nettoverdienst der letzten drei Monate vor Beginn der Schutzfrist. Um den kalendertäglichen Betrag des Nettoarbeitsentgeltes zu ermitteln, teilen Sie das in den betreffenden drei Monaten erzielte Nettoarbeitsentgelt durch 90 Tage. Die Krankenkasse zahlt der schwangeren Arbeitnehmerin ein Mutterschaftsgeld in Höhe von bis zu 13 € pro Tag. Die Differenz zwischen dem Mutterschaftsgeld und dem durchschnittlichen Nettogehalt pro Tag stockt der Arbeitgeber auf, bis das durchschnittliche Nettogehalt erreicht ist.

Schwangerschaft während der Ausbildung

Wird eine Frau in der Ausbildung schwanger, sind noch andere Aspekte zu berücksichtigen, da sich die schwangere Frau ja weiterhin um ihre Ausbildung bemühen muss. Grundsätzlich gelten für schwangere Frauen in der Ausbildung die gleichen Schutzbestimmungen des MuSchG wie für „normale" Arbeitnehmerinnen.

Darüber hinaus gelten jedoch noch einige **Sonderregelungen**.

Ist zu befürchten, dass die Auszubildende die Abschlussprüfung aufgrund schwangerschaftsbedingter Fehlzeiten nicht bestehen wird, kann sie bei der Aufsichtsstelle, i.d.R. die zuständige IHK, einen Antrag auf Verlängerung der Ausbildungszeit stellen. Wird dieser bewilligt, kann sie ihren Abschluss zu einem späteren Zeitpunkt machen. Die Prüfungen finden alle sechs Monate statt. Allerdings gibt es keinen gesetzlichen Anspruch auf die Verlängerung der Ausbildungszeit. Wird die Auszubildende erst kurz vor Ausbildungsende schwanger, besteht meist keine Notwendigkeit, die Ausbildung zu verlängern.

Für Arztbesuche oder das Stillen des Kindes ist die Auszubildende freigestellt, ohne diese Zeit nacharbeiten zu müssen.

Während der Mutterschutzfrist vor und nach der Entbindung ist eine Auszubildende von der Ausbildung befreit. Jede Auszubildende muss selber entscheiden, ob es nicht sinnvoll ist, in dieser Zeit trotzdem die Berufsschule zu besuchen. Da die Abschlussprüfung nicht Teil des Arbeitsverhältnisses ist, darf eine Auszubildende auch in den acht Wochen nach der Geburt ihre Abschlussprüfung absolvieren.

Während der Mutterschutzfrist (sechs Wochen vor der Geburt und acht Wochen danach) erhält die Auszubildende keine Ausbildungsvergütung, sondern das sogenannte Mutterschaftsgeld. Es ist so hoch wie der durchschnittliche Nettoverdienst der letzten drei Monate vor Beginn der Schutzfrist. Liegt dieser unter 390 Euro pro Monat, muss die Auszubildende lediglich einen Antrag bei ihrer Krankenkasse stellen, um diesen Betrag ausbezahlt zu bekommen. Ist die Ausbildungsvergütung hingegen höher, übernimmt das ausbildende Unternehmen den Fehlbetrag.

Die Ausbildung endet, sobald die schwangere Frau bzw. Mutter ihre Abschlussprüfung bestanden hat. Da das Ausbildungsverhältnis von vorne herein befristet ist, besteht somit kein Anspruch auf Übernahme in ein unbefristetes Beschäftigungsverhältnis.

Elterngeld

Kommt das Kind während der Ausbildung oder auch danach zur Welt, können sich Mutter oder Vater für die Betreuung und Erziehung ihres Kindes ganz oder teilweise von der Arbeit freistellen lassen. In dieser Zeit, der sogenannten Elternzeit, ruht das Ausbildungsverhältnis, wodurch sich die Ausbildung um die in Anspruch genommene Elternzeit verlängert. Zusammen stehen Mutter und Vater drei Jahre Elternzeit zu. Sie können selbst entscheiden, wie sie diese 36 Monate untereinander aufteilen und ob sie die Zeit ganz ausschöpfen.

Während der Elternzeit darf einem Mitarbeiter nicht gekündigt werden. Allerdings muss der Arbeitgeber auch keine Ausbildungsvergütung bzw. kein Arbeitsentgelt bezahlen. Während der Elternzeit erhalten die Eltern Elterngeld, das jedoch nur für maximal 14 Monate gezahlt wird.

Zur Berechnung des Elterngeldes wird das durchschnittliche Nettoeinkommen des betreuenden Elternteils aus den letzten 12 Monaten vor der Geburt zugrunde gelegt. Lag der Betrag unter 1.000,00 €, werden bis zu 100 % ausgezahlt (je geringer das Einkommen, desto höher der Prozentsatz). Bei einem monatlichen Nettoeinkommen zwischen 1.000,00 € und 1.200,00 € werden ca. 67 % gezahlt. Bei mehr als 1.200,00 € pro Monat sinkt der Prozentsatz moderat auf 65 % ab. Das Elterngeld beträgt allerdings mindestens 300,00 € – ob der betreuende Elternteil davor verdient hat oder nicht – und maximal 1.800,00 € pro Monat. Darüber hinaus erhält man Kindergeld (z.B. für das 1. und 2. Kind 194,00 € monatlich).

📖 Lernsituation:

Fall A: Die BAUER AG in Krefeld-Uerdingen produziert Chemikalien. Bei einer Routineuntersuchung der Umweltbehörde wird festgestellt, dass bei der Produktion der Büromöbel giftige Schadstoffe in den Boden gelangen. Der Staatsanwalt erhebt Anklage. Durch Gerichtsurteil und Bestrafung sollen die Verantwortlichen zur Rechenschaft gezogen werden.

Fall B: Die BüroTec GmbH bestellt bei der Holzhandlung Weber KG 300 Holzplatten, die zur Produktion von Schreibtischen benötigt werden. Als Liefertermin wurde der 30. März 20.. vereinbart. Am 5. April 20.. sind die Holzplatten immer noch nicht eingetroffen. Da sämtliche Lagerbestände aufgebraucht sind, kann nicht mehr weiterproduziert werden. Die Produktion steht still. Eigene Liefertermine können nicht mehr eingehalten werden. Die Geschäftsführung der BüroTec GmbH beschließt, die Holzhandlung Weber KG auf Schadenersatz zu verklagen.

✎ Arbeitsaufträge:

1. Ordnen Sie die Interessenskonflikte in den Fällen A und B den Bereichen der Rechtsordnung zu.

Fall A		**Fall B**	

2. Bestimmen Sie in folgenden Fällen, ob Rechtsvorschriften des privaten oder öffentlichen Rechts berührt werden.

   1 = Öffentliches Recht   2 = Privatrecht

A	Malte Merkel kauft in einem Elektronikfachgeschäft einen Blue-Ray-Player.	
B	Das Finanzamt Duisburg fordert von Claudia Roth die Kfz-Steuer ein.	
C	Vanessa Düse beabsichtigt, eine ihrer Erfindungen beim Deutschen Patent- und Markenamt in München patentieren zu lassen.	
D	Die BüroTec GmbH fordert von der König AG die fällige Rechnung ein.	
E	Jasmin Falke wird wegen Einbruchsdiebstahl zu einer Freiheitstrafe verurteilt.	
F	Die 20-jährige Studentin Lena Brause mietet in Köln eine Wohnung an.	
G	Tobias Sinn und Nico Feller beabsichtigen, eine GmbH zu gründen.	
H	Die GSK KG wird wegen eines Verstoßes gegen das Jugendarbeitsschutzgesetz zu einer Geldstrafe verurteilt.	
I	Melanie Wald streitet mit ihrer Krankenkasse über die Kostenübernahme einer ärztlichen Behandlung.	

3. Entscheiden Sie, worum es sich in folgenden Fällen handelt. Ordnen Sie zu.

   1 = natürliche Personen
   2 = juristische Personen des Privatrechts
   3 = juristische Personen des öffentlichen Rechts

A	Viktoria Buchholz e.V.	
B	Mike Franzen (Gesellschafter der Bergmann OHG)	
C	Gerland Computertechnik AG	
D	IHK zu Düsseldorf	
E	SOS-Kinderdorf Stiftung e.V.	
F	Universität zu Köln	
G	RTL Deutschland GmbH	
H	ARD	
I	Jan Haber (Vorstandsmitglied der Volksmann AG)	

4. Entscheiden Sie, worum es sich in folgenden Fällen handelt. Ordnen Sie zu.

   1 = bewegliche (vertretbare) Sache
   2 = bewegliche (nicht vertretbare) Sache
   3 = unbewegliche Sache
   4 = absolutes Recht
   5 = relatives Recht

A	Schadensersatzforderung an einen Lieferanten wegen mangelhafter Lieferung	
B	unbebautes Grundstück	
C	Kaufpreisforderung an einen Kunden	
D	Neue Espressomaschine aus einer Serienfertigung	
E	Porsche 911 Carrera (Baujahr 1963)	
F	Patent auf eine technische Erfindung	
G	Sonderanfertigung einer Spezialmaschine	
H	Urheberrecht an einem Musikstück	
I	Mietpreisforderung an einen Mieter	

5. Nennen Sie die Formvorschrift, die für folgende Verträge/Dokumente/Anträge gilt. Ordnen Sie zu.

1 = Schriftform   2 = notarielle Beglaubigung
3 = notarielle Beurkundung   4 = Formfreiheit

A	Gesellschaftsvertrag über die Gründung einer Aktiengesellschaft	
B	Antrag eines Kaufmanns über den Eintrag ins das Handelsregister	
C	Abschluss eines Berufsausbildungsvertrages	
D	Kopie eines Schulzeugnisses mit Vermerk, dass die Kopie dem Original entspricht	
E	Vertragsabschluss über eine Spielekonsole	
F	Kaufvertrag über eine Doppelhaushälfte	
G	Ratenkaufvertrag über einen Flachbildfernseher	

6. Vervollständigen Sie das folgende Schaubild über das Zustandekommen eines Kaufvertrages.

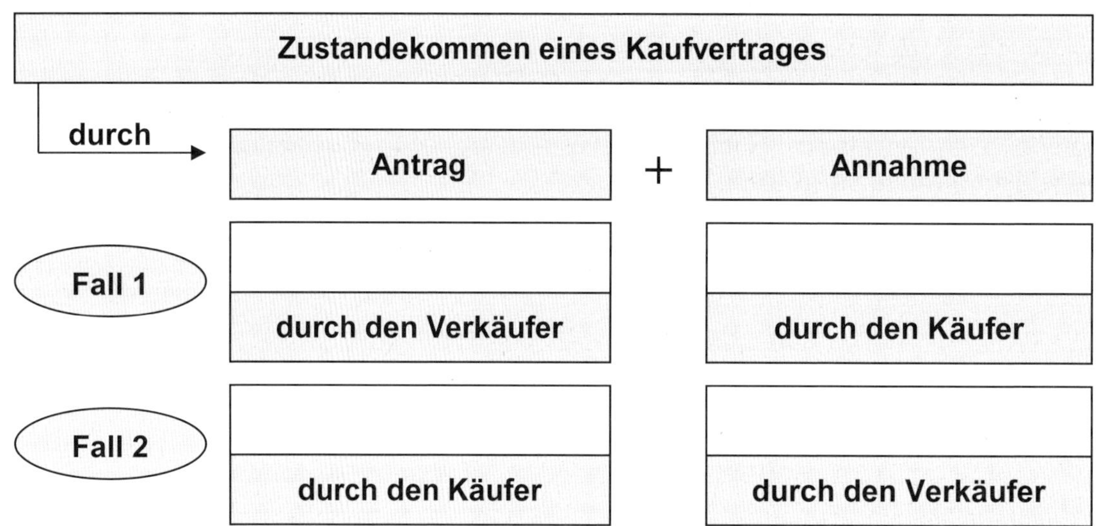

7. Herr Schmidt, Geschäftsführer der BüroTec GmbH, kommt von einer Geschäftsreise am Duisburger Hauptbahnhof an. Auf dem Bahnhofvorplatz winkt er nach einem Taxi. Das Taxi fährt vor, der Taxifahrer steigt aus und lädt das Gepäck ein. In diesem Moment hält ein Bekannter von Herrn Schmidt neben dem Taxi und fragt, ob er Herrn Schmidt mitnehmen könne. Dieser nimmt gerne an und bittet den Taxifahrer, das Gepäck wieder auszuladen. Der Taxifahrer besteht aber darauf, dass er Herrn Schmidt befördert oder aber die Grundgebühr bezahlt bekommt. Schließlich habe Herr Schmidt das Taxi doch herbeigewinkt. Herr Schmidt entgegnet: „Winken kann doch jeder!" Klären Sie die Rechtslage.

____

____

____

8. Geben Sie an, worum es sich in den folgenden Fällen handelt.

   1 = Antrag
   2 = Annahme
   3 = kein Bestandteil des Kaufvertrages

Mehrere angefragte Unternehmen unterbreiten der BüroTec GmbH rechtlich verbindliche und aussagekräftige Angebote.	
Die BüroTec GmbH fragt bei drei Unternehmen, die Schrauben und Muttern vertreiben, Preise, Lieferzeiten sowie Lieferungs- und Zahlungsbedingungen ab.	
Nach gründlicher Prüfung bestellt die BüroTec GmbH bei der Lacke Weber OHG 100 l Metalllack zu den im Angebot aufgeführten Konditionen.	

9. Entscheiden Sie, worum es sich bei den aufgeführten Sachverhalten handelt.

   Spalte A: Spalte B:

   1 = Antrag des Käufers   1 = Annahme durch den Käufer
   2 = Antrag des Verkäufers   2 = Annahme durch den Verkäufer
   3 = kein Antrag   3 = keine Annahme

	A	B
Die Kluge OHG schickt der BüroTec GmbH ein unverbindliches Angebot über zwei Bohrmaschinen. Die BüroTec GmbH OHG bestellt zwei Tage später zu den genannten Konditionen. Einen Tag später bestätigt die Kluge OHG den Auftrag.		
Die BüroTec GmbH erhält von der Falke Metallwerke AG per E-Mail ein verbindliches Angebot. Noch am gleichen Tag bestellt die BüroTec GmbH per E-Mail die Schrankschlösser zu den im Angebot genannten Konditionen.		
Die BüroTec GmbH bestellt bei der Schlotmann KG ohne vorhergehendes Angebot 400 Scharniere für ihre Büroschänke zum Preis der letzten Bestellung. Die Schlotmann KG bestätigt die Bestellung, verlangt aber einen 10 % höheren Preis.		
Lisa Pellegrini bestellt bei einem Internethändler Fußballschuhe. Die Schuhe werden eine Woche später geliefert.		

10. Ordnen Sie den folgenden Fällen die zugehörige Rechtsgeschäftsart zu.

   1 = zwei bzw. mehrseitiges Rechtsgeschäft
   2 = einseitiges (empfangsbedürftiges) Rechtsgeschäft
   3 = einseitiges (nicht empfangsbedürftiges) Rechtsgeschäft
   4 = kein Rechtsgeschäft

A	Gesellschaftsvertrag einer GmbH	
B	Kündigung eines Mitarbeiters aufgrund von Rationalisierungsmaßnahmen	
C	Kauf eines Smartphones in einem Elektronikfachgeschäft	
D	Anmieten von Geschäftsräumen in Dresden, um den ostdeutschen Markt besser betreuen zu können	
E	Alina Meier wird von ihrem Onkel Herbert Feinstein in seinem Testament als Alleinerbin benannt.	
F	Die Holz Becker KG unterbreitet der BüroTec GmbH ein günstiges Angebot über 100 Massivholzplatten.	

11. Entscheiden Sie, ob folgende Aussagen richtig oder falsch sind.

    1 = richtig   9 = falsch

A	Die Gesamtheit aller in einem Rechtsstaat geltenden Gesetze und Verordnungen wird Rechtsordnung genannt.	
B	Innerhalb der Rechtsordnung ist zwischen dem Privatrecht und dem Zivilrecht zu unterscheiden.	
C	Von nachgiebigem Recht spricht man, wenn die Bürger ihre vertraglichen Vereinbarungen abweichend von den rechtlichen Regelungen weitgehend frei gestalten dürfen.	
D	Wird einem Mitarbeiter gekündigt, so muss das Kündigungsschreiben schriftlich verfasst werden.	
E	Juristische Personen sind alle Menschen. Ihre Rechtsfähigkeit beginnt mit der Geburt und endet mit dem Tod.	
F	Rechtssubjekte sind Sachen und Rechte.	
G	Rechtsobjekte sind natürliche und juristische Personen	
H	Konkludente Handlungen werden als eindeutige Willenserklärungen gewertet.	
I	Unter Kaufleuten gilt ausschließlich das HGB.	
J	Die Vorgaben und Regelungen des öffentlichen Rechts sind nicht frei verhandelbar.	
K	Kaufverträge über 5.000,00 € müssen grundsätzlich schriftlich abgeschlossen werden.	
L	Der Richter Hans Möller am Amtsgericht in Düsseldorf ist eine juristische Person.	
M	Das Zweite Deutsche Fernsehen (ZDF) ist eine juristische Person des öffentlichen Rechts.	
N	Für Verträge zwischen zwei Privatpersonen gilt das Bürgerliche Gesetzbuch (BGB)	
O	Einseitige Willenserklärungen können empfangsbedürftig oder nicht empfangsbedürftig sein.	
P	Sachen sind körperliche Gegenstände (materielle) Güter, wie z.B. Fahrzeuge und Gebäude.	
Q	Bei einem Originalgemälde des Pop-Art-Künstlers Roy Lichtenstein handelt es sich um eine vertretbare Sache.	
R	Die Rechtsfähigkeit von natürlichen Personen beginnt mit der Geburt und endet mit dem Tod.	
S	Ein zweiseitiges Rechtsgeschäft kommt durch zwei übereinstimmende Willenserklärungen zustande.	
T	Stimmen Anfrage und Angebot überein, kommt ein Kaufvertrag zustande.	
U	Weichen Angebot und Bestellung voneinander ab, so ist die Bestellung ein neuer Antrag.	
V	Mietverträge müssen aus Beweisgründen grundsätzlich schriftlich abgeschlossen werden.	

Info 1:

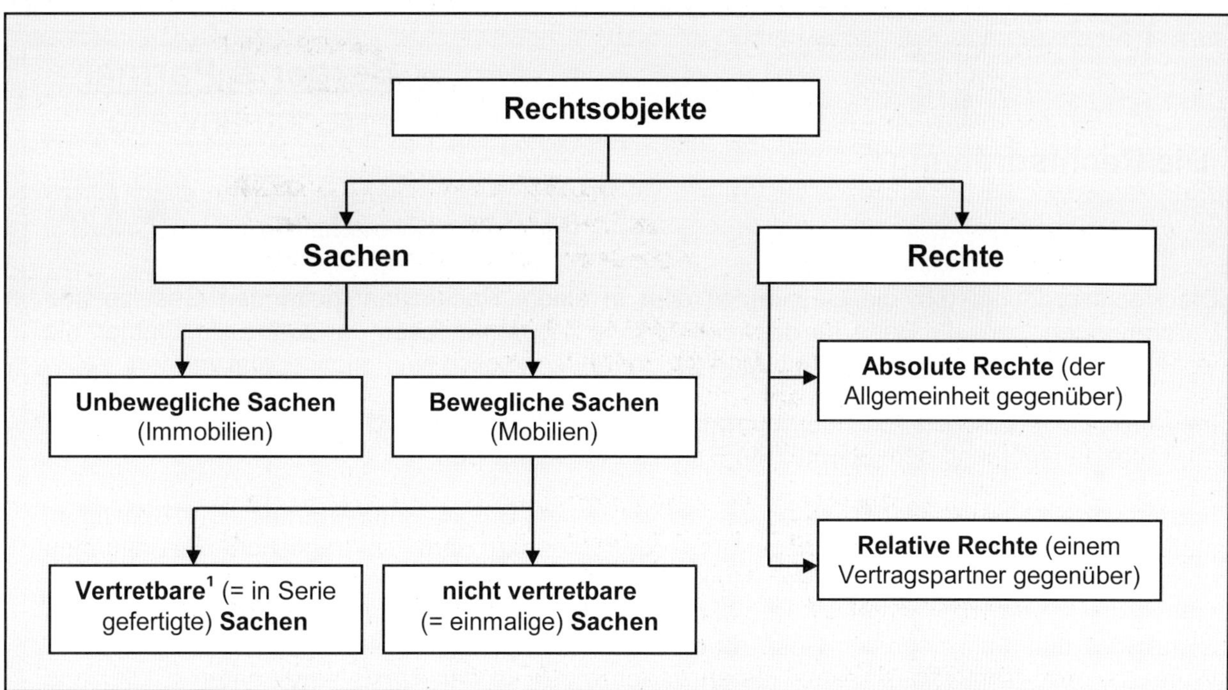

Info 2:

Formvorschriften

Schriftform

- Verträge bzw. Dokumente, die schriftlich abgefasst und eigenhändig unterschrieben werden müssen.
  Beispiele:
  - Ratenkaufverträge
  - Kündigung durch den Arbeitgeber
  - Tarifverträge
  - befristete Mietverträge, die für länger als 1 Jahr abgeschlossen werden
  - Berufsausbildungsverträge

Notarielle (= öffentliche) Beglaubigung

- Vermerk oder Bescheinigung eines Notars, der die Echtheit der in Gegenwart des Notars getätigten Unterschrift bestätigt.
  Beispiele:
  - Eintrag ins Handelsregister
  - Eintrag ins Vereinsregister
- Vermerk, der die Übereinstimmung einer Kopie mit dem Original bestätigt
  Beispiele:
  - häufig müssen Schul- oder Arbeitszeugnisse in beglaubigter Form eingereicht werden

Notarielle Beurkundung

- schriftliche Verträge, die von einem Notar verfasst, den Beteiligten vorgelesen, von den Beteiligten genehmigt und in Gegenwart des Notars unterschrieben werden müssen.
- Beispiele:
  - Adoptionsverträge
  - Eheverträge
  - Kaufverträge über Häuser, Eigentumswohnungen und unbebaute Grundstücke
  - öffentliche Testamente
  - Gesellschaftsverträge (GmbH, AG)

---
1 Vertretbare Sachen können gleichartig beschafft und ausgetauscht werden.

12 Schmidthausen ISBN: 978-3-8120-1024-5

Info 3: Informationsbroschüre der Kanzlei Berger & Partner

Berger & Partner
Rechtsanwälte

Die Rechtsordnung

Arbeitsrecht
Wirtschaftsrecht
Gesellschaftsrecht

Die Rechtsordnung, d.h. die Gesamtheit aller in einem Rechtsstaat geltenden Gesetze und Verordnungen, stellt die Basis für das menschliche Zusammenleben dar. Ohne sie könnten die vielfältigen Konflikte, die im täglichen Miteinander unvermeidlich sind, nicht gelöst werden.

Innerhalb der deutschen Rechtsordnung ist zwischen dem Privatrecht, auch bürgerliches oder Zivilrecht genannt, und dem öffentlichen Recht zu unterscheiden.

Das Privatrecht regelt die Beziehungen der einzelnen Bürger untereinander. Die Beteiligten stehen sich gleichberechtigt gegenüber und können ihre vertraglichen Beziehungen gegebenenfalls abweichend von den gesetzlichen Regelungen weitgehend frei gestalten. Man spricht daher vom sogenannten nachgiebigen Recht. Im Bürgerlichen Gesetzbuch (BGB), dem wichtigsten und umfassendsten Gesetzbuch, ist z.B. festgelegt, dass ein Käufer, der sich seine Ware schicken lässt, die Transportkosten tragen muss. In der Praxis vereinbaren Käufer und Verkäufer jedoch nicht selten, dass der Verkäufer die Transportkosten übernimmt. Weitere wichtige Gesetze und Gesetzbücher sind beispielsweise das Handelsgesetzbuch (HGB), das Gesellschaftsrecht (AktG, GmbHG) und das Patentrecht (PatG). Privatrechtliche Gerichtsurteile zielen nicht auf Strafe ab, sondern auf die Erfüllung von Verträgen, Unterlassung schädigender Handlungen und Schadensersatz für entstandene Schäden.

Das öffentliche Recht regelt Rechtsfragen, die von allgemeinem Interesse sind. Hier trifft der einzelne Bürger auf den Staat und dessen Organe als Vertreter der Gemeinschaft. Die Vorgaben und Regelungen des öffentlichen Rechts sind nicht frei verhandelbar. Ein Unternehmer kann beispielsweise nicht mit dem Staat über die Höhe seiner Steuerzahlungen verhandeln. Er kann sich auch nicht durch einen Vertrag mit dem Staat von den für alle Unternehmen geltenden Arbeitsschutzbestimmungen befreien lassen. Man spricht hier vom sogenannten zwingenden Recht. Verstöße gegen Ge- und Verbote werden gegebenenfalls mit Strafen geahndet. Handelt der Staat allerdings wie ein Bürger, d.h., schließt er z.B. Kaufverträge ab oder gründet er selbst ein Unternehmen, gelten auch für ihn die Bestimmungen des Privatrechts. Das öffentliche Recht umfasst unter anderem das Steuerrecht, das Strafrecht, das Baurecht, das Kirchenrecht und das Sozialrecht.

Die Voraussetzung, um die in den einzelnen Gesetzen verankerten Rechte und Pflichten wahrnehmen zu können, ist die Rechtsfähigkeit. Rechtsfähig sind natürliche und juristische Personen. Man spricht in diesem Zusammenhang auch von Rechtssubjekten. Natürliche Personen sind alle Menschen. Ihre Rechtsfähigkeit beginnt mit der Geburt und endet mit dem Tod.

Juristische Personen sind dagegen vom Staat erfundene „künstliche" Gebilde. Sie werden wie natürliche Personen behandelt und können somit Rechtsgeschäfte, wie z.B. Verträge, abschließen, vor Gerichten klagen oder auch verklagt werden.

Bei den juristischen Personen ist zwischen den juristischen Personen des privaten und des öffentlichen Rechts zu unterscheiden. Zu letzteren gehören zum Beispiel die Bundesrepublik Deutschland, die einzelnen Bundesländer, Städte und Gemeinden, öffentliche Rundfunk- und Fernsehanstalten, Industrie- und Handwerkskammern sowie staatliche Hochschulen.

Beispiele für juristische Personen des privaten Rechts sind eingetragene Vereine, Unternehmen wie Aktiengesellschaften (AG) oder Gesellschaften mit beschränkter Haftung (GmbH) sowie Stiftungen.

Fortsetzung

Im Folgenden sollen die Rechtsgeschäfte, die von den Rechtssubjekten getätigt werden, näher betrachtet werden.

Rechtsgeschäfte kommen durch eindeutige Willenserklärungen zustande. Diese Willenserklärungen können auf verschiedene Art und Weise abgegeben werden, z.B. mündlich, schriftlich oder durch sonstiges Verhalten (Zeigen, Winken, Kopfnicken etc.). Dieses sonstige Verhalten, bei dem der Erklärende seinen Willen nicht in Worte fasst, nennt man in der juristischen Fachsprache schlüssiges oder konkludentes Handeln (von lat.: concludere = einschließen). Ein Handeln ist konkludent, wenn der Adressat aus diesem Verhalten ohne Zweifel auf den Willen des Erklärenden schließen kann. Eine Willenserklärung liegt also nur dann vor, wenn der Wille ausdrücklich oder schlüssig erklärt wird.

In diesem Zusammenhang ist zwischen zwei- bzw. mehrseitigen auf der einen und einseitigen Rechtsgeschäften auf der anderen Seite zu unterscheiden.

Zwei- oder mehrseitige Rechtsgeschäfte kommen durch die Abgabe übereinstimmender Willenserklärungen zweier oder mehrerer Personen zustande. Ein Beispiel hierfür ist der Kaufvertrag. Der Kaufvertrag kommt durch zwei übereinstimmende Willenserklärungen (Antrag und Annahme) zwischen dem Käufer und dem Verkäufer zustande. Der Antrag kann vom Verkäufer in Form eines verbindlichen Angebotes ausgehen, das der Käufer durch eine Bestellung annimmt. Eine Anfrage mit der Bitte um Abgabe eines Angebots stellt keinen Antrag dar. Anfragen sind rechtlich unverbindlich. Daher ist es möglich, gleichzeitig Anfragen an mehrere Unternehmen zu richten, um den günstigsten Lieferanten zu ermitteln. Andererseits kann der Antrag auch vom Käufer ausgehen. Dies ist dann der Fall, wenn der Käufer ohne vorheriges Angebot beim Verkäufer bestellt und der Verkäufer seinerseits durch eine Bestellungsannahme, auch Auftragsbestätigung genannt, den Antrag annimmt.[1]

Einseitige Rechtsgeschäfte kommen durch die Abgabe einer Willenserklärung einer Person zustande. Beispiele hierfür sind ein Testament oder eine Kündigung. Schon durch die Formulierungen „Mein letzter Wille ..." oder „Ich kündige..." wird deutlich, dass es sich um eine einseitige Willenserklärung handelt. Einseitige Willenserklärungen können empfangsbedürftig oder nicht empfangsbedürftig sein. Beispielsweise gilt ein Testament auch dann, wenn die eingesetzten Erben keine Kenntnis davon haben. Das Testament ist somit eine nicht empfangsbedürftige Willenserklärung. Eine Kündigung gilt erst dann, wenn sie dem Vertragspartner zugegangen ist. Die Kündigung ist somit eine empfangsbedürftige Willenserklärung

Grundsätzlich gibt es für Rechtsgeschäfte keine Vorschrift, in welcher Form sie abgeschlossen werden. Sie können also formlos abgeschlossen werden. So werden im Alltag die meisten Verträge mündlich abgeschlossen. Bei wichtigen Rechtsgeschäften empfiehlt sich jedoch aus Beweisgründen die schriftliche Form. In einigen Fällen ist die Form gesetzlich vorgeschrieben (siehe Schaubild Info 2). Wird sie nicht eingehalten, ist das Rechtsgeschäft nichtig, d.h. ungültig.

Rechtsgeschäfte, die zwischen Privatpersonen geschlossen werden, sind bürgerliche Rechtsgeschäfte. Rechtgeschäfte, die zwischen einer Privatperson und einem Kaufmann geschlossen werden, sind hingegen einseitige Handelsgeschäfte. In beiden Fällen gelten die Vorschriften des Bürgerlichen Gesetzbuches (BGB). Für Rechtsgeschäfte, die zwischen zwei Kaufleuten abgeschlossen werden, gelten das BGB <u>und</u> das HGB (Handelsgesetzbuch), Weichen die Regelungen im HGB von denen im BGB ab (dies ist in einigen Paragrafen der Fall), gelten die Vorschriften des HGB.

---

1 In den beiden oben genannten Fällen werden die Willenserklärungen der Vertragspartner mithilfe zweier Schriftstücke dokumentiert (Angebot/Bestellung bzw. Bestellung/Auftragsbestätigung). Dies ist der gängige Fall im B2B-Geschäft. Bei B2C-Geschäften werden die Willenserklärungen häufig auf einem Schriftstück, dem Kaufvertrag, festgehalten, auf dem beide Vertragspartner den Vertrag unterschreiben (z.B. Kauf eines Kfz).

<table>
<tr><td></td><td><h1>Stufen der Geschäftsfähigkeit unterscheiden</h1></td><td>**Wirtschafts- und Sozialprozesse**</td></tr>
</table>

 **Lernsituation:**

Nina Blumfeld, 17-jährige kaufmännische Auszubildende bei der BüroTec GmbH, sitzt zusammen mit ihren Eltern und ihren beiden Geschwistern Tim und Lena am sonntäglichen Frühstückstisch. Hierbei kommt es zu folgender angeregter Unterhaltung:

Herr Blumfeld: Nina, diese grässlichen Schuhe für unglaubliche 150,00 € hast du ohne unsere Zustimmung gekauft.

Nina: Ja, aber von meinem eigenen Geld.

Frau Blumfeld: Frank, denke bitte daran, dass wir Nina erlaubt haben, über die 600,00 €, die sie bei der BüroTec verdient, frei zu verfügen.

Herr Blumfeld: Stimmt Kerstin, aber ich hätte nicht gedacht, dass sich deine Tochter freiwillig zum Gespött der Leute macht. Ich sehe schon die Gesichter unserer Nachbarn vor mir.

Frau Blumfeld: Frank, ich bitte dich, das tragen die jungen Leute heutzutage nun mal.

(der 14-jährige Tim schaltet sich in das Gespräch ein)

Tim: Wenn sich Nina solche Schuhe kaufen darf, dann kann ich mir ja mein Traumhandy kaufen. Ich zahle es einfach monatlich von meinem Taschengeld ab.

(die 5-jährige Lena meldet sich zu Wort)

Lena: Ich habe auch schon 25,00 € in meinem Sparschwein. Davon kaufe ich mir den süßen Teddy, den ich gestern gesehen habe.

Herr Blumfeld: Jetzt ist aber genug, hier kauft niemand etwas ohne meine Zustimmung. Nina, die Schuhe werden morgen umgetauscht und damit basta.

Arbeitsaufträge:

1. Prüfen Sie mithilfe von Info 1, ob zwischen Nina Blumfeld und dem Schuhgeschäft Möser ein rechtswirksamer Kaufvertrag zustande gekommen ist.

	Muss Nina die gekauften Schuhe wieder zurückbringen?
	voll geschäftsfähig ☐ beschränkt geschäftsfähig ☐ geschäftsunfähig ☐
Fall Nina	Beurteilung

2. Prüfen Sie nun, inwieweit Tim seine Vorstellungen in die Tat umsetzen darf.

Fall Tim	**Darf Tim sein Lieblingshandy per Ratenzahlung kaufen?**
	voll geschäftsfähig ☐ beschränkt geschäftsfähig ☐ geschäftsunfähig ☐
	Beurteilung

3. Prüfen Sie nun, ob Lena den Teddy kaufen darf.

Fall Lena	**Darf Lena den Teddy kaufen?**
	voll geschäftsfähig ☐ beschränkt geschäftsfähig ☐ geschäftsunfähig ☐
	Beurteilung

4. Vervollständigen Sie die Übersicht (Info 2) zum Thema Geschäftsfähigkeit.

__Weitere Fälle:__

Fall A:

Die 17 Jahre alte Julia erhält von ihren Eltern 80,00 € Taschengeld, über das sie frei verfügen darf. Da Julia gerne Gitarre spielt, gibt sie 4 Monate kaum etwas aus und kauft sich dann eine E-Gitarre im Wert von 300,00 €. Julias Eltern sind gar nicht begeistert. Sie würden es lieber sehen, wenn ihre Tochter Geige spielen würde. Begründen Sie, ob Julia die E-Gitarre wieder zurückbringen muss.

____

____

____

____

Fall B:

Der 17-jährige Gianluca Patroni führt mit Zustimmung seiner Mutter und Genehmigung des Vormundschaftsgerichts die Eisdiele Dolomiti, da sein Vater aufgrund eines Herzinfarkts nicht mehr in der Lage ist, das Unternehmen zu leiten. In diesem Zusammenhang kauft Gianluca eine Eismaschine für 1.200,00 €. Gleichzeitig bestellt er einen großen Flachbildfernseher im Wert von 1.000,00 € für das Wohnzimmer der Patronis. Gianlucas Mutter ist von beiden Käufen nicht begeistert. Sie meint, gerade in schweren Zeiten müsse man sein Geld zusammenhalten. Sie fordert Gianluca auf, alles zurückzubringen. Klären Sie die Rechtslage.

____

____

____

____

Fall C:

Egon Bär, 75 Jahre alt, ist körperlich noch recht rüstig, leidet aber an Altersdemenz. Er lebt im Altersheim in Duisburg-Baerl und ist aufgrund der mit der Krankheit verbundenen Probleme nicht geschäftsfähig. An einem Sonntag im August begibt sich Herr Bär zu einem nahegelegenen Ausflugslokal und verzehrt dort Speisen und Getränke im Wert von 8,80 €. Sein Betreuer Felix Decker ist damit nicht einverstanden und fordert vom Gastwirt das Geld zurück. Prüfen Sie, ob der Gastwirt die 8,80 € wieder aushändigen muss.

Fall D:

Die 17-jährige Alina Paschke kauft von ihrem monatlichen Taschengeld von 50,00 € ein Lotterielos und gewinnt 1.200,00 €. Sie begibt sich zu einem nahegelegenen Elektronikfachmarkt und kauft dort eine hochwertige Heimkinoanlage für 1.100,00 €. Alinas Eltern sind über die Maßen verärgert und fordern Alina auf, die Anlage zurückzubringen.

Klären Sie die Rechtslage.

Begründen Sie, ob der Elektronikfachmarkt die Rücknahme und Auszahlung des Kaufpreises verweigern kann.

Fall E:

Bea Steinke schenkt ihrer 13-jährigen Nichte Jasmin einen Diamantring im Wert von 600,00 €. Jasmin ist begeistert. Jasmins Eltern hingegen haben seit Jahren keinen Kontakt zu Bea Steinke und fordern Jasmin auf, den Ring zurückzugeben. Klären Sie die Rechtslage.

Fall F:

Gerd Behnke macht seinem 16-jährigen Neffen Nico folgendes Angebot: Wenn du nächste Woche eine Stunde Zeit hast und mir den Rasen mähst, schenke ich dir 500,00 €. Nico ist begeistert. Nicos Eltern, die seit langem mit Gerd Behnke im Streit liegen, sind damit nicht einverstanden. Prüfen Sie, ob Nico das Geschenk gegen den Willen seiner Eltern annehmen darf.

Info 1: Informationsbroschüre der Kanzlei Berger & Partner

Information „Geschäftsfähigkeit"

Berger & Partner
Rechtsanwälte

Arbeitsrecht
Wirtschaftsrecht
Gesellschaftsrecht

Egal ob es sich um den Döner an der Ecke, den Coffee-to-go in der Shopping-Mall oder einen Kinobesuch handelt, Verträge sind aus unserem täglichen Leben nicht wegzudenken.

Um insbesondere junge Menschen vor Fehlentscheidungen zu schützen, dürfen sie entweder gar keine Geschäfte abschließen oder ihre Geschäftsfähigkeit ist eingeschränkt.

Grundsätzlich unterscheidet man im BGB zwischen folgenden drei Varianten der Geschäftsfähigkeit:

- Volle Geschäftsfähigkeit
- Geschäftsunfähigkeit
- Beschränkte Geschäftsfähigkeit.

Die volle Geschäftsfähigkeit wird mit der Volljährigkeit, also mit 18 Jahren erworben. Rechtsgeschäfte können ohne Einschränkungen abgeschlossen werden.

Kinder unter sieben Jahren sind gemäß § 104 BGB geschäftsunfähig und dürfen daher keine Rechtsgeschäfte abschließen. Dennoch abgeschlossene Verträge sind ungültig (= nichtig). Nur die gesetzlichen Vertreter[1] können für einen Geschäftsunfähigen handeln. Allerdings kann der Geschäftsunfähige als Bote agieren. In diesem Fall handelt er nicht in eigenem Namen, sondern als „verlängerter Arm" der gesetzlichen Vertreter.

Geschäftsunfähig sind auch geistig gestörte Menschen, soweit die krankhafte Störung der Geistestätigkeit von dauerhafter Natur ist. Trotz der eigentlichen Geschäftsunfähigkeit dürfen diese Personen, soweit sie volljährig sind, Geschäfte tätigen, wenn es sich um ein alltägliches Geschäft handelt, das mit geringen finanziellen Mitteln getätigt werden kann.

Betrunkene und Drogenabhängige sind nicht geschäftsunfähig, es sei denn, es liegen aufgrund der Sucht bereits irreparable Schädigungen des Gehirns vor.

Personen, die das siebente aber nicht das achtzehnte Lebensjahr vollendet haben, sind gemäß § 106 BGB beschränkt geschäftsfähig.

Um ein rechtswirksames Geschäft abschließen zu können, benötigen sie die Zustimmung der gesetzlichen Vertreter.

Die vorher erteilte Zustimmung heißt „Einwilligung", die nachträglich erteilte Zustimmung „Genehmigung".

---

1   Mit den gesetzlichen Vertretern sind i.d.R. beide Elternteile gemeint. Daher müssen auch beide unterschreiben. Ausnahme: Das alleinige Erziehungsrecht liegt bei einem Elternteil.

Fortsetzung

Als nachträgliche Zustimmung gilt auch, wenn die gesetzlichen Vertreter gar nichts unternehmen.

Ein von einem beschränkt Geschäftsfähigen ohne Einwilligung der gesetzlichen Vertreter eingegangenes Rechtsgeschäft ist bis zur Genehmigung oder endgültigen Ablehnung schwebend unwirksam, d.h., weder wirksam noch unwirksam.

Einen Sonderfall stellt der sogenannte Taschengeldparagraf, § 110 BGB, dar. Da Kinder und Jugendliche den Umgang mit Geld lernen sollen, hat der Gesetzgeber in diesem Paragrafen folgendes festgelegt:

§ 110 BGB
Ein von dem Minderjährigen ohne Zustimmung der gesetzliche Vertreters geschlossener Vertrag gilt als von Anfang an wirksam, wenn der Minderjährige die vertragsmäßige Leistung mit Mitteln bewirkt, die ihm zu diesem Zweck oder zu freier Verfügung von dem Vertreter oder mit dessen Zustimmung von einem Dritten überlassen worden sind.

Ausnahme: Verbieten Eltern den Kauf bestimmter Artikel, dürfen diese nicht erworben werden, auch wenn dafür das eigentlich zur freien Verfügung gestellte Geld verwendet werden sollte.

Generell darf zur freien Verfügung gestelltes Geld auch für größere Anschaffungen angespart werden, allerdings nur in einem vernünftigen Rahmen. Was vernünftig ist, hängt allerdings vom Einzelfall ab.

Darüber hinaus ist bei bestimmten Verträgen, wie z.B. Ratenkaufverträge oder Handy-Abonnements, immer die Zustimmung der gesetzlichen Vertreter notwendig.

Rechtsgeschäfte hingegen, die dem Minderjährigen nur rechtliche Vorteile bringen, sind ohne Einwilligung seines gesetzlichen Vertreters voll wirksam.

Ein rechtlicher Vorteil liegt dann vor, wenn der Minderjährige durch einen Vertrag zu nichts verpflichtet wird. Ein Beispiel hierfür sind Geschenke ohne Gegenleistung. Gegenseitige Verträge, bei denen beide Seiten etwas erbringen müssen, bringen nie nur einen rechtlichen Vorteil, auch wenn sie wirtschaftlich gesehen unter Umständen sehr vorteilhaft sein mögen.

Bisweilen ist es nötig, einem Minderjährigen eine größere Selbstständigkeit einzuräumen. Wurde der beschränkt Geschäftsfähige vom gesetzlichen Vertreter ermächtigt, ein Erwerbsgeschäft zu betreiben, (hierzu ist allerdings eine Genehmigung des Familiengerichts nötig), so ist er bezüglich der Rechtsgeschäfte, die mit dem Erwerbsgeschäft zusammenhängen, unbeschränkt geschäftsfähig (§§ 112 f. BGB). Allerdings muss in solchen Fällen zusätzlich die Genehmigung des Familiengerichts eingeholt werden. Beispiel: Ein Vater überträgt wegen Krankheit sein Geschäft auf seinen minderjährigen Sohn.

Ermächtigen die gesetzlichen Vertreter den Minderjährigen, ein Arbeits- oder Ausbildungs-verhältnis einzugehen, so ist der Minderjährige für diejenigen Rechtsgeschäfte unbeschränkt geschäftsfähig, die unmittelbar mit dem Arbeits- oder Ausbildungsverhältnis in Verbindung stehen. Beispiele: Ein Girokonto bei einer Bank einrichten, Sicherheits-kleidung kaufen oder den Arbeitsvertrag kündigen (um ein gleichartiges Arbeitsverhältnis einzugehen). Ihren Ausbildungsvertrag können minderjährige Auszubildende jedoch nur mit Einwilligung ihres gesetzlichen Vertreters kündigen (§§ 107, 108 BGB).

Info 2: Schaubild Geschäftsfähigkeit

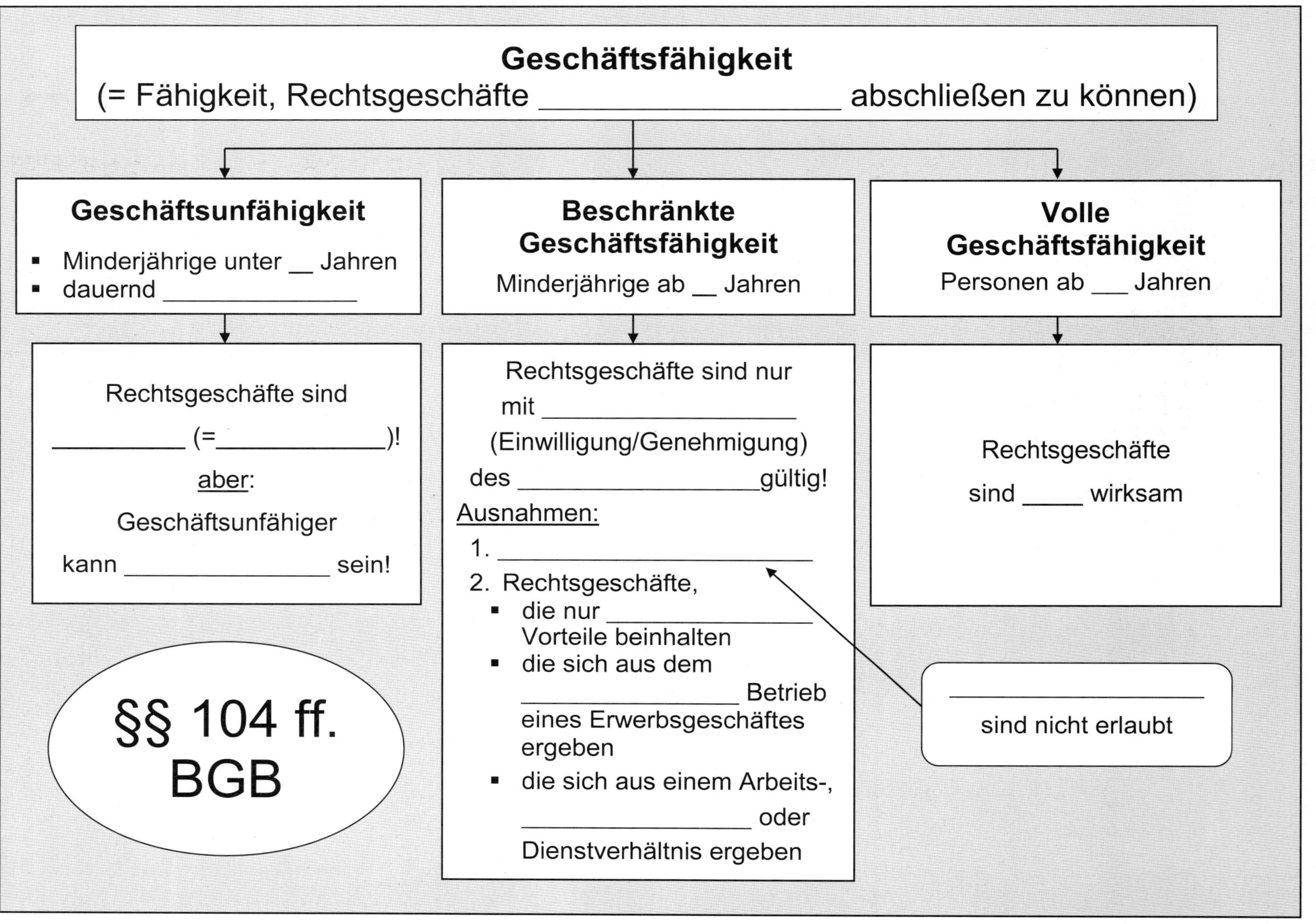

13 Schmidthausen ISBN: 978-3-8120-1024-5

 Lernsituation:

Auf der Suche nach einem Cabrio für die Sommermonate wird Felix Burger auf einem Internetportal fündig. Für 18.000,00 € kauft er von Nils Schröder einen gebrauchten Mini Cooper. Der hatte den fabrikneuen Wagen vor drei Jahren beim örtlichen BMW-Händler erstanden und sah sich nun gezwungen das Cabrio zu verkaufen, da er und seine Frau Nachwuchs erwarten. Im Kaufvertrag sichert Nils Schröder ausdrücklich zu, dass der Wagen unfallfrei ist. Bei 
der jährlichen Inspektion einige Monate später stellt die Fachwerkstatt fest, dass das Cabrio einen schweren Unfallschaden hatte, der zudem nicht fachmännisch repariert worden ist. Der Kostenvoranschlag beläuft sich auf 3.000,00 €. Völlig außer sich, stellt Felix Burger Nils Schröder telefonisch zur Rede. Dieser zeigt sich wenig einsichtig: „Vertrag ist Vertrag", sagt er und legt auf. Felix Burger will die Sache nicht auf sich beruhen lassen und kontaktiert seinen Anwalt.

Arbeitsaufträge:

1. Klären Sie die Rechtslage im obigen Fall. Begründen Sie, ob Felix Burger etwas gegen den Verkäufer Nils Schröder unternehmen kann.

Der Kaufvertrag bzgl. des gebrauchten Mini Cooper Cabrio ist …		
gültig ☐	**nichtig** ☐	**anfechtbar** ☐
<u>Begründung</u>		

Weitere Fälle:

a. Der Privatmann Frank Dillinger gewährt dem Hotelbesitzer Fritz Geiger, dem nach einer sehr schlechten Saison das Wasser bis zum Hals steht, ein Darlehen in Höhe von 10.000,00 €. Geiger verpflichtet sich, nach einem halben Jahr 30.000,00 € zurückzuzahlen. Prüfen Sie das vorliegende Rechtsgeschäft.

____

____

____

____

b. Der Restaurantbetreiber Enrico Materazzi beabsichtigt, sein Restaurant um ein Hotel zu erweitern. Zu diesem Zweck bittet er seinen Nachbarn Frank Gillich, ihm das angrenzende Grundstück zu verkaufen. Bei einer Tasse Kaffee werden sich die beiden über den Verkaufspreis in Höhe von 100.000,00 € einig. Die Vereinbarung wird in

Gegenwart des Bürgermeisters per Handschlag besiegelt. Parmasotti beauftragt den Architekten Baumann, mit der Planung für den Anbau zu beginnen. Zwei Wochen später erfährt Parmasotti vom Gemeinderat Berger, dass ein Hamburger Kaufmann das Grundstück gekauft hat. Gemäß notariell beurkundetem Kaufvertrag hat das Grundstück für 120.000,00 € den Eigentümer gewechselt. Enrico Materazzi ist außer sich und erwägt rechtliche Schritte. Klären Sie die Rechtslage.

____

____

____

c. Frank Gillich hat mit dem Hamburger Kaufmann vereinbart, dass dieser für das Grundstück 150.000,00 € zu zahlen habe, jedoch im notariellen Kaufvertrag nur 120.000,00 € angegeben werden sollen, um Grunderwerbssteuern zu sparen. Nach Abschluss des notariellen Kaufvertrags und Eintragung ins Grundbuch verlangt Gillich von dem Kaufmann die Zahlung in Höhe von 150.000,00 €. Der Hamburger Kaufmann weigert sich und verweist auf den notariellen Kaufvertrag. Prüfen Sie die Rechtslage.

____

____

____

____

____

____

d. Steuerberaterin Leyla Tarik erhält von der EGS-GmbH auf Anfrage ein Angebot über einen hochwertigen Bürostuhl zum Preis von 199,99 €. Frau Tarik ist hocherfreut über den außerordentlich günstigen Preis und bestellt umgehend. Einen Tag später teilt ihr die EGS-GmbH telefonisch mit, dass sich bei dem Preis ein Tippfehler eingeschlichen habe. Tatsächlich soll der Bürostuhl 1.999,99 € kosten. Nichts da, meint Frau Tarik: „Vertrag ist Vertrag". Klären Sie die Rechtslage.

____

____

____

____

e. Die Berger GmbH bestellt aufgrund eines verbindlichen Angebots der Holz Becker KG 500 Arbeitsplatten zu deren Konditionen. Die Lieferung erfolgte pünktlich zum vereinbarten Zeitpunkt. Im Rahmen der Wareneingangskontrolle wurden allerdings bei einigen Arbeitsplatten erhebliche Mängel festgestellt. Die Berger GmbH beabsichtigt, den Kaufvertrag für ungültig erklären zu lassen. Klären Sie die Rechtslage.

____

____

____

____

f. Die 17-jährige Julia Schäfer darf über ihr Taschengeld von monatlich 70,00 € frei verfügen. Einen Teil ihres Taschengeldes spart sie regelmäßig an, um auch mal hochwertigere Dinge kaufen zu können. Die neue Lederjacke, die Julia gekauft hat, gefällt ihrer Mutter aber gar nicht. Julia soll sie bitteschön zurückbringen. Julia weigert sich. Klären Sie die Rechtslage.

g. Der Außendienstmitarbeiter der BüroTec GmbH Mike Franzen bestellt im Restaurant „Zur Linde" für sich und seinen Kollegen 100 Grillteller, um damit scherzhaft seinen Bärenhunger zu umschreiben. Als der Kellner Felix Meier tatsächlich damit beginnt, dutzende Grillteller aufzutischen, schaut Mike ziemlich dumm aus der Wäsche. „So habe ich das doch nicht gemeint!", ruft er dem Kellner zu. Klären Sie die Rechtslage.

h. Peter Bauer, ein erfolgreicher Modefotograf, beauftragt seinen Auszubildenden Heinrich Hibbelig damit, in einem Fotofachgeschäft eine Canon-Kamera vom Typ Powershot G5X zu erstehen. Als die Schlafmütze Heinrich zurückkommt, hält er eine Canon vom Typ Powershot G9X in den Händen. Peter Bauer möchte die Kamera beim Händler Gerd Ruge gegen die Powershot G5X tauschen. Der Händler weigert sich, da er fürchtet das Auslaufmodell nicht mehr anderweitig verkaufen zu können. Klären Sie die Rechtslage.

i. Nach einer heißen Diskussion über die zunehmende Umweltzerstörung entschließt sich der mittlerweile völlig betrunkene Klaus Ohnesorg dazu, seinen Beitrag zur Rettung der Umwelt zu leisten und schenkt dem völlig verdatterten, aber dennoch hocherfreuten, Diskussionsteilnehmer Peter Winzig seinen nagelneuen Mercedes. Am nächsten Morgen ruft Klaus Ohnesorg Peter Winzig an und fordert die Herausgabe des Mercedes. Peter Winzig weigert sich. Klären Sie die Rechtslage.

j. Horst Thanner, Tankstellenpächter, verkauft dem 17-jährigen Dennis Nolte eine Flasche hochprozentigen Wodka.

   a. Entscheiden Sie, gegen welches Gesetz Horst Thanner in diesem Fall verstoßen hat.

   b. Prüfen Sie, ob der Kaufvertrag wirksam ist.

k. Der Elektronikhändler Kölfen verkauft dem 6-jährigen Leon ein neues, brandaktuelles Gameboy-Spiel für 32,50 €. Leons Eltern sind damit überhaupt nicht einverstanden und bringen das Spiel zurück. Der Elektronikhändler weigert sich, den vollen Kaufpreis zu erstatten, da das Spiel ja nun gebraucht sei. Klären Sie die Rechtslage.

l. Frauke Gruber kauft bei ihrer Bank 20 BMW-Aktien zum Kurs von 210,00 € in der Erwartung, dass der Kurs der Aktien weiterhin steigt. Sie will die Papiere dann später gewinnbringend verkaufen. Vier Wochen nach dem Kauf stehen die Aktien nur noch auf 195,00 €. Missmutig begibt sich Frauke Gruber zu ihrer Bank, um den Wertpapierkauf rückgängig zu machen. Als Begründung führt sie an, dass sie sich über die Kursentwicklung geirrt habe. Sie möchte die Aktien wieder zum Kauf von 210,00 € an die Bank zurückgeben. Der Bankmitarbeiter lehnt freundlich, aber bestimmt ab. Klären Sie die Rechtslage.

m. Der katholische Kindergarten St. Peter hat vor einigen Wochen Frau Sarah Grothe als Erzieherin eingestellt. Nun ist bekannt geworden, dass Frau Grothe seit Jahren einer Sekte angehört, deren Leitlinien sich im krassen Widerspruch zur christlichen Lehre befinden. Die Kindergartenleiterin beabsichtigt, den Arbeitsvertrag anzufechten. Prüfen Sie, ob sie Aussicht auf Erfolg hat.

n. Vervollständigen Sie die Übersicht (Info 2) zum Thema nichtige und anfechtbare Rechtsgeschäfte.

Info 1: Informationsbroschüre der Kanzlei Berger & Partner

Nichtige und anfechtbare Rechtsgeschäfte

Erläuterungen und Auszüge aus dem BGB

Berger & Partner
Rechtsanwälte

Arbeitsrecht
Wirtschaftsrecht
Gesellschaftsrecht

Rechtsgeschäfte können von vorneherein nichtig, also ungültig oder aber anfechtbar sein. Anfechtbar heißt, Rechtsgeschäfte sind so lange gültig, bis sie erfolgreich angefochten wurden und damit im Nachhinein ungültig werden. Liegt ein Anfechtungsgrund vor, hat dies also nicht automatisch zur Folge, dass das Rechtgeschäft ungültig ist, vielmehr muss das Rechtsgeschäft vor Gericht angefochten werden. Darüber hinaus sind, je nach Anfechtungsgrund, verschiedene Anfechtungsfristen zu beachten.

Fortsetzung

Auszug aus dem BGB

§ 105 [Nichtigkeit der Willenserklärung]
(1) Die Willenserklärung eines Geschäftsunfähigen ist nichtig.
(2) Nichtig ist auch eine Willenserklärung, die im Zustand der Bewusstlosigkeit oder vorübergehender Störung der Geistestätigkeit abgegeben wird.

§ 108 [Vertragsabschluss ohne Einwilligung]
(1) Schließt der Minderjährige einen Vertrag ohne die erforderliche Einwilligung des gesetzlichen Vertreters, so hängt die Wirksamkeit des Vertrags von der Genehmigung des Vertreters ab. [...]

§ 117 [Scheingeschäft]
(1) Wird eine Willenserklärung, die einem anderen gegenüber abzugeben ist, mit dessen Einverständnis nur zum Schein abgegeben, so ist sie nichtig. [...]

§ 118 [Mangel der Ernstlichkeit]
Eine nicht ernstgemeinte Willenserklärung, die in der Erwartung abgegeben wird, der Mangel der Ernstlichkeit werde nicht verkannt werden, ist nichtig.

§ 119 [Anfechtbarkeit wegen Irrtums]
(1) Wer bei der Abgabe einer Willenserklärung über deren Inhalt im Irrtum war oder eine Erklärung dieses Inhalts überhaupt nicht abgeben wollte, kann die Erklärung anfechten, wenn anzunehmen ist, dass er sie bei Kenntnis der Sachlage [...] nicht abgegeben haben würde.
(2) Als Irrtum über den Inhalt der Erklärung gilt auch der Irrtum über solche Eigenschaften der Person oder der Sache, die im Verkehr als wesentlich angesehen werden.
(**Anmerkung Berger & Partner:** Ist eine Willenserklärung nach § 118 nichtig oder aufgrund der §§ 119, 120 BGB anfechtbar, so hat der Antragsteller dem anderen den Schaden zu ersetzen, den der andere dadurch erleidet, dass dieser auf die Gültigkeit des Vertrages vertraut hat.)

§ 120 [Anfechtbarkeit wegen falscher Übermittlung]
Eine Willenserklärung, welche durch die zur Übermittlung verwendete Person oder Anstalt unrichtig übermittelt worden ist, kann unter der gleichen Voraussetzung angefochten werden wie nach § 119 eine irrtümlich abgegebene Willenserklärung.

§ 121 [Anfechtungsfrist]
1) Die Anfechtung muss in den Fällen der §§ 119, 120 ohne schuldhaftes Zögern (unverzüglich) erfolgen, nachdem der Anfechtungsberechtigte von dem Anfechtungsgrund Kenntnis erlangt hat. [...]

§ 123 [Anfechtung wegen Täuschung oder Drohung]
(1) Wer zur Abgabe einer Willenserklärung durch arglistige Täuschung oder widerrechtlich durch Drohung bestimmt worden ist, kann die Erklärung anfechten.
(2) Hat ein Dritter die Täuschung verübt, so ist eine Erklärung, die einem anderen gegenüber abzugeben war, nur dann anfechtbar, wenn dieser die Täuschung kannte oder kennen musste. [...]

§ 124 [Anfechtungsfrist]
(1) Die Anfechtung einer nach § 123 anfechtbaren Willenserklärung kann nur binnen Jahresfrist erfolgen.
(2) Die Frist beginnt im Falle der arglistigen Täuschung mit dem Zeitpunkt, in welchem der Anfechtungsberechtigte die Täuschung entdeckt, im Falle der Drohung mit dem Zeitpunkt, in welchem die Zwangslage aufhört. [...]

§ 125 [Nichtigkeit wegen Formmangels]
Ein Rechtsgeschäft, welches der durch Gesetz vorgeschriebenen Form ermangelt, ist nichtig. [...]

§ 134 [Gesetzliches Verbot]
Ein Rechtsgeschäft, das gegen ein gesetzliches Verbot verstößt, ist nichtig, wenn sich nicht aus dem Gesetz ein anderes ergibt.

§ 138 [Sittenwidriges Rechtsgeschäft; Wucher]
(1) Ein Rechtsgeschäft, das gegen die guten Sitten verstößt, ist nichtig.
(2) Nichtig ist insbesondere ein Rechtsgeschäft, durch das jemand unter Ausbeutung der Zwangslage, der Unerfahrenheit, des Mangels an Urteilsvermögen oder der erheblichen Willensschwäche eines anderen sich oder einem Dritten für eine Leistung Vermögensvorteile versprechen oder gewähren lässt, die in einem auffälligen Missverhältnis zu der Leistung stehen.

Info 2: Schaubild „Nichtige & anfechtbare Rechtsgeschäfte"

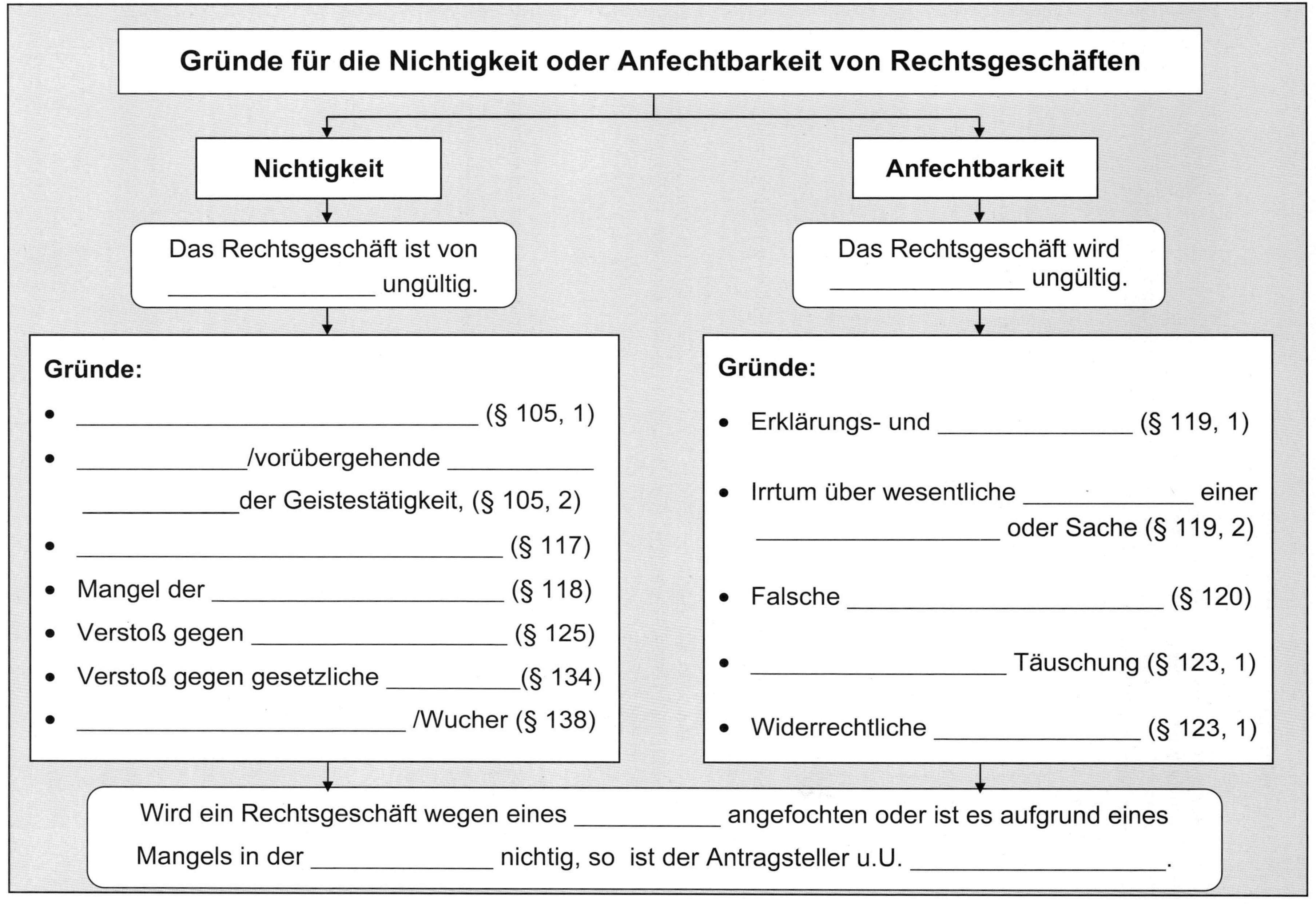

Vertragsarten bestimmen

Wirtschafts- und Sozialprozesse

 **Lernsituation:**

Tobias Freitag veranstaltet anlässlich seines zwanzigsten Geburtstags eine sonntägliche Gartenparty. Keine halbe Stunde bevor die Party steigen soll stellt er fest, dass ihm die Grillkohle ausgegangen ist. Tobias Nerven liegen blank. Glücklicherweise ist Tobias Nachbar Kai Schulze bereit ihm mit einem 5-kg-Sack Grillkohle auszuhelfen. „Kein Problem, Tobias. Bring mir einfach nächste Woche neue Grillkohle vorbei. Ein saftiges Steak möchte ich aber natürlich heute schon haben." Tobias fällt ein Stein vom Herzen.

Arbeitsaufträge:

1. Entscheiden Sie, welcher Vertrag gemäß Info 1 zwischen Tobias Freitag und Kai Schulze zustande gekommen ist.

Vertragsart		Paragraf	

2. Stellen Sie fest, welche Vertragsarten in den folgenden Fällen zustande gekommen sind. Nutzen Sie hierzu Info 1.

   a. Ein Firmenwagen der BüroTec GmbH hat einen Getriebeschaden und muss in einer Fachwerkstatt repariert werden. Der Schaden beläuft sich auf 1.500,00 €. Drei Tage später ist der Schaden behoben und das Fahrzeug kann abgeholt werden.

Vertragsart		Paragraf	

   b. Vanessa Heinemann gibt anlässlich ihrer Hochzeit mit Nico Bensberg bei ihrer Schneiderin Pia Mahlberg eine Hochzeitskleid im Wert von 1.500,00 € in Auftrag. Den hierfür nötigen Stoff hat Vanessa von einer Reise nach China mitgebracht.

Vertragsart		Paragraf	

   c. Um welche Vertragsart würde es sich handeln, wenn der für das Hochzeitskleid benötigte Stoff von der Schneiderin Pia Mahlberg beschafft würde?

Vertragsart		Paragraf	

   d. Samstagnachmittag besucht Manuel König mit seinem Freund Tim Förster das Bundesligaspiel Borussia Mönchengladbach gegen Bayern München. In der Pause merkt Tim, dass er seinen Geldbeutel zu Hause vergessen hat. „Kannst du mir 10,00 € für eine Wurst und eine Cola leihen?", fragt er Manuel. „Kein Problem, du kannst mir das Geld ja nächste Woche zurückgeben", antwortet sein Freund.

Vertragsart		Paragraf	

e. Marvin Jahnke ist seit Jahren Mitglied in der Maximum Videothek GmbH in Hamburg. Jeden Samstag leiht er sich zusammen mit seiner Freundin Kerstin 2 DVDs und ein Xbox-Spiel aus. Wenn er die Filme und das Spiel Montag zurückbringt, muss er 12,00 € bezahlen.

Vertragsart		Paragraf	

f. Die BüroTec GmbH beabsichtigt ein Verkaufsbüro in Dresden zu eröffnen. Zwei Objekte stehen zur Auswahl.

Objekt 1: hochwertige Bürofläche, leer, 40 qm, monatliche Kosten 1.200,00 €.

Objekt 2: eingerichtete Geschäftsräume (Büromöbel, Kopiergerät, Telefon- und Faxanlage, Espressomaschine), 50 qm, monatliche Kosten 1.800,00 €.

Vertragsart Objekt 1		Paragraf	
Vertragsart Objekt 2		Paragraf	

g. Maik Kunze borgt sich von seinem Freund Julien Kaiser für ein Wochenende die Herr der Ringe Trilogie auf Blue Ray aus. Am Montag will er die Filme wieder zurückgeben.

Vertragsart		Paragraf	

h. Die BüroTec GmbH beschafft bei ihrem Holzhändler, der Holz Becker OHG, 200 unbehandelte Standardholzplatten im Wert von insgesamt 1.800,00 €.

Vertragsart		Paragraf	

i. Lisa Kuhn, 20-jährige Auszubildende zur Industriekauffrau, hat in einem halben Jahr ihre IHK-Abschlussprüfung. Da ihre Berufsschulnoten in den Fächern Geschäftsprozesse und Steuerung & Kontrolle alles andere als gut sind, macht sie sich große Sorgen die Abschlussprüfung zu bestehen. Sie beschließt, mit finanzieller Unterstützung ihrer Eltern einen Nachhilfelehrer zu engagieren. Bei der Vertragsgestaltung stehen 2 Varianten zur Verfügung.

Variante 1: 90 Minuten Nachhilfeunterricht pro Woche an insgesamt 20 Tagen, Vergütung: 30,00 € je Doppelstunde.

Variante 2: 90 Minuten Nachhilfeunterricht pro Woche an insgesamt 20 Tagen, Vergütung: Erfolgshonorar in Höhe von 1.000,00 €.

Vertragsart Variante 1		Paragraf	
Vertragsart Variante 2		Paragraf	

14 Schmidthausen ISBN: 978-3-8120-1024-5

j. Lena Schulte, 24-jährige Auszubildende bei der BüroTec GmbH, hat erfolgreich ihre Prüfung zur Industriekauffrau absolviert. Ab morgen soll sie als Personalsachbearbeiterin in der Lohn- und Gehaltsabrechnung eingesetzt werden.

Vertragsart		Paragraf	

k. Um im Lager für fertige Erzeugnisse die Versandaufträge schneller abarbeiten zu können, sollen neue Gabelstapler angeschafft werden. Nach Prüfung verschiedener Angebote bestellt man entsprechende Fahrzeuge bei der Hohlberg AG im Wert von insgesamt 160.000,00 €. Die Gabelstapler sollen in Gänze über die Hausbank der BüroTec GmbH finanziert werden. Bei einer Laufzeit von 5 Jahren beträgt der Zinssatz 3,5 % p.a.

Vertragsart 1		Paragraf	
Vertragsart 2		Paragraf	

l. Die Eltern des 17-jährigen David laden ihren Sohn zu seinem 18. Geburtstag zu einer Wohnmobiltour durch den Westen der USA ein. David ist begeistert.

Vertragsart		Paragraf	

3. Heinz Müller gehen die Grillpartys seines Nachbarn Frank Schilling gehörig auf die Nerven. Sich völlig im Recht fühlend beauftragt er die Rechtsanwältin Anke Merburger damit, ihn bei einer Unterlassungsklage gegen seinen Nachbarn zu vertreten. Im Prozess fällt das Urteil des Richters allerdings zugunsten seines Nachbarn Frank Schilling aus. Heinz Müller ist bedient. Eine Woche später erhält er von seiner Anwältin die Honorarabrechnung in Höhe von 2.000,00 €. „Das gibt's doch gar nicht", denkt Heinz Müller. „Erst den Prozess verlieren und dann noch Geld verlangen. Das kann sich diese Frau Merburger abschminken!" Prüfen Sie, ob Herr Müller im Recht ist.

4. Um im französischsprachigen Raum ihre Produkte besser absetzen zu können, soll die unternehmenseigene Website der BüroTec GmbH zukünftig auch in französischer Sprache verfügbar sein. Aus diesem Grund beauftragt die BüroTec GmbH das Übersetzungsbüro Heinemann GmbH damit, die nötigen Fachübersetzungen vorzunehmen. Ende Januar geht die französische Seite online. Wie sich durch eine E-Mail eines französischen Geschäftsfreundes herausstellt, ist die Übersetzung jedoch voller Fehler. Die BüroTec GmbH fordert unverzügliche Nachbesserung. Das Übersetzungsbüro lehnt ab. Man habe derzeit zu viel zu tun. Klären Sie die Rechtslage.

Info 1: Informationsbroschüre der Kanzlei Berger & Partner

Wichtige Vertragsarten

Auszug aus dem BGB

Berger & Partner

Rechtsanwälte

Arbeitsrecht
Wirtschaftsrecht
Gesellschaftsrecht

§ 433 Vertragstypische Pflichten beim Kaufvertrag
(1) Durch den Kaufvertrag wird der Verkäufer einer Sache verpflichtet, dem Käufer die Sache zu übergeben und das Eigentum an der Sache zu verschaffen. Der Verkäufer hat dem Käufer die Sache frei von Sach- und Rechtsmängeln zu verschaffen.
(2) Der Käufer ist verpflichtet, dem Verkäufer den vereinbarten Kaufpreis zu zahlen und die gekaufte Sache abzunehmen.

§ 488 Vertragstypische Pflichten beim Darlehensvertrag
(1) Durch den Darlehensvertrag wird der Darlehensgeber verpflichtet, dem Darlehensnehmer einen Geldbetrag in der vereinbarten Höhe zur Verfügung zu stellen. Der Darlehensnehmer ist verpflichtet, einen geschuldeten Zins zu zahlen und bei Fälligkeit das zur Verfügung gestellte Darlehen zurückzuzahlen. [...]

§ 516 Begriff der Schenkung
(1) Eine Zuwendung, durch die jemand aus seinem Vermögen einen anderen bereichert, ist Schenkung, wenn beide Teile darüber einig sind, dass die Zuwendung unentgeltlich erfolgt. [...]

§ 535 Inhalt und Hauptpflichten des Mietvertrags
(1) Durch den Mietvertrag wird der Vermieter verpflichtet, dem Mieter den Gebrauch der Mietsache während der Mietzeit zu gewähren. Der Vermieter hat die Mietsache dem Mieter in einem zum vertragsgemäßen Gebrauch geeigneten Zustand zu überlassen und sie während der Mietzeit in diesem Zustand zu erhalten. Er hat die auf der Mietsache ruhenden Lasten zu tragen.
(2) Der Mieter ist verpflichtet, dem Vermieter die vereinbarte Miete zu entrichten.

§ 581 Vertragstypische Pflichten beim Pachtvertrag
(1) Durch den Pachtvertrag wird der Verpächter verpflichtet, dem Pächter den Gebrauch des verpachteten Gegenstands und den Genuss der Früchte, soweit sie nach den Regeln einer ordnungsmäßigen Wirtschaft als Ertrag anzusehen sind, während der Pachtzeit zu gewähren. Der Pächter ist verpflichtet, dem Verpächter die vereinbarte Pacht zu entrichten. [...]

§ 598 Vertragstypische Pflichten bei der Leihe
Durch den Leihvertrag wird der Verleiher einer Sache verpflichtet, dem Entleiher den Gebrauch der Sache unentgeltlich zu gestatten.

§ 607 Vertragstypische Pflichten beim Sachdarlehensvertrag
(1) Durch den Sachdarlehensvertrag wird der Darlehensgeber verpflichtet, dem Darlehensnehmer eine vereinbarte vertretbare Sache zu überlassen. Der Darlehensnehmer ist zur Zahlung eines Darlehensentgelts und bei Fälligkeit zur Rückerstattung von Sachen gleicher Art, Güte und Menge verpflichtet. [...]

§ 611 Vertragstypische Pflichten beim Dienstvertrag
(1) Durch den Dienstvertrag wird derjenige, welcher Dienste zusagt, zur Leistung der versprochenen Dienste, der andere Teil zur Gewährung der vereinbarten Vergütung verpflichtet.
(2) Gegenstand des Dienstvertrags können Dienste jeder Art sein.

§ 631 Vertragstypische Pflichten beim Werkvertrag
(1) Durch den Werkvertrag wird der Unternehmer zur Herstellung des versprochenen Werkes, der Besteller zur Entrichtung der vereinbarten Vergütung verpflichtet.
(2) Gegenstand des Werkvertrags kann sowohl die Herstellung oder Veränderung einer Sache als auch ein anderer durch Arbeit oder Dienstleistung herbeizuführender Erfolg sein.

 **Lernsituation:**

Die BüroTec GmbH plant den Bau eines Auslieferungslagers in Dresden, um den ostdeutschen Markt schneller beliefern zu können. Aus diesem Grund erwirbt Herr Mischke, kaufmännischer Leiter und Prokurist der BüroTec GmbH, ein geeignetes Grundstück mit guter Verkehrsanbindung im Wert von 800.000,00 €. Eine Woche später trifft sich Herr Mischke mit Frau Peters, Mitgesellschafterin und Mitglied der Geschäftsführung. 

Frau Peters:	Guten Morgen, Herr Mischke. Ich wollte mit Ihnen über das geplante Auslieferungslager in Dresden sprechen. Ich glaube, unser technischer Leiter, Herr Schirmer, und ich haben ein passendes Objekt gefunden.
Herr Mischke:	Das hat sich schon erledigt, Frau Peters.
Frau Peters:	Erledigt? Wie meinen Sie das?
Herr Mischke:	Nun, ich habe letzte Woche ein geeignetes Grundstück für unser Unternehmen erworben. Wir können mit der Planung der Lagerhalle beginnen.
Frau Peters:	Aber, Herr Mischke! Das geht doch nicht, wir wollten die Entscheidung über den Lagerstandort doch gemeinsam treffen.
Herr Mischke:	Da haben wir uns wohl missverstanden, Frau Peters. Aber Sie werden sehen, das Grundstück ist für unsere Zwecke wirklich gut geeignet.
Frau Peters:	Darum geht es doch gar nicht. Sie haben Ihre Kompetenzen eindeutig überschritten. Das wird Konsequenzen haben!

 **Arbeitsaufträge:**

1. Beurteilen Sie unter Zuhilfenahme von Info 1 und 3, ob Herr Mischke seine Kompetenzen durch den Grundstückskauf überschritten hat.

2. Frau Peters und ihre Mitgesellschafter sind über das eigenmächtige Vorgehen von Herrn Mischke sehr verärgert. In einem Schreiben teilen sie ihm mit, dass die Prokura mit sofortiger Wirkung aberkannt wird. Herr Mischke ist damit nicht einverstanden und erwägt rechtliche Schritte. Klären Sie die Rechtslage.

3. Beschreiben Sie, was die Geschäftsführung der BüroTec GmbH im nächsten Schritt veranlassen muss, damit die Aberkennung der Prokura auch im Außenverhältnis rechtskräftig wird.

Weitere Fälle/Aufgaben

4. Bodo Schramm ist Prokurist der Pro Cycle OHG, einem Unternehmen der Fahrradbranche, das sich auf die Herstellung von E-Bikes spezialisiert hat. Nach dem Besuch einer Sportmesse beschließt er, das Absatzprogramm der Pro Cycle OHG um Krafttrainingsgeräte für Fitnessstudios zu erweitern. Da der Maschinenpark der Pro Cycle OHG für die Produktion der Fitnessgeräte nicht geeignet ist, bestellt er bei der Falke AG hierfür geeignete Spezialmaschinen im Wert von 1.200.000,00 €, die vier Wochen später geliefert werden. Als Bodo Schramm kurze Zeit später den Geschäftsführern der Pro Cycle OHG von seinem Vorhaben berichtet, reagieren diese mehr als ablehnend: „Was haben Sie sich denn dabei gedacht, Herr Schramm? Wir sind ein Unternehmen der Fahrradbranche. Was haben wir mit Fitnessgeräten zu tun? Entscheidungen mit einer derartigen Tragweite sind allein uns vorbehalten. Machen Sie den Kauf der Maschinen unverzüglich rückgängig."

4.1 Klären Sie mithilfe von Info 2 und 3, ob Herr Schramm seine Befugnisse im obigen Fall überschritten hat.

4.2 Prüfen Sie, ob in diesem Fall ein rechtskräftiger Kaufvertrag zwischen der Pro Cycle GmbH und der Falke AG zustande gekommen ist.

4.3 Aufgrund der derzeit guten Auftragslage ist die Falke AG auf Bitten der Pro Cycle OHG bereit, die Maschinen zurückzunehmen. Sie fordert allerdings einen Schadensersatz in Höhe von 5.000,00 €. Die Pro Cycle OHG akzeptiert. Begründen Sie, wer den Schaden letztlich tragen muss.

4.4 Nehmen Sie an, Bodo Schramm wäre nicht Prokura, sondern eine Generalhandlungsvollmacht ohne Einschränkungen erteilt worden. Beurteilen Sie, ob er in diesem Fall das Absatzprogramm um Fitnessgeräte hätte erweitern dürfen.

5. Die BüroTec GmbH beschäftigt sowohl Mitarbeiter, die zu Prokuristen ernannt wurden als auch Mitarbeiter, denen eine allgemeine Handlungsvollmacht erteilt wurde. Klären Sie in den folgenden Fällen, welche Handlungen dem Prokuristen und dem Handlungsbevollmächtigten nach den gesetzlichen Bestimmungen erlaubt bzw. nicht erlaubt sind.

Spalte A: Prokura   1 = erlaubt / 2 = nicht erlaubt / 3 = mit Sondervollmacht erlaubt
Spalte B: Allgemeine Handlungsvollmacht   1 = erlaubt / 2 = nicht erlaubt / 3 = mit Sondervollmacht erlaubt

		A	B
A	Material für die Fertigung einkaufen		
B	Absatzprogramm um Konferenzmöbel erweitern		
C	Grundstücke kaufen		
D	Absatzprogramm um Elektronikartikel, wie TV-Geräte oder Blue-Ray-Player, erweitern		
E	Grundstücke verkaufen oder belasten		
F	Prokura erteilen		
G	Mitarbeiter einstellen oder entlassen		
H	Kredite aufnehmen		
I	Eintragungen im Handelsregister vornehmen		

6. Entscheiden Sie, ob es sich im Folgenden um richtige oder falsche Aussagen handelt.

1 = richtig   9 = falsch

A	Die Prokura muss ins Handelsregister eingetragen werden, Handlungsvollmachten hingegen werden nicht ins Handelsregister eingetragen.	
B	Um Missverständnisse zu vermeiden, dürfen Vollmachten grundsätzlich nur schriftlich erteilt werden.	
C	Prokuristen unterschreiben ihre Geschäftsbriefe mit dem Zusatz ppa. oder pp., Mitarbeiter, denen Generalhandlungsvollmacht erteilt wurde, mit dem Zusatz i.V.	
D	Ein Mitarbeiter mit allgemeiner Handlungsvollmacht darf einem anderen Mitarbeiter ebenfalls die Generalhandlungsvollmacht erteilen.	
E	Die Artvollmacht gilt nur für eine bestimmte Art von Rechtsgeschäften, z.B. dem Verkauf der eigenen Erzeugnisse.	
F	Wurde einem Mitarbeiter eine Einzelvollmacht erteilt, dann gilt diese, bis sie widerrufen wird.	
G	Hat ein Mitarbeiter keine Vollmacht, ein Geschäft zu tätigen, so ist er unter Umständen schadensersatzpflichtig.	
H	Die beiden Begriffe Generalvollmacht und Generalhandlungsvollmacht haben die gleiche Bedeutung.	
I	Auch wenn einem Mitarbeiter für ein bestimmtes Rechtsgeschäft eine Einzelvollmacht erteilt wurde, muss bei Vertragsabschluss immer auch der Abteilungsleiter unterscheiben.	
J	Wird einem Mitarbeiter die Prokura aberkannt, so muss diese im Handelsregister gelöscht werden.	

Info 1: Schreiben an Herrn Mischke

BüroTec GmbH
Moers

Herrn Mischke
– im Hause –

Moers, den 20.10.2015

Erteilung der Prokura

Sehr geehrter Herr Mischke,

hierdurch erteilen wir Ihnen für unser Unternehmen BüroTec GmbH mit Wirkung zum 24.10.2015 Prokura.

Wir werden die Prokura am 23.10.2015 in das Handelsregister eintragen lassen. Bitte begeben Sie sich aus diesem Grund am 22.10.2015 um 9:00 Uhr zu unserem Notar, Herrn Schlegel, in Duisburg, um Ihre Unterschrift auf dem entsprechenden Antrag beglaubigen zu lassen.

Ab dem 24.10.2015 werden Sie für unsere Firma mit ppa. Frank Mischke zeichnen.

Bitte bestätigen Sie Ihr Einverständnis mit dieser Prokuraerteilung durch Gegenzeichnung der beigefügten Kopie dieses Schreibens.

Mit freundlichen Grüßen

BüroTec GmbH

Moritz Schmidt   *Michael Schneider*   *Petra Peters*

Moritz Schmidt   Michael Schneider   Petra Peters

<u>Einverständniserklärung</u>

Hierdurch erkläre ich mein Einverständnis mit vorgenannter Prokuraerteilung und bestätige, dass ich ab dem o. g. Datum für die o. g. Firma als Prokurist handeln und wie oben angegeben zeichnen werde.

Frank Mischke

Frank Mischke

Geschäftsführer:	**Handelsregister:**	**Kommunikation:**	**Bankverbindungen:**	**Finanzamt Moers**
Moritz Schmidt	Amtsgericht Moers	Telefon: 02841 283-0	Sparkasse Moers	Steuernummer:
Michael Schneider	HRB 4415	Telefax: 02841 283-1	IBAN: DE3535050000369990894	12287679943
Petra Peters		E-Mail: info@buerotec.de	BIC: WELADED1MOR	USt-Id-Nummer:
Sitz der Gesellschaft:				DE 811127386
Moers				

Info 2: Auszug aus einem Brief an Herrn Schramm

PRO CYCLE OHG
München

Herrn Schramm
– im Hause –

Düsseldorf, den 14.08.2016

Erteilung der Prokura

Sehr geehrter Herr Schramm,

hiermit erteilen wir Ihnen mit sofortiger Wirkung die Prokura für unser Unternehmen Pro Cycle OHG.

Folgende Geschäfte dürfen nur zusammen mit den Geschäftsführern getätigt werden:

a) Aufnahme von Darlehen ab einer Höhe von 500.000,00 €
b) Investitionen in Anlagen und Maschinen ab einem Betrag von 800.000,00 €
c) Kauf von Grundstücken ab einem Wert von 600.000,00 €.

Wir werden die Prokura in den nächsten Tagen im Handelsregister eintragen lassen. Bitte vereinbaren Sie mit unserem Notar Herrn Völler einen Termin, um Ihre Unterschrift auf dem entsprechenden Antrag beglaubigen zu lassen.

Ab sofort werden Sie für unser Unternehmen mit pp. Bodo Schramm zeichnen.

Bitte bestätigen Sie Ihr Einverständnis mit dieser Prokuraerteilung durch Gegenzeichnung der beigefügten Kopie.

Mit freundlichem Gruß

PRO CYCLE OHG

Bernd Lehner   *Heiko Kempe*

Bernd Lehner   Heiko Kempe

<u>Einverständniserklärung</u>

Hierdurch erkläre ich mein Einverständnis mit vorgenannter Prokuraerteilung und bestätige, dass ich ab dem o. g. Datum für das o. g. Unternehmen als Prokurist handeln und wie oben angegeben zeichnen werde.

Bodo Schramm

Bodo Schramm

Geschäftsführer:	Handelsregister:	Kommunikation:	Bankverbindungen:	Finanzamt München
Bernd Lehner	Amtsgericht München	Telefon: 089 623-0	Stadtsparkasse München	Steuernummer:
Heiko Kempe	HRA 3226	Telefax: 089 623-1	IBAN: DE45701500004567876523	64686724551
Sitz der Gesellschaft:		E-Mail: mail@procycle.de	BIC: SSKMDEMMXXX	USt-Id-Nummer:
München				DE789446932

Info 3: Informationsbroschüre der Kanzlei Berger & Partner

Prokura und andere Vollmachten
Auszüge aus dem HGB
und weitergehende Erläuterungen

Berger & Partner
Rechtsanwälte

Arbeitsrecht
Wirtschaftsrecht
Gesellschaftsrecht

Unter einer Vollmacht versteht man das Recht, in fremdem Namen gültige Rechtsgeschäfte, insbesondere Verträge abschließen zu dürfen. Im Handelsgesetzbuch (HGB) wird zwischen folgenden zwei Formen unterschieden:

- Prokura
- Handlungsvollmacht.

A: Prokura

Die Prokura ermächtigt, von einigen Ausnahmen abgesehen, zu einer umfassenden Vertretung in allen denkbaren Bereichen des Unternehmens. Sie ist nach außen erkennbar und hat eine erhebliche Erleichterung des Geschäftsverkehrs und eine erhöhte Rechtssicherheit zur Folge.

§ 48 HGB

(1) Die Prokura kann nur von dem Inhaber des Handelsgeschäfts oder seinem gesetzlichen Vertreter und nur mittels ausdrücklicher Erklärung erteilt werden. […]

§ 49 HGB

(1) Die Prokura ermächtigt zu allen Arten von gerichtlichen und außergerichtlichen Geschäften und Rechtshandlungen, die der Betrieb eines Handelsgewerbes mit sich bringt. (**Anmerkung Berger & Partner:** Die Prokura erstreckt sich also auf alle gewöhnlichen und außergewöhnlichen Geschäfte, unabhängig davon, ob sie gerichtlicher oder außergerichtlicher Natur sind. Nicht zulässig sind damit folgende, sogenannte grundlegenden Geschäfte, welche nur vom Geschäftsinhaber persönlich getätigt werden dürfen: Prokura erteilen, den Jahresabschluss unterzeichnen, Steuererklärungen unterschreiben, einen Insolvenzantrag stellen, das Handelsgeschäft verkaufen, die Firma ändern, neue Gesellschafter aufnehmen und Eintragungen im Handelsregister vornehmen lassen.)
(2) Zur Veräußerung und Belastung von Grundstücken ist der Prokurist nur ermächtigt, wenn ihm diese Befugnis besonders erteilt ist. (**Anmerkung Berger & Partner:** Diese Befugnis, man spricht auch von der sogenannten Grundstücksklausel, muss ebenfalls im Handelsregister eingetragen werden.)

§ 50 HGB

(1) Eine Beschränkung des Umfanges der Prokura ist Dritten gegenüber unwirksam. (**Anmerkung Berger & Partner:** Im Innenverhältnis ist eine Beschränkung möglich. Hält sich der Prokurist nicht an die getroffenen Vereinbarungen, so ist er gemäß § 280 BGB verpflichtet dem Geschäftsinhaber Schadensersatz zu leisten. Bei gravierenden Pflichtverletzungen kommt sogar eine Kündigung des Prokuristen in Betracht.)

§ 51 HGB

Der Prokurist hat in der Weise zu zeichnen, dass er der Firma seinen Namen mit einem die Prokura andeutenden Zusatz beifügt. (**Anmerkung Berger & Partner:** Z.B. ppa. oder pp. = per Prokura.)

§ 52 HGB

(1) Die Prokura ist (…) jederzeit widerruflich. (**Anmerkung Berger & Partner:** Die Prokura erlischt auch durch Auflösung des Dienstverhältnisses oder durch Auflösen des Unternehmens.)
(2) Die Prokura ist nicht übertragbar.
(3) Die Prokura erlischt nicht durch den Tod des Inhabers des Handelsgeschäfts

§ 53 HGB

1) Die Erteilung der Prokura ist von dem Inhaber des Handelsgeschäfts (**Anmerkung Berger & Partner:** mit deklaratorischer Wirkung) zur Eintragung in das Handelsregister anzumelden. […]
(2) Das Erlöschen der Prokura ist in gleicher Weise wie die Erteilung zur Eintragung anzumelden.

Grundsätzlich ist zwischen drei Arten der Prokura zu unterscheiden. Bei der Einzelprokura ist eine Person berechtigt, die Vollmacht allein in vollem Umfang wahrzunehmen. Wenn zwei oder mehrere Personen nur gemeinsam die Vollmacht ausüben dürfen, spricht man von Gesamtprokura. Ist die Vollmacht auf eine Filiale (Zweigniederlassung) beschränkt, spricht man von Filialprokura.

15 Schmidthausen ISBN: 978-3-8120-1024-5

Fortsetzung

B: Handlungsvollmacht

Handlungsvollmacht ist jede vom Geschäftsinhaber erteilte Vollmacht, die nicht Prokura ist. Sie ist die „kleine Schwester" der Prokura. Im Rahmen der Handlungsvollmacht ist zwischen folgenden Varianten zu unterscheiden:

- Allgemeine Handlungsvollmacht (Generalhandlungsvollmacht)[1]
- Artvollmacht (Teilvollmacht)
- Einzelvollmacht (Spezial- oder Sondervollmacht).

Die Allgemeine Handlungsvollmacht erstreckt sich auf alle Geschäfte und Rechtshandlungen, die der Betrieb des betreffenden Handelsgewerbes gewöhnlich mit sich bringt. Während die Prokura alle Rechtsgeschäfte und Rechtshandlungen umfasst, die der Betrieb eines – also irgendeines – Handelsgewerbes mit sich bringt, bezieht sich die Allgemeine Handlungsvollmacht nur auf Geschäfte, die für das konkrete Handelsgewerbe branchentypisch sind.

Darüber hinaus dürfen gemäß § 54 HGB Absatz 2 folgende Geschäfte nur mit einer Sondervollmacht getätigt werden: Verkaufen und Belasten von Grundstücken, Eingehen von Wechselverbindlichkeiten, Aufnahme von Darlehen und Führen eines Prozesses.

Die Artvollmacht erstreckt sich auf bestimmte regelmäßig anfallende Geschäfte, wie z.B. der Einkauf von Werkstoffen oder der Verkauf der eigenen Erzeugnisse.

Die Einzelvollmacht liegt vor, wenn ein Mitarbeiter zum Abschluss eines einzelnen (einmaligen) Rechtsgeschäfts bevollmächtigt wird. Ist das Rechtsgeschäft getätigt, erlischt die Vollmacht.

Folgende Ausführungen beziehen sich auf alle drei Handlungsvollmachten:

Die Handlungsvollmachten werden nicht ins Handelsregister eingetragen. Sie können schriftlich, mündlich oder stillschweigend durch Duldung erteilt werden. Um Missverständnisse zu vermeiden, ist die Schriftform sicher die empfehlenswerte Variante. Im Gegensatz zur Prokura, die nur durch den Geschäftsinhaber erteilt werden darf, kann jeder Bevollmächtigte im Rahmen seiner Vollmacht Untervollmachten einräumen.

Der Umfang der Handlungsvollmachten kann eingeschränkt werden. Wenn ein Vertragspartner die Beschränkung aber nicht kannte bzw. nicht kennen musste, ist der Vertrag gemäß § 54 HGB Absatz 3 gültig (Schutz des Dritten).

Mitarbeiter mit allgemeiner Handlungsvollmacht unterschreiben mit i.V. (in Vollmacht) während Mitarbeiter mit einer Artvollmacht oft mit i.V. oder i.A. (im Auftrag) unterschreiben. Mitarbeiter mit Einzelvollmacht unterschreiben hingegen i.d.R. mit dem Zusatz i.A.

Die Handlungsvollmacht erlischt aus den gleichen Gründen, die auch zur Aberkennung der Prokura führen.

Hat ein Mitarbeiter für ein Rechtsgeschäft, z.B. den Einkauf von Büromaterial keine Vollmacht, dann ist die Bestellung zusätzlich von einem Mitarbeiter zu unterschreiben, dem eine entsprechende Vollmacht erteilt wurde, z.B. dem Einkaufsabteilungsleiter.

Schließt ein Mitarbeiter ohne Vollmacht im Namen eines anderen, also im Namen des Geschäftsinhabers, einen Vertrag ab, so hängt die Wirksamkeit des Vertrages von dessen Genehmigung ab. Der Vertrag ist also zunächst „schwebend unwirksam". Der Geschäftsinhaber kann ihn im Nachhinein noch genehmigen. Verweigert er die Genehmigung, ist der Mitarbeiter verpflichtet den Kaufpreis aus eigener Tasche zu bezahlen. Hat der Mitarbeiter seine Befugnisse bewusst überschritten, drohen ihm arbeitsrechtliche Konsequenzen, insbesondere eine Abmahnung und – im Wiederholungsfall oder bei besonders schwerwiegenden Verstößen – auch eine Kündigung.

---

1 Die Generalhandlungsvollmacht ist von der Generalvollmacht zu unterscheiden. Die Generalvollmacht ist nicht gesetzlich geregelt, sie ermächtigt zur Vertretung des Geschäftsinhabers in mehr oder weniger allen Geschäften. Sie übertrifft in ihrem Umfang die Prokura. So kann der Generalbevollmächtigte den Jahresabschluss unterzeichnen, Prokura erteilen, Beantragungen von Handelsregistereintragungen vornehmen, Eide für den Kaufmann abgeben, Insolvenz beantragen, die Steuererklärung für den Geschäftsinhaber unterschreiben und auch Grundstücke belasten oder veräußern.

 **Lernsituation:**

Moritz Schmidt, gelernter Industriekaufmann, beabsichtigt, sich mit der Produktion von modernen Büromöbeln selbstständig zu machen. Aus diesem Grund hat er einen Termin mit Herrn Hirsch, dem Existenzgründungsberater bei der IHK Duisburg, vereinbart.

Herr Hirsch: Guten Morgen, Herr Schmidt. Nehmen Sie Platz. Den Businessplan, den Sie mir letzte Woche per E-Mail haben zukommen lassen, bin ich gründlich durchgegangen. Sowohl die Geschäftsidee als auch Ihre Vorstellungen zur Umsetzung haben mir gut gefallen. Ich denke, das Konzept ist tragfähig. Natürlich muss noch einiges geklärt werden. Haben Sie schon mit Ihrer Bank gesprochen?

Herr Schmidt: Nein, ich wollte zunächst Ihre Meinung hören. Ich habe aber für nächste Woche einen Termin vereinbart.

Herr Hirsch: Das ist gut. Die nächste Frage, die sich nun stellt, ist, ob Sie sich ins Handelsregister eintragen lassen möchten.

Herr Schmidt: Muss sich nicht jeder Kaufmann ins Handelsregister eintragen lassen?

Herr Hirsch: Nicht unbedingt. Das hängt von verschieden Faktoren ab. Schauen wir uns doch mal Ihren Businessplan an.

 **Arbeitsaufträge:**

1. Nennen Sie Vorteile und Nachteile der Selbstständigkeit.

Vorteile	Nachteile

2. Nennen Sie aus Ihrer Sicht wichtige Voraussetzungen (persönliche, sachliche und sonstige Voraussetzungen), um sich selbstständig zu machen.

Voraussetzungen, um sich selbstständig zu machen		
persönliche	sachliche	sonstige

3. Nennen Sie Möglichkeiten, um das nötige Startkapital zu beschaffen.

Möglichkeiten, Startkapital zu beschaffen	

4. Unter Info 2 finden Sie einen Auszug aus dem Businessplan von Moritz Schmidt. Geben Sie an, welche weiteren Informationen ein ausführlicher Businessplan enthalten sollte. Ausführliche Informationen erhalten Sie auch unter *www.start2grow.de* und *www.existenzgruender.de.*

Businessplan – Was sollte er enthalten?	

5. Moritz Schmidt muss im Zuge der Existenzgründung klären, ob er sich als Kaufmann ins Handelsregister eintragen lassen muss.

   5.1 Verschaffen Sie sich zunächst einen Überblick über die verschiedenen Kaufmannsformen (Info 1) und vervollständigen Sie die entsprechende Übersicht (Info 3).

   5.2 Entscheiden Sie, ob sich Moritz Schmidt als Kaufmann ins Handelsregister eintragen lassen muss. Zutreffendes bitte ankreuzen.

Ja		**Kaufmannsart**	
Nein			

Weitere Aufgaben

6. Prüfen Sie, ob folgende Personen als Kaufleute gemäß HGB gelten.

   1 = Kaufmann nach HGB   2 = <u>kein</u> Kaufmann nach HGB

Frau Gerber, Einkaufssachbearbeiterin bei der Weber Computer KG, vermittelt im privaten Kreis einen Gebrauchtwagen und erhält dafür eine kleine Provision.	
Die Fährmann OHG vertreibt Elektroartikel in Deutschland und in den angrenzenden Beneluxländern Niederlande und Belgien.	
Der Kreisligist Viktoria Buchholz e.V. verkauft an den Spieltagen Fanartikel.	
Die BüroTec GmbH, 150 Mitarbeiter, vertreibt moderne Büromöbel in ganz Deutschland.	
Frau Schneider hat vor einer Woche erfolgreich ihre Prüfung zur Kauffrau für Büromanagement abgelegt.	
Herr Reimers ist seit vielen Jahren als Rechtsanwalt in Düsseldorf tätig.	

7. Herr Solino betreibt eine kleine Stehpizzeria in Essen. Er hat einen Tagesumsatz von ca. 600,00 €. Die Zutaten bezieht Herr Solino über einen Großhändler. Die Getränke kauft er im nahe gelegenen Getränkemarkt. Prüfen Sie die folgenden Fragen. Zutreffendes bitte ankreuzen.

Ist Herr Solino Kaufmann nach § 1 HGB?	ja ☐ nein ☐
Ist er verpflichtet, sein Unternehmen ins Handelsregister eintragen zu lassen?	ja ☐ nein ☐
Um welche Art Kaufmann handelt es sich bei Herrn Solino?	Istkaufmann ☐ Formkaufmann ☐ Kannkaufmann ☐

8. Prüfen Sie, ob folgende Personen als Kaufleute gemäß HGB gelten und um welche Art von Kaufmann es sich gegebenenfalls handelt.

   1 = Istkaufmann   3 = Kannkaufmann
   2 = Formkaufmann   4 = kein Kaufmann

EA Computerspiele AG	
Zahnärzte Dr. Behle & Dr. Gaus	
Baumann & Hansen betreiben eine Computerservice OHG mit 4 Mio. € Umsatz im Jahr.	
Wiggermann Baumarkt GmbH	
Rechtsanwalt Ralf Binder	
Frau Hansen betreibt in Düsseldorf ein Grand Hotel mit 100 Zimmern und 120 Mitarbeitern.	
Herr Dachser bewirtschaftet mithilfe seiner zwei Söhne und 30 Mitarbeiter einen sehr großen landwirtschaftlichen Betrieb am Niederrhein.	
Gerd Goschnick betreibt mit seinem Partner Harald Berger und 60 Mitarbeitern ein Großkino mit 30 Kinosälen in Essen.	

Info 1: Informationsbroschüre der Kanzlei Berger & Partner

Der Kaufmann

Berger & Partner
Rechtsanwälte

Arbeitsrecht
Wirtschaftsrecht
Gesellschaftsrecht

Derjenige, der ein Handelsgewerbe betreibt, wird gemäß Handelsgesetzbuch (HGB) § 1 als Kaufmann bezeichnet. Man spricht auch von sogenannten Istkaufleuten. Ein Handelsgewerbe ist ein Gewerbebetrieb, der mithilfe kaufmännischer Kenntnisse mit der Absicht betrieben wird, einen Gewinn zu erzielen. Er ist auf Dauer angelegt und wird selbstständig geführt. In der Regel verfügen Gewerbetreibende über eine kaufmännische Organisation. Daher müssen sie sich gemäß Handelsgesetzbuch als Istkaufmann ins Handelsregister eintragen lassen. Das Unternehmen trägt dann den Zusatz „eingetragener Kaufmann" (e.K.). Die Eintragung hat eine rein deklaratorische (rechtsbekennende, feststellende) Wirkung.[1] Zu den Istkaufleuten zählen auch die Personengesellschaften, wie die offene Handelsgesellschaft und die Kommanditgesellschaft mit den Zusätzen OHG bzw. KG.

Unternehmen, die sehr klein sind und über keine kaufmännische Organisation verfügen, werden gemäß HGB als Kannkaufleute bezeichnet. Sie sind nicht eintragungspflichtig, können sich aber eintragen lassen. Erfolgt kein Handelsregistereintrag werden diese Unternehmen als Kleingewerbetreibende (Nichtkaufleute) bezeichnet. Für sie gilt dann das Bürgerliche Gesetzbuch (BGB). Lässt sich das Unternehmen ins Handelsregister eintragen, wird es zum Kaufmann nach HGB. Die Eintragung wirkt hier konstitutiv (rechtsbegründend)[1]. Es trägt dann ebenfalls den Zusatz „eingetragener Kaufmann" (e.K.). Land- und forstwirtschaftliche Unternehmen sind ebenfalls Kannkaufleute gemäß HGB. Sie können sich jedoch nur in das Handelsregister eintragen lassen, wenn sie über eine kaufmännische Organisation verfügen. Auch sie werden dann zu Kaufleuten nach HGB und tragen den Zusatz „eingetragener Kaufmann" (e.K.).

Kapitalgesellschaften, wie die Gesellschaft mit beschränkter Haftung (GmbH) und die Aktiengesellschaft (AG), sind sogenannte Formkaufleute, d.h. Kaufleute kraft Rechtsform. Sie entstehen erst durch den Handelsregistereintrag (konstitutive Wirkung).

Der Begriff Gewerbebetrieb ist im HGB nicht genauer definiert. Die sogenannten freien Berufe werden nicht als Gewerbebetrieb angesehen. Da die Abgrenzung aber recht schwierig ist, listet das Einkommensteuergesetz in § 18 auf, welche Tätigkeiten zu den freien Berufen gehören. Hierzu zählen demnach Tätigkeiten als Architekt, Arzt, Bauingenieur, Biologe, Designer, Dolmetscher, Hebamme, Heilpraktiker, Journalist, Krankengymnast, Notar, Rechtsanwalt, Schriftsteller, Steuerberater und Wirtschaftsprüfer.

Die Frage, ab wann ein Gewerbetreibender der Eintragungspflicht unterliegt, ist schwierig zu beantworten, da sich der Gesetzgeber in diesem Punkt nicht genau festgelegt hat. Es hängt von verschiedenen Faktoren ab, ob ein Unternehmen noch Kleingewerbe ist oder nicht. Eine grobe Einschätzung lässt sich mithilfe folgender Fragen treffen:
- Haben Sie Geschäftsräume angemietet?
- Haben Sie mehrere Lieferanten?
- Sind Sie überregional tätig?
- Haben Sie mehrere kaufmännisch geschulte Mitarbeiter?
- Haben Sie ein Darlehen von mehr als 5.000,00 € für ihr Unternehmen aufgenommen?
- Machen Sie mehr als 600.000,00 € Umsatz im Jahr?
- Machen Sie mehr als 60.000,00 € Gewinn pro Jahr?
- Führen Sie eine doppelte Buchführung durch?
- Beschäftigen Sie einen Buchhalter?

Erreicht man die aufgeführten Umsatz- bzw. Gewinnzahlen oder lassen sich fünf der übrigen Fragen mit ja beantworten, ist das Unternehmen vermutlich eintragungspflichtig.

---

1 Die Handelsregistereintragung kann rechtsbekundende (deklaratorische) oder rechtserzeugende (konstitutive) Wirkung haben. Bei rechtsbekundenden Eintragungen ist die rechtliche Wirkung schon vorher eingetreten und wird durch den Handelsregistereintrag nur bestätigt. Beispielsweise existiert eine Personengesellschaft, wie die OHG, schon ab der Unterzeichnung des Gesellschaftsvertrags. Anders verhält es sich bei rechtserzeugenden Eintragungen. So wird ein Unternehmen erst dann zur GmbH oder zur AG, wenn der Eintrag ins Handelsregister erfolgt ist.

Fortsetzung

Was aber sind die Vorteile bzw. Nachteile eines Handelsregistereintrags?
Der wesentliche Vorteil besteht darin, dass das eingetragene Unternehmen als professionell gilt. Zwar genießen auch nicht eingetragene Kleingewerbetreibende keinen schlechten Ruf, sie haften schließlich auch mit ihrem Privatvermögen, die Eintragung bedeutet aber, dass das Unternehmen eine bestimmte Größe erreicht hat. Das schafft bei den Geschäftspartnern Vertrauen.

Ein weiterer Vorteil ist darin zu sehen, dass die Firma, d.h. der Name des Unternehmens, frei wählbar ist. Der Kleingewerbetreibende muss hingegen im Geschäftsverkehr grundsätzlich unter seinem Vor- und Zunamen auftreten. Er kann jedoch zusätzlich einen Sachzusatz verwenden. Um Fehler zu vermeiden, empfiehlt es sich, Rücksprache mit der zuständigen Industrie- und Handelskammer (IHK) zu halten. Ein weiterer Vorteil ist darin zu sehen, dass nur der eingetragene Kaufmann Prokura erteilen kann, d.h., er kann einen Mitarbeiter mit umfangreichen Vertretungsbefugnissen ausstatten. Nimmt ein Kunde die bestellte Ware nicht an, kann der eingetragene Kaufmann im Gegensatz zum Kleingewerbetreibenden auf Kosten und Gefahr des Kunden einlagern.

Für eingetragene Kaufleute gelten die besonderen Regeln des Handelsgesetzbuches. Nach der Vorstellung des Gesetzgebers sind Kaufleute Profis, daher sind die Regeln schärfer als bei Nichtkaufleuten. So hat er die Pflicht, nachvollziehbare Aufzeichnungen über alle Geschäftsfälle und die Unternehmenslage anzufertigen und bereitzuhalten (doppelte Buchführung). Darüber hinaus müssen eingetragene Kaufleute Warenlieferungen unverzüglich prüfen und eventuelle Mängel rügen, da sie sonst ihre Gewährleistungsansprüche gegenüber dem Verkäufer verlieren.

Info 2: Auszug aus dem Businessplan von Moritz Schmidt

Auszug aus dem Businessplan
von Moritz Schmidt (Kurzform)

Gründer:	Moritz Schmidt
Qualifikationen:	Ausbildung zum Industriekaufmann, mehrjährige Erfahrungen in der Büromöbelbranche
Stärken:	Kreativität, gutes Zahlenverständnis, logisches Denken
Schwächen:	keine technischen Kenntnisse (qualifizierte Mitarbeiter sollen eingestellt werden)
Geschäftsidee:	moderne Büromöbel
Verkaufsargument:	Design und Ergonomie
Produktion:	Fertigung in Deutschland (eine Fertigungshalle und eine Lagerhalle, insgesamt ca. 250 m^2)
Mitarbeiter:	50 ausgebildete Fachkräfte im Betrieb und in der Verwaltung
Kapitalbedarf:	800.000,00 €
Eigenkapital:	400.000,00 € (Erbschaft, Erspartes)
Fremdkapital:	400.000,00 € (Bankkredite)
Umsatzprognose:	500.000,00 €
Gewinnprognose:	90.000,00 €
Kunden:	grundsätzlich Unternehmen und Selbstständige in Deutschland
Wettbewerber:	viele mittelständische Unternehmen

Info 3: Übersicht zu den Kaufmannsformen

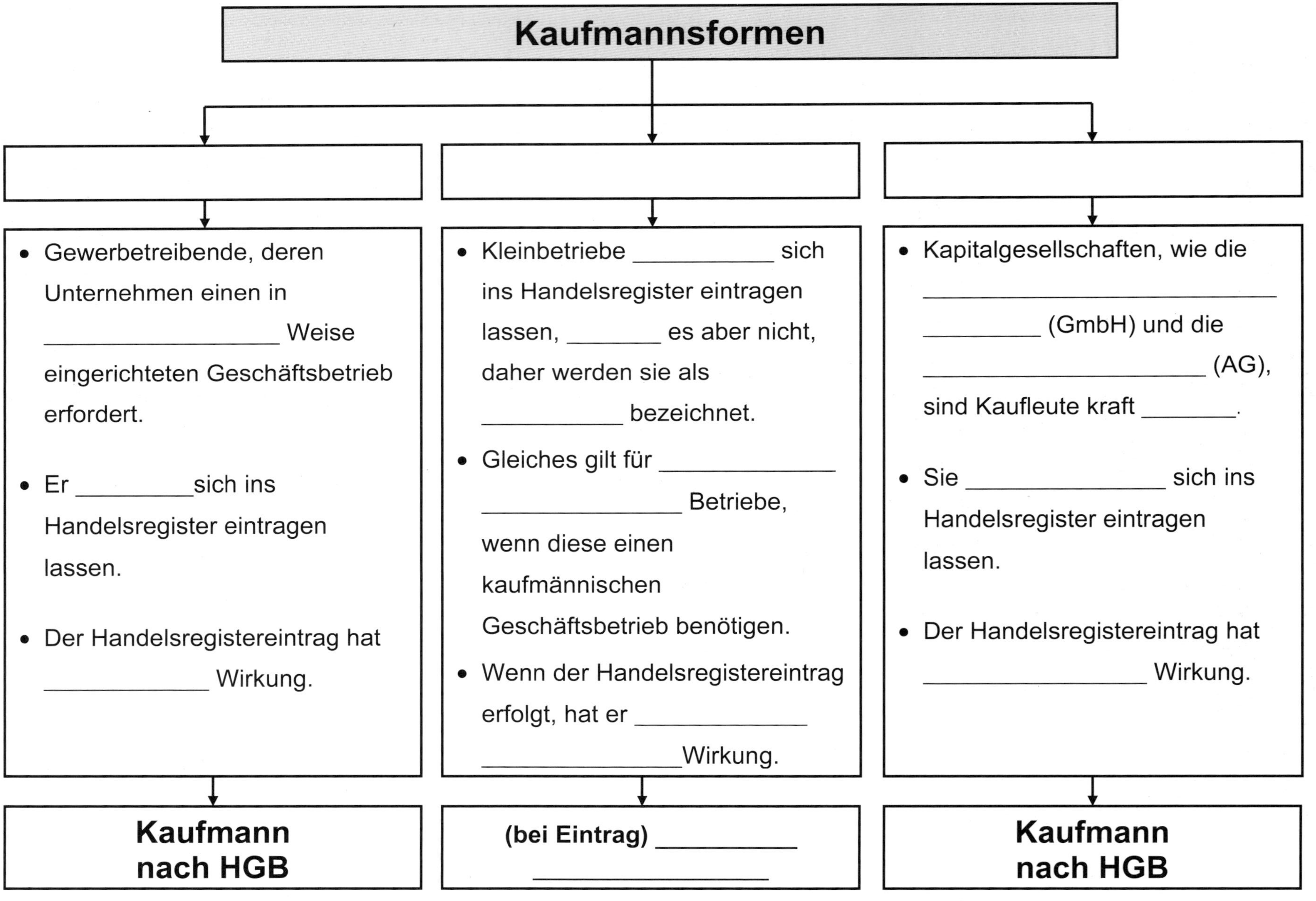

<table>
<tr><td>Lernsituation 20
</td><td>Ein Unternehmen gründen 2 –
Handelsregister und Einzelunternehmen</td><td>Wirtschafts- und
Sozialprozesse</td></tr>
</table>

📖 Lernsituation:

Der Termin bei der Bank ist gut verlaufen. Der Businessplan, den Moritz Schmidt vorgelegt hat, wurde positiv bewertet. Daher ist die benötigte Kreditsumme bewilligt worden. Und auch Moritz Schmidt ist sich sicher: Er will Unternehmer werden. Aus diesem Grund vereinbart er einen Termin mit dem Notar Fabian Rohde.

Herr Schmidt: Guten Morgen, Herr Rohde. Wir haben mein Anliegen ja schon telefonisch besprochen. Wie geht es jetzt weiter?

Herr Rohde: Nun, ich habe alle benötigten Informationen zusammen. Ich möchte Sie nun bitten, den Antrag für den Eintrag ins Handelsregister zu unterschreiben. Anschließend werde ich Ihre Unterschrift notariell beglaubigen und das Dokument beim zuständigen Handelsregister einreichen.

Herr Schmidt: Dann kann es ja losgehen.

Herr Rohde: Noch nicht ganz. Erst müssen Sie mit Ihrem Personalausweis zur Gewerbestelle und Ihr Gewerbe anmelden. Über den Handelsregistereintrag wird die Gewerbestelle dann automatisch unterrichtet.

Herr Schmidt: Sind noch weitere Dinge zu erledigen?

Herr Rohde: Ja, Sie müssen der Bundesagentur für Arbeit die Zahl Ihrer Mitarbeiter melden und Ihre Mitarbeiter bei den Krankenkassen anmelden. Und da Sie ja einen Produktionsbetrieb gründen, muss auch noch die zuständige Gewerbeaufsichtsbehörde und der TÜV über die Aufnahme der gewerblichen Tätigkeit informiert werden.

✒️ Arbeitsaufträge:

1. Herr Rohde hat den von Moritz Schmidt unterschriebenen Antrag für den Handelsregistereintrag an das zuständige Amtsgericht geschickt. Informieren Sie sich mithilfe von Info 4 über das Handelsregister und vervollständigen Sie die entsprechende Übersicht (Info 3).

2. Moritz Schmidt beabsichtigt, ein Einzelunternehmen zu gründen. Informieren Sie sich über die Merkmale dieser Rechtsform, indem Sie den Lückentext (Info 1) bearbeiten.

3. Moritz Schmidt hat sich als Kaufmann in das Handelsregister eintragen lassen. Kreuzen Sie mithilfe von Info 2 an, welche Firmenbezeichnungen zulässig sind.

Moritz Schmidt Büromöbel e.K.		MS Büromöbelfertigung e.K.	
Pro Büro e.K.		MS Büromöbel e.K.	
Schmidt Büromöbel OHG		MS Bürodesign KG	

4. Entscheiden Sie, welche Firmenart gemäß Info 2 in folgenden Fällen vorliegt.

1 = Personenfirma   2 = Sachfirma   3 = Fantasiefirma   4 = Mischfirma

WIBO Computerspiele OHG		Cleanotec OHG	
Jan Schröder e.K.		KBC Skateboard AG	

16 Schmidthausen ISBN: 978-3-8120-1024-5

KaBeWe GmbH		Weber Metallbau GmbH	
Kramer GmbH		Burr Sportartikel KG	

5. Prüfen Sie mithilfe von Info 2, ob in folgenden Fällen die geplante Maßnahme den Firmengrundsätzen entspricht.

   5.1 Bernd Maurer möchte deutschlandweit Bohrmaschinen verkaufen und sein Unternehmen „Maurer Internationale Maschinenfabrik GmbH" nennen.

   ____

   ____

   ____

   5.2 Heike Gerland möchte in Bochum eine Firma mit der Bezeichnung „Heike Gerland e.Kfr." gründen, obwohl bereits eine gleichnamige Firma in Bochum besteht. Beurteilen Sie ihre Erfolgsaussichten.

   ____

   ____

   ____

   5.3 Bernd Maurer und sein Geschäftspartner möchten in Moers die BMB OHG gründen und Baumaschinen verkaufen. Ins Handelsregister möchten sie sich aber nicht eintragen lassen. Beurteilen Sie die Lage.

   ____

   ____

   ____

   ____

   5.4 Kai Ruge verkauft sein Unternehmen Kai Ruge Schreibwaren e.K. an Sophia Weber. Begründen Sie, unter welchen zwei Voraussetzungen die Firma beibehalten werden kann.

   ____

   ____

   ____

   ____

   5.5 Die FAB Maschinenbaufabrik GmbH beabsichtigt, zukünftig nur noch Beratungsleistungen anzubieten. Prüfen Sie, ob die Firma beibehalten werden darf.

   ____

   ____

   ____

Info 1: Lückentext

Die Einzelunternehmung

Die häufigste Rechtsform bei einer Unternehmensgründung ist das Einzelunternehmen. Für die Gründung eines Einzelunternehmens bestehen keine gesetzlichen __________. Wenn man ein Gewerbe anmeldet und keine andere Rechtsform wählt, gründet man automatisch ein __________. Über die Höhe des aufzubringenden Eigenkapitals gibt es keine gesetzliche __________. Ein Einzelunternehmer, dessen Gewerbebetrieb einen nach Art und Umfang kaufmännisch eingerichteten Geschäftsbetrieb erfordert, ist gemäß §1 HGB __________. Der Eintrag ins __________, Abteilung __, ist zwingend vorgeschrieben. Er hat jedoch nur __________ Wirkung. Kleinbetriebe können sich überlegen, ob sie sich ins Handelsregister __________ lassen wollen oder nicht. Die __________ des Einzelunternehmers besteht i.d.R. aus dem __________ des Einzelunternehmers und muss die Bezeichnung __________, abgekürzt ___, enthalten. Der Einzelunternehmer führt die __________ des Unternehmens und trifft __________ Entscheidungen allein. Wenn etwas schief läuft, __________ er für alle Schulden mit seinem __________. Man spricht in dem Zusammenhang von __________ und __________ Haftung. Da der Einzelunternehmer das Unternehmensrisiko allein trägt, hat er zum Ausgleich das Recht auf den gesamten __________. Selbstverständlich hat er im Gegenzug auch den gesamten __________ zu tragen. Die Kreditwürdigkeit hängt sehr stark von der __________ des Einzelunternehmers ab. Aufgrund der eher __________ Gewinne und des häufig nicht sehr __________ Geschäfts- und Privatvermögens sind die Möglichkeiten, von den Banken hohe und langfristige Kredite zu erhalten allerdings nicht sehr __________.

Füllwörter							
1	Verlust	9	eingetragener Kaufmann	17	Geschäfte
2	unmittelbarer	10	Geschäfts- und Privatvermögen	18	Handelsregister
3	niedrigen	11	Istkaufmann	19	hoch
4	großen	12	unbeschränkter	20	Gewinn
5	Firma	13	haftet	21	Persönlichkeit
6	Vorschrift	14	Formvorschiften	22	Einzelunternehmen
7	e.K.	15	deklaratorische	23	Vor- und Zunamen
8	alle	16	eintragen	24	A

Info 2: Auszug aus dem ABC des Unternehmensrechts

F

**ABC des
Unternehmensrechts**

Die Firma

Mit dem Begriff Firma ist umgangssprachlich meist ein Unternehmen gemeint. Die Firma eines Kaufmanns meint gemäß § 17 HGB jedoch nicht das Unternehmen als solches, sondern den Namen, unter dem der Kaufmann im Handel seine Geschäfte betreibt und die Unterschrift abgibt. Er kann unter seiner Firma klagen und verklagt werden. Nur der eingetragene Kaufmann kann eine Firma im rechtlichen Sinne führen.

Bei der Wahl der Firma sind folgende sogenannte Firmengrundsätze zu beachten.

1. **Firmenklarheit und Firmenwahrheit:** Die Firma darf keine Angaben enthalten, die offensichtlich zur Täuschung geeignet sind oder zu falschen Schlussfolgerungen verleiten. Beispiele: Der Kaufmann Markus Berg kann sein Unternehmen nicht unter der Firma „Markus Berg Computerhandel e.K." eintragen, wenn er nur Reparaturarbeiten anbietet. Die Firmenbezeichnung „ABC Internationale Logistikdienstleistungen GmbH" ist unzulässig, wenn das Unternehmen lediglich in Deutschland tätig ist.

2. **Firmenausschließlichkeit:** Jede neue Firma muss sich von allen an demselben Ort bereits bestehenden und in das Handelsregister eingetragenen Firmen deutlich unterscheiden, damit möglichst keine Verwechslungen auftreten. Gibt es an einem anderen Ort eine gleichlautende oder ähnliche Firmenbezeichnung, so ist dies für die Eintragung der Firma in das Handelsregister ohne Bedeutung. Allerdings ist zu berücksichtigen, dass Unternehmen ihre Firmenbezeichnung beim Deutschen Patent- und Markenamt deutschlandweit oder sogar weltweit schützen lassen können, indem sie sie als Marke eintragen lassen. In diesem Fall können Schadensersatzansprüche oder Unterlassungen gegenüber Dritten geltend gemacht werden, wenn diese die als Marke geschützte Firmenbezeichnung missbrauchen oder unwissentlich benutzen. Darüber hinaus ist bei der Wahl der Firma zu berücksichtigen, dass eine Firma, die lediglich aus allgemeinen Sach- und Regionalbezeichnungen besteht, z. B. „Moerser Handels GmbH", in der Regel keine hinreichende Unterscheidungskraft besitzt. Es ist daher stets die Aufnahme eines individualisierenden bzw. konkretisierenden Zusatzes erforderlich. Besonders eignen sich hierfür dreistellige Buchstabenkombinationen, ein Inhaber- oder Gesellschaftername oder eine Fantasiebezeichnung (z. B. „ABC Handels GmbH", „Weber Handels GmbH" oder „Gadewo Handels GmbH").

3. **Rechtsformzusatz:** In der Firmenbezeichnung muss der jeweilige Rechtsformzusatz enthalten sein (z.B. e.K. = eingetragener Kaufmann, OHG = offene Handelsgesellschaft, KG = Kommanditgesellschaft, GmbH = Gesellschaft mit beschränkter Haftung, AG = Aktiengesellschaft).

4. **Firmenöffentlichkeit:** Jeder Kaufmann ist gemäß § 29 HGB dazu verpflichtet, seine Firmenbezeichnung in das für die Öffentlichkeit zugängliche Handelsregister eintragen zu lassen.

5. **Firmenbeständigkeit:** Wird das Unternehmen verkauft, kann die Firma beibehalten werden, wenn der Verkäufer dies ausdrücklich erlaubt und die Branche beibehalten wird.

Bei jeder Rechtsform haben Sie die Möglichkeit, zwischen einer sogenannten Namensfirma (auch Personenfirma genannt) einer Sachfirma oder einer Fantasiefirma zu wählen. Auch eine sogenannte Mischfirma ist möglich.

Bei der Namensfirma genügt die Verwendung des Familiennamens. Die Beifügung von ausgeschriebenen oder abgekürzten Vornamen ist ebenfalls zulässig.

Die Sachfirma gibt dem Kaufmann die Möglichkeit, nach außen „anonym" zu bleiben, d.h. nicht bereits durch Firmenbezeichnung, Briefbogen und sonstige Geschäftsdrucksachen die Beteiligungsverhältnisse zu offenbaren. Sie ist dem Unternehmensgegenstand entlehnt und enthält somit Branchenbezeichnungen, die die Tätigkeit des Unternehmens beschreiben.

Fantasiefirmen sind Bezeichnungen, die weder einen Namen noch einen Hinweis auf den Unternehmensgegenstand enthalten. Diese bestehen lediglich aus Fantasiebezeichnungen (z.B. „BMW AG").

Info 3: Übersicht zum Handelsregister

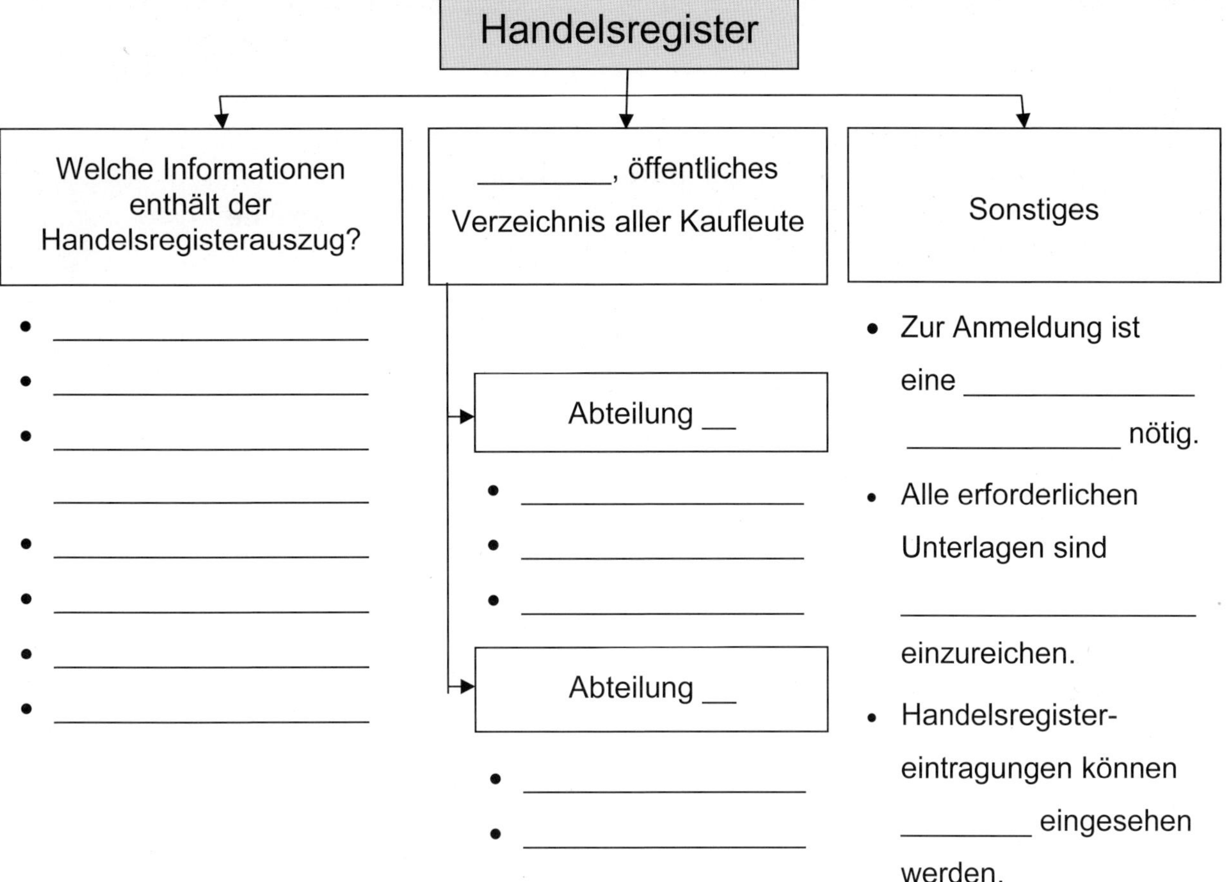

Info 4: Informationsbroschüre der Kanzlei Berger & Partner

Das Handelsregister

Das Handelsregister ist ein amtliches, öffentliches Verzeichnis, in dem alle Kaufleute erfasst werden. Das Handelsregister wird bei den Amtsgerichten geführt. Die Daten werden ausschließlich in elektronischer Form erfasst. Alle Dokumente sind notariell beglaubigt und in elektronischer Form beim Handelsregister einzureichen. Der Handelsregistereintrag ist gemäß § 9 HGB online gegen Gebühr einsehbar. So können sich Unternehmen über potenzielle Geschäftspartner informieren. Zudem werden die Eintragungen gemäß § 10 HGB im sogenannten Bundesanzeiger (BAnz), einem Amtsblatt, und in den örtlichen Tageszeitungen veröffentlicht. Dies erfolgt hinsichtlich des Bundesanzeigers mehr und mehr in elektronischer Form (eBAnz).

Im Wesentlichen enthält der Handelsregisterauszug folgende Informationen: Firma, Rechtsform, Gegenstand des Unternehmens, Gesellschafter, Haftungsverhältnisse, Geschäftssitz und Niederlassungen, Vertretungsbefugnisse etc.

Das Handelsregister besteht aus den Abteilungen A und B. In der Abteilung A (HRA) werden die Einzelunternehmen sowie die Personengesellschaften (OHG und KG) erfasst. In der Abteilung B (HRB) werden die Kapitalgesellschaften (GmbH und AG) registriert.

Die Handelsregistereintragung kann rechtsbekundende (deklaratorische) oder rechtserzeugende (konstitutive) Wirkung haben. Bei rechtsbekundenden Eintragungen ist die rechtliche Wirkung schon vorher eingetreten und wird durch den Handelsregistereintrag nur bestätigt. Beispielsweise existiert eine Personengesellschaft, wie die OHG, schon ab der Unterzeichnung des Gesellschaftsvertrags. Anders verhält es sich bei rechtserzeugenden Eintragungen. So wird ein Unternehmen erst dann zur GmbH oder zur AG, wenn der Eintrag ins Handelsregister erfolgt ist.

 **Lernsituation 21**

Ein Einzelunternehmen in eine Gesellschaft umwandeln

 **Lernsituation:**

Moritz Schmidt ist seit drei Jahren mit seiner kleinen Möbelfabrik, der Moritz Schmidt Möbelmanufaktur e.K., in der Büromöbelbranche tätig. An einem Samstag im August trifft er sich mit Karin Berger, einer ehemaligen Arbeitskollegin aus dem Verkauf, zum Abendessen in der Moerser Innenstadt.

Moritz Schmidt:	Hallo, Karin. Wir haben uns ja lange nicht mehr gesehen. Wie geht es dir?
Karin Berger:	Na ja, wie es eben so geht. Und du? Wie läuft dein Unternehmen?
Moritz Schmidt:	Die Geschäfte laufen nicht schlecht. Aber als kleines Unternehmen muss man sich ganz schön strecken, um mit den größeren mitzuhalten. Die können einfach viel mehr investieren.
Karin Berger:	Wie meinst du das?
Moritz Schmidt:	Ganz wichtig ist z.B. die Fertigungsqualität. Aber die hängt entscheidend von den Fertigungsmaschinen ab – und die sind wahnsinnig teuer.
Karin Berger:	Was ist denn mit den Banken?
Moritz Schmidt:	Seit der Bankenkrise ist es für kleine Unternehmer wie mich sehr schwierig, an größere Kredite zu kommen. Außerdem sind die Zinsen sehr hoch.
Karin Berger:	Wie viel Geld brauchst du denn?
Moritz Schmidt:	200.000,00 € sollten es schon sein.
Karin Berger:	Eine ganz schöne Summe.
Moritz Schmidt:	Das kann man wohl sagen.
Karin Berger:	Hört sich so an, als würdest du dir richtig Sorgen machen.
Moritz Schmidt:	Etwas anders habe ich mir das Ganze schon vorgestellt. Es ist ja nicht nur das Geld. Ich arbeite von früh bis spät und trotzdem bleibt immer vieles liegen. Manches liegt mir auch einfach nicht. Ich bin zwar ein guter Kostenrechner und habe auch viele Ideen, aber gerade der Verkauf ist überhaupt nicht mein Ding. Und ganz ehrlich: Von der Technik verstehe ich auch nicht viel.
Karin Berger:	Aber du hast doch deine Mitarbeiter.
Moritz Schmidt:	Schon. Ich kann mich auch nicht beklagen. Aber die sind eben nicht mit dem Unternehmen verheiratet und absolute Top-Leute kann ich auch nicht bezahlen.
Karin Berger:	Ich glaube, ich habe da eine Idee.

 **Arbeitsaufträge:**

1. Erläutern Sie, welche Probleme Moritz Schmidt zu schaffen machen.

2. Erläutern Sie, welchen Vorschlag Karin Berger Moritz Schmidt möglicherweise unterbreiten wird.

3. Erklären Sie, welche Nachteile Moritz Schmidt bei dieser Entscheidung in Kauf nehmen müsste.

4. Moritz Schmidt und Karin Berger haben sich entschieden, eine Gesellschaft zu gründen. Als dritten Gesellschafter wollen sie Marc Weber mit ins Boot holen, der bei ihrem alten Unternehmen die Fertigungsabteilung geleitet hat. Alle drei wollen sich nicht nur mit ihrem Kapital am neuen Unternehmen beteiligen, sondern aktiv die Geschicke des Unternehmens lenken.

   Bei ihrer Suche nach einer geeigneten Gesellschaftsform für ihr Unternehmen stoßen sie auf die offene Handelsgesellschaft und die Kommanditgesellschaft.
   Informieren Sie sich mithilfe der Auszüge aus dem HGB (Info 1 & 2) über die beiden Gesellschaftsformen und erstellen Sie eine tabellarische Übersicht (Info 3), die die charakteristischen Merkmale der beiden Gesellschaftsformen enthält.

   Anmerkung: Die Problematik der Geschäftsführung & Vertretung wird ausführlich erst in der kommenden Lernsituation behandelt.

5. Begründen Sie, welche Gesellschaftsform für die drei Jungunternehmer die geeignete ist.

6. Schlagen Sie zwei denkbare Firmenbezeichnungen für die neue Gesellschaft vor.

Firma 1	
Firma 2	

7. Nehmen Sie an, Moritz Schmidt, Karin Berger und Marc Weber hätten die SBW Büromöbel OHG gegründet. Im ersten Geschäftsjahr hat die Gesellschaft einen Gewinn von 186.600,00 € erzielt. Der Gewinn soll nach der gesetzlichen Regelung verteilt werden.
Vervollständigen Sie die folgende Tabelle.

Gesellschafter	Kapitaleinlage	Verzinsung	Restgewinn-verteilung	Gesamtgewinn
M. Schmidt	160.000,00 €			
K. Berger	200.000,00 €			
M. Weber	180.000,00 €			
Gesamt	540.000,00 €			

Nebenrechnungen

8. Nehmen Sie an, man hätte sich für die Gründung einer KG entschieden, bei der Karin Berger entgegen der ursprünglichen Absicht nur als Kapitalgeberin fungiert. Im ersten Jahr ist ein Jahresgewinn von 195.200,00 € erzielt worden. Dieser soll zunächst gemäß der gesetzlichen Regelung verteilt werden. Der verbleibende Restgewinn soll gemäß Gesellschaftsvertrag im Verhältnis 4:3:1 aufgeteilt werden.
Vervollständigen Sie die folgende Tabelle.

Gesellschafter	Kapitaleinlage	Verzinsung	Restgewinn-verteilung	Gesamt-gewinn
M. Schmidt (VH)	140.000,00 €			
M. Weber (VH)	150.000,00 €			
K. Berger (TH)	190.000,00 €			
Gesamt	480.000,00 €			

Nebenrechnungen

Info 1: Informationsbroschüre der Kanzlei Berger & Partner

Information „Personengesellschaften"

Berger & Partner
Rechtsanwälte

Arbeitsrecht
Wirtschaftsrecht
Gesellschaftsrecht

Die offene Handelsgesellschaft
Auszüge aus dem HGB inkl. Anmerkungen
und weitergehender Erläuterungen

§ 105 Begriff der OHG
(1) Eine Gesellschaft, deren Zweck auf den Betrieb eines Handelsgewerbes unter gemeinschaftlicher Firma gerichtet ist, ist eine offene Handelsgesellschaft, wenn bei keinem der Gesellschafter die Haftung gegenüber den Gesellschaftsgläubigern beschränkt ist. (**Anmerkung Berger & Partner:** Die Firma [Personen- Sach-, Fantasie- oder gemischte Firma] muss die Bezeichnung „offene Handelsgesellschaft" oder eine allgemein verständliche Abkürzung dieser Bezeichnung enthalten.)

§ 106 Eintrag zum Handelsregister
(1) Die Gesellschaft ist bei dem Gericht, in dessen Bezirk sie ihren Sitz hat, zur Eintragung in das Handelsregister anzumelden. (**Anmerkung Berger & Partner:** Der Handelsregistereintrag [Abteilung A] hat deklaratorische Wirkung).

§ 109 Gesellschaftsvertrag
Das Rechtsverhältnis der Gesellschafter untereinander richtet sich zunächst nach dem Gesellschaftsvertrag; die Vorschriften der §§ 110 bis 122 finden nur insoweit Anwendung, als nicht durch den Gesellschaftsvertrag ein anderes bestimmt ist. (**Anmerkung Berger & Partner:** Für den Gesellschaftsvertrag ist keine spezielle Form vorgeschrieben. Daher ist der Gründungsaufwand recht gering. Er wird aber sinnvollerweise meist schriftlich abgefasst. Anders verhält es sich bei den Kapitalgesellschaften, wie der GmbH und der AG. Hier ist hinsichtlich des Gesellschaftsvertrages eine notarielle Beurkundung nötig. D. h., der Gesellschaftsvertrag wird von einem Notar abgefasst und von diesem den Vertragspartnern vorgelesen. Sind alle einverstanden, wird der Vertrag in Anwesenheit des Notars unterschrieben. Bei der Gründung einer GmbH entstehen so mindestens Kosten in Höhe von 500,00 €).

§ 112 Wettbewerbsverbot
(1) Ein Gesellschafter darf ohne Einwilligung der anderen Gesellschafter weder in dem Handelszweig der Gesellschaft Geschäfte machen noch an einer anderen gleichartigen Handelsgesellschaft als persönlich haftender Gesellschafter teilnehmen.

§ 113 Schadensersatz
(1) Verletzt ein Gesellschafter die ihm nach § 112 obliegende Verpflichtung, so kann die Gesellschaft Schadensersatz fordern; sie kann stattdessen von dem Gesellschafter verlangen, dass er die für eigene Rechnung gemachten Geschäfte als für Rechnung der Gesellschaft eingegangen gelten lasse und die aus Geschäften für fremde Rechnung bezogene Vergütung herausgebe oder seinen Anspruch auf die Vergütung abtrete. [...]

§ 114 Geschäftsführung
(1) Zur Führung der Geschäfte der Gesellschaft sind alle Gesellschafter berechtigt und verpflichtet.
(2) Ist im Gesellschaftsvertrag die Geschäftsführung einem Gesellschafter oder mehreren Gesellschaftern übertragen, so sind die übrigen Gesellschafter von der Geschäftsführung ausgeschlossen.

§ 118 Kontrollrecht – Recht auf Information
(1) Ein Gesellschafter kann, auch wenn er von der Geschäftsführung ausgeschlossen ist, sich von den Angelegenheiten der Gesellschaft persönlich unterrichten, die Handelsbücher und die Papiere der Gesellschaft einsehen und sich aus ihnen eine Bilanz und einen Jahresabschluss anfertigen.

17 Schmidthausen ISBN: 978-3-8120-1024-5

Fortsetzung

§ 119 Beschlussfassung

(1) Für die von den Gesellschaftern zu fassenden Beschlüsse bedarf es der Zustimmung aller zur Mitwirkung bei der Beschlussfassung berufenen Gesellschafter.

(2) Hat nach dem Gesellschaftsvertrag die Mehrheit der Stimmen zu entscheiden, so ist die Mehrheit im Zweifel nach der Zahl der Gesellschafter zu berechnen.

§ 121 Gewinnverteilung

(1) Von dem Jahresgewinn gebührt jedem Gesellschafter zunächst ein Anteil in Höhe von vier vom Hundert seines Kapitalanteils. Reicht der Jahresgewinn hierzu nicht aus, so bestimmen sich die Anteile nach einem entsprechend niedrigeren Satz. [...]

(3) Derjenige Teil des Jahresgewinns, welcher die [...] zu berechnenden Gewinnanteile übersteigt, sowie der Verlust eines Geschäftsjahrs wird unter den Gesellschaftern nach Köpfen verteilt.

§ 122 Privatentnahmen

(1) Jeder Gesellschafter ist berechtigt, aus der Gesellschaftskasse Geld bis zum Betrag von vier vom Hundert seines für das letzte Geschäftsjahr festgestellten Kapitalanteils zu seinen Lasten zu erheben [...].

§ 125 Vertretung

(1) Zur Vertretung der Gesellschaft ist jeder Gesellschafter ermächtigt, wenn er nicht durch den Gesellschaftsvertrag von der Vertretung ausgeschlossen ist. [...]

§ 128 Haftung

Die Gesellschafter haften für die Verbindlichkeiten der Gesellschaft den Gläubigern als Gesamtschuldner persönlich. Eine entgegenstehende Vereinbarung ist Dritten gegenüber unwirksam. (**Anmerkung Berger & Partner:** Man spricht in diesem Zusammenhang auch von unbeschränkter, unmittelbarer und solidarischer Haftung.)

§ 131 Auflösung

(1) Die offene Handelsgesellschaft wird aufgelöst: 1. durch den Ablauf der Zeit, für welche sie eingegangen ist; 2. durch Beschluss der Gesellschafter; 3. durch die Eröffnung des Insolvenzverfahrens über das Vermögen der Gesellschaft 4. durch gerichtliche Entscheidung.

(3) Folgende Gründe führen mangels abweichender vertraglicher Bestimmung zum Ausscheiden eines Gesellschafters: 1.Tod des Gesellschafters, 2. Eröffnung des Insolvenzverfahrens über das Vermögen des Gesellschafters, 3. Kündigung des Gesellschafters, 4. Kündigung durch den Privatgläubiger des Gesellschafters, 5. Eintritt von weiteren im Gesellschaftsvertrag vorgesehenen Fällen, 6. Beschluss der Gesellschafter.

Der Gesellschafter scheidet mit dem Eintritt des ihn betreffenden Ereignisses aus, im Falle der Kündigung aber nicht vor Ablauf der Kündigungsfrist.

§ 132 Kündigung eines Gesellschafters

Die Kündigung eines Gesellschafters kann, wenn die Gesellschaft für unbestimmte Zeit eingegangen ist, nur für den Schluss eines Geschäftsjahrs erfolgen; sie muss mindestens sechs Monate vor diesem Zeitpunkt stattfinden.

Weitergehende Erläuterungen zum Thema Kapitalbeschaffung

Benötigt die OHG Kapital, um notwendige Investitionen tätigen zu können, stehen ihr vier Möglichkeiten zur Verfügung. Denkbar ist, einen Teil des Gewinns, falls er denn hoch genug ausgefallen sein sollte, im Unternehmen zu belassen. Auch besteht die Möglichkeit, dass die Gesellschafter ihre Einlagen erhöhen. Eine weitere Möglichkeit ist darin zu sehen, weitere Gesellschafter aufzunehmen. Hierdurch wird der bisherige Entscheidungsspielraum jedoch stark eingeschränkt. Darüber hinaus können auch Bankkredite aufgenommen werden. Ob diese gewährt werden, hängt von dem Investitionsvorhaben, vom bisherigen Verschuldungsgrad sowie von dem Privat- und Geschäftsvermögen der OHG-Gesellschafter ab.

Info 2: Informationsbroschüre der Kanzlei Berger & Partner

Information „Personengesellschaften"

Berger & Partner
Rechtsanwälte

Arbeitsrecht
Wirtschaftsrecht
Gesellschaftsrecht

Die Kommanditgesellschaft
Auszüge aus dem HGB inkl. Anmerkungen
und weitergehender Erläuterungen

§ 161 Begriff der KG
(1) Eine Gesellschaft, deren Zweck auf den Betrieb eines Handelsgewerbes unter gemeinschaftlicher Firma gerichtet ist, ist eine Kommanditgesellschaft, wenn bei einem oder bei einigen von den Gesellschaftern die Haftung gegenüber den Gesellschaftsgläubigern auf den Betrag einer bestimmten Vermögenseinlage beschränkt ist (Kommanditisten), während bei dem anderen Teil der Gesellschafter eine Beschränkung der Haftung nicht stattfindet (persönlich haftender Gesellschafter). (**Anmerkung Berger & Partner:** Bei einer KG muss mindestens ein Gesellschafter persönlich haften. Die persönlich haftenden Gesellschafter werden als Komplementäre bezeichnet.)
(2) Soweit nicht in diesem Abschnitt ein anderes vorgeschrieben ist, finden auf die Kommanditgesellschaft die für die offene Handelsgesellschaft geltenden Vorschriften Anwendung.

§ 106 Anmeldung zum Handelsregister
(1) Die Gesellschaft ist bei dem Gericht, in dessen Bezirk sie ihren Sitz hat, zur Eintragung in das Handelsregister anzumelden. (**Anmerkung Berger & Partner:** Der Handelsregistereintrag [Abteilung A] hat deklaratorische Wirkung.) [...]

§ 162 Anmeldung zum Handelsregister
(1) Die Anmeldung der Gesellschaft hat [...] die Bezeichnung der Kommanditisten und den Betrag der Einlage eines jeden von ihnen zu enthalten. [...]

§ 109 Gesellschaftsvertrag
Das Rechtsverhältnis der Gesellschafter untereinander richtet sich zunächst nach dem Gesellschaftsvertrag; die Vorschriften der §§ 110 bis 122 finden nur insoweit Anwendung, als nicht durch den Gesellschaftsvertrag ein anderes bestimmt ist. (**Anmerkung Berger & Partner:** Für den Gesellschaftsvertrag ist keine spezielle Form vorgeschrieben. Daher ist der Gründungsaufwand recht gering. Er wird aber sinnvollerweise meist schriftlich abgefasst.)

§ 112 Wettbewerbsverbot
(1) Ein Gesellschafter darf ohne Einwilligung der anderen Gesellschafter weder in dem Handelszweig der Gesellschaft Geschäfte machen noch an einer anderen gleichartigen Handelsgesellschaft als persönlich haftender Gesellschafter teilnehmen. [...]

§ 113 Schadensersatz
(1) Verletzt ein Gesellschafter die ihm nach § 112 obliegende Verpflichtung, so kann die Gesellschaft Schadensersatz fordern; sie kann stattdessen von dem Gesellschafter verlangen, dass er die für eigene Rechnung gemachten Geschäfte als für Rechnung der Gesellschaft eingegangen gelten lasse und die aus Geschäften für fremde Rechnung bezogene Vergütung herausgebe oder seinen Anspruch auf die Vergütung abtrete. [...]

§ 165 Wettbewerbsverbot
Die §§ 112 und 113 finden auf die Kommanditisten keine Anwendung.

§ 164 Geschäftsführung
Die Kommanditisten sind von der Führung der Geschäfte der Gesellschaft ausgeschlossen; sie können einer Handlung der persönlich haftenden Gesellschafter nicht widersprechen, es sei denn, dass die Handlung über den gewöhnlichen Betrieb des Handelsgewerbes der Gesellschaft

Fortsetzung

§ 121 Gewinnverteilung
(1) Von dem Jahresgewinn gebührt jedem Gesellschafter zunächst ein Anteil in Höhe von vier vom Hundert seines Kapitalanteils. Reicht der Jahresgewinn hierzu nicht aus, so bestimmen sich die Anteile nach einem entsprechend niedrigeren Satz. [...]

§ 168 Verteilung von Gewinn und Verlust
(1) Die Anteile der Gesellschafter am Gewinn bestimmen sich, soweit der Gewinn den Betrag von vier vom Hundert der Kapitalanteile nicht übersteigt, nach den Vorschriften des § 121 [...].
(2) In Ansehung des Gewinns, welcher diesen Betrag übersteigt, sowie in Ansehung des Verlustes gilt, soweit nicht ein anderes vereinbart ist, ein den Umständen nach angemessenes Verhältnis der Anteile als bedungen. (**Anmerkung Berger & Partner:** Privatentnahmen sind dem Kommanditisten nicht gestattet.)

§ 170 Vertretung der KG
Der Kommanditist ist zur Vertretung der Gesellschaft nicht ermächtigt.

§ 171 Haftung des Kommanditisten
(1) Der Kommanditist haftet den Gläubigern der Gesellschaft bis zur Höhe seiner Einlage unmittelbar; die Haftung ist ausgeschlossen, soweit die Einlage geleistet ist. [...]

§ 177 Tod des Kommanditisten
Beim Tod eines Kommanditisten wird die Gesellschaft mangels abweichender vertraglicher Bestimmung mit den Erben fortgesetzt.

§ 131 Auflösung
(1) Die offene Handelsgesellschaft (**Anmerkung Berger & Partner:** Die Ausführungen gelten auch für die KG.) wird aufgelöst:
1. durch den Ablauf der Zeit, für welche sie eingegangen ist;
2. durch Beschluss der Gesellschafter;
3. durch die Eröffnung des Insolvenzverfahrens über das Vermögen der Gesellschaft;
4. durch gerichtliche Entscheidung.
[...]
(3) Folgende Gründe führen mangels abweichender vertraglicher Bestimmung zum Ausscheiden eines Gesellschafters:
1. Tod des Gesellschafters,
2. Eröffnung des Insolvenzverfahrens über das Vermögen des Gesellschafters,
3. Kündigung des Gesellschafters,
4. Kündigung durch den Privatgläubiger des Gesellschafters,
5. Eintritt von weiteren im Gesellschaftsvertrag vorgesehenen Fällen,
6. Beschluss der Gesellschafter.
Der Gesellschafter scheidet mit dem Eintritt des ihn betreffenden Ereignisses aus, im Falle der Kündigung aber nicht vor Ablauf der Kündigungsfrist.

Weitergehende Erläuterungen zum Thema Kapitalbeschaffung

Benötigt die KG Kapital, um notwendige Investitionen tätigen zu können, stehen ihr vier Möglichkeiten zur Verfügung. Denkbar ist, einen Teil des Gewinns, falls er denn hoch genug ausgefallen sein sollte, im Unternehmen zu belassen. Auch besteht die Möglichkeit, dass die Gesellschafter ihre Einlagen erhöhen. Eine weitere Möglichkeit ist darin zu sehen, weitere Gesellschafter, insbesondere Kommanditisten aufzunehmen. Hierdurch werden bisherige Entscheidungsspielräume nicht eingeschränkt. Darüber hinaus können auch Bankkredite aufgenommen werden. Ob diese gewährt werden, hängt von dem Investitionsvorhaben, vom bisherigem Verschuldungsgrad sowie von dem Privat- und Geschäftsvermögen der Gesellschafter ab. Da die Kommanditisten nur mit ihrer Einlage haften, sind die Kreditaufnahmemöglichkeiten bei vergleichbaren Unternehmen etwas schlechter einzuschätzen als bei der OHG.

Info 3: Tabellarischer Vergleich OHG vs. KG

Merkmale	Offene Handelsgesellschaft	Kommanditgesellschaft
Abkürzung		
Gesetzliche Grundlage		
Zahl der Gründer		
Firma		
Handelsregistereintrag		
Formvorschrift für den Gesellschaftsvertrag		
Gründungsformalitäten und Buchführung		
Mindestkapital		
Geschäftsführung und Vertretung[1]		
Gewinnverteilung		
Verlustverteilung		
Haftung		
Kapitalaufbringung (Finanzierung)		

[1] Die Geschäftsführung und Vertretung wird zu einem anderen Zeitpunkt noch einmal gesondert behandelt.

📖 Lernsituation:

Aufgrund der guten Auftragslage im Januar 20.. benötigt die SBW Büromöbel OHG dringend Holzplatten. Um Rabatt auszunutzen, bestellt Gesellschafterin Karin Berger den gesamten Jahresbedarf bei der Holz Becker KG. Wert: 80.000,00 €. Am Morgen des 10.02.20.. werden die Holzplatten angeliefert. Kurze Zeit später betritt Moritz Schmidt, Mitgesellschafter der SBW Büromöbel OHG, aufgebracht das Büro von Karin Berger.

Moritz Schmidt: Also wirklich, Karin. Das kannst du doch nicht einfach machen.

Karin Berger: Was meinst du, Moritz?

Moritz Schmidt: Ich meine natürlich die Ladung Holzplatten, die gerade angeliefert wurden.

Karin Berger: Aufgrund der guten Auftragslage war diese Investition unumgänglich. Wir werden dieses Jahr viel mehr Schreibtische verkaufen können.

Moritz Schmidt: Schön und gut, aber warum denn alles auf einmal. Denk doch mal an die hohen Lagerkosten, vom Platzproblem ganz zu schweigen.

Karin Berger: Nun ja, ich wollte den Rabatt ausnutzen.

Moritz Schmidt: Das mag ja sein, aber diese Entscheidung hättest du nicht alleine treffen dürfen. Ich möchte, dass du die Holzplatten wieder abholen lässt.

Arbeitsaufträge:

1. Verschaffen Sie sich einen Überblick über die Geschäftsführung und Vertretung in einer OHG, indem Sie die Schaubilder (Info 3 & 4) vervollständigen. Lesen Sie hierzu die Informationsbroschüre der Kanzlei Berger & Partner (Info 1).

2. Beurteilen Sie die Rechtslage im obigen Fall. Beachten Sie den Gesellschaftsvertrag der SBW Büromöbel OHG (Info 2).

			Begründung
1	Durfte die Gesellschafterin Karin Berger die Holzplatten bei der Holz Becker KG einkaufen?	☐ ja ☐ nein	
2	Ist der Kaufvertrag mit der Holz Becker KG rechtswirksam zustande gekommen?	☐ ja ☐ nein	

3. Beurteilen Sie die Rechtslage im obigen Fall unter der Annahme, dass im Gesellschaftvertrag keine Regelungen bezüglich der Geschäftsführung und Vertretung getroffen worden sind und damit die gesetzliche Regelung gilt.

			Begründung
1	Durfte die Gesellschafterin Karin Berger die Holzplatten bei der Holz Becker KG einkaufen?	☐ ja ☐ nein	
2	Ist der Kaufvertrag mit der Holz Becker KG rechtswirksam zustande gekommen?	☐ ja ☐ nein	

Weitere Fälle

Prüfen Sie die Rechtslage in den folgenden Fällen.

Fall A:

Marc Weber schließt mit einem Holzlieferanten, der Gerd Bauer KG, einen sechsjährigen Liefervertrag über die Abnahme von 400 Holzplatten jährlich. Einkaufsvolumen 38.000,00 € pro Jahr. Die Liefervertrag beinhaltet keine Ausstiegsklausel. Karin Berger findet das zu risikoreich und fordert Marc Weber auf, die Angelegenheit zu klären.

			Begründung
1	Durfte Marc Weber den langjährigen Liefervertrag lt. Gesellschaftsvertrag mit der Gerd Bauer KG abschließen?	☐ ja ☐ nein	
2	Wäre die Rechtslage eine andere, wenn im Gesellschaftsvertrag keine Regelungen bezüglich der Geschäftsführung und Vertretung getroffen worden wären?	☐ ja ☐ nein	
3	Kann die SBW Büromöbel OHG vom Kaufvertrag mit der Gerd Bauer KG zurücktreten?	☐ ja ☐ nein	

Fall B:

Marc Weber und Karin Berger sind der Auffassung, dass die SBW Büromöbel OHG dringend eine größere Lagerhalle benötigt. Ohne Moritz Schmidt zu informieren, beschließen sie den Bau eines Hochregallagers. Die Lagerhalle soll teilweise über einen Kredit in Höhe von 400.000,00 € finanziert werden.

			Begründung
1	Durfte lt. Gesellschaftsvertrag eine derartige Entscheidung gefällt werden, ohne Moritz Schmidt zu informieren?	☐ ja ☐ nein	
2	Wäre die Rechtslage eine andere, wenn im Gesellschaftsvertrag keine Regelungen bezüglich der Geschäftsführung & Vertretung getroffen worden wären?	☐ ja ☐ nein	

Fall C:

Aufgrund der guten Auftragslage beabsichtigt Moritz Schmidt, fünf zusätzliche Mitarbeiter für die Fertigungsabteilung einzustellen. Karin Berger ist der Meinung, man solle mit der Festeinstellung von neuen Mitarbeitern noch warten und das erhöhte Auftragsvolumen mithilfe von Leiharbeitnehmern bewältigen. Moritz Schmidt antwortet ihr, dass er schon mehrere Bewerber zu Vorstellungsgesprächen eingeladen habe.

			Begründung
1	Darf Moritz Schmidt lt. Gesellschaftsvertrag die Mitarbeiter gegen den Willen von Karin Berger einstellen?	☐ ja ☐ nein	
2	Wäre die Rechtslage eine andere, wenn im Gesellschaftsvertrag keine Regelungen bezüglich der Geschäftsführung und Vertretung getroffen worden wären?	☐ ja ☐ nein	

Fall D:

Karin Berger hält seit Jahren große Stücke auf Jan Hanke, Sachbearbeiter in der Einkaufsabteilung. Als der langjährige Abteilungsleiter Gerd Falk aus Altergründen aus dem Unternehmen ausscheidet, befördert sie Herrn Hanke zum neuen Abteilungsleiter. Der neue Arbeitsvertrag von Herrn Hanke ist schon von Frau Berger und Herrn Hanke unterzeichnet. Moritz Schmidt ist außer sich, er ist von Herrn Hankes Fähigkeiten weniger überzeugt und wollte außerdem frischen Wind ins Unternehmen bringen.

			Begründung
1	Durfte Karin Berger Jan Hanke lt. Gesellschaftsvertrag zum Abteilungsleiter befördern?	☐ ja ☐ nein	
2	Wäre die Rechtslage eine andere, wenn im Gesellschaftsvertrag keine Regelungen bezüglich der Geschäftsführung und Vertretung getroffen worden wären?	☐ ja ☐ nein	Begründung

Fall E:

Aufgrund der schwierigen Auftragslage sehen sich Marc Weber und Moritz Schmidt gezwungen, die Fertigungsprozesse zu optimieren. Zwei Fertigungsmitarbeitern soll daher betriebsbedingt gekündigt werden. Frau Berger ist mit der Entscheidung, Mitarbeitern zu kündigen, aus sozialen Gründen nicht einverstanden.

			Begründung
1	Darf den Fertigungsmitarbeitern lt. Gesellschaftsvertrag gekündigt werden, ohne die Mitgesellschafterin zu fragen?	☐ ja ☐ nein	
2	Wäre die Rechtslage eine andere, wenn im Gesellschaftsvertrag keine Regelungen bezüglich der Geschäftsführung und Vertretung getroffen worden wären?	☐ ja ☐ nein	Begründung

Fall F:

Karin Berger ist froh, für ein ungenutztes Grundstück einen Abnehmer gefunden zu haben. Der Logistikdienstleister Steinmann e.K. hat den notariell beurkundeten Kaufvertrag gestern unterschrieben. Marc Weber ist wie vor den Kopf geschlagen. Schon lange denkt er über eine weitere Fertigungshalle nach, für die das Grundstück zwingend nötig ist.

			Begründung
1	Durfte Karin Berger lt. Gesellschaftsvertrag das ungenutzte Grundstück verkaufen?	☐ ja ☐ nein	
2	Kann die SBW Büromöbel OHG vom Kaufvertrag mit dem Logistikdienstleister Steinmann e.K. zurücktreten?	☐ ja ☐ nein	Begründung
3	Wäre die Rechtslage eine andere, wenn im Gesellschaftsvertrag keine Regelungen bezüglich der Geschäftsführung und Vertretung getroffen worden wären?	☐ ja ☐ nein	Begründung

Info 1: Informationsbroschüre der Kanzlei Berger & Partner

Information „Personengesellschaften"

Geschäftsführung & Vertretung
Auszüge aus dem HGB
und weitergehende Erläuterungen

Berger & Partner
Rechtsanwälte

Arbeitsrecht
Wirtschaftsrecht
Gesellschaftsrecht

Die Geschäftsführungsbefugnis legt fest, wer im Unternehmen die Entscheidungen treffen darf, d.h., wer z.B. darüber entscheidet, mit welchen Lieferanten zusammengearbeitet werden soll. Mit anderen Worten: Die Geschäftsführungsbefugnis beantwortet die Frage, wer im Unternehmen das Sagen hat.

Die Vertretungsbefugnis hingegen regelt, wer das Unternehmen nach außen – z.B. gegenüber Kunden, Lieferanten, Mitarbeitern, Banken oder Behörden – vertritt. Beispiel: Wer darf den Kaufvertrag über das für die Produktion benötigte Material unterschreiben?

Die Geschäftsführungsbefugnis regelt das Innenverhältnis, während die Vertretungsbefugnis das Außenverhältnis regelt. Hierbei gibt es einen wesentlichen Unterschied: Während die Geschäftsführungsbefugnis im Innenverhältnis individuell geregelt werden kann, ist die Vertretung im Außenverhältnis gesetzlich vorgegeben. So kann z.B. die Rechtswirksamkeit von Verträgen gegenüber den Geschäftspartnern gewährleistet werden.

§ 114 Geschäftsführung

(1) Zur Führung der Geschäfte der Gesellschaft sind alle Gesellschafter berechtigt und verpflichtet.
(2) Ist im Gesellschaftsvertrag die Geschäftsführung einem Gesellschafter oder mehreren Gesellschaftern übertragen, so sind die übrigen Gesellschafter von der Geschäftsführung ausgeschlossen.

§ 115 Geschäftsführung aller oder mehrerer Gesellschafter

(1) Steht die Geschäftsführung allen oder mehreren Gesellschaftern zu, so ist jeder von ihnen allein zu handeln berechtigt. (**Anmerkung B & P:** Dies bezeichnet man als Einzelgeschäftsführungsbefugnis.) Widerspricht jedoch ein anderer geschäftsführender Gesellschafter (**Anmerkung B & P:** im vornherein) der Vornahme einer Handlung, so muss diese unterbleiben.
(2) Ist im Gesellschaftsvertrag bestimmt, dass die Gesellschafter, denen die Geschäftsführung zusteht, nur zusammen handeln können, so bedarf es für jedes Geschäft der Zustimmung aller geschäftsführenden Gesellschafter […]. (**Anmerkung B & P:** Dies bezeichnet man als Gesamtgeschäftsführungsbefugnis.)

§ 116 Umfang der Geschäftsführung

(1) Die Befugnis zur Geschäftsführung erstreckt sich auf alle Handlungen, die der gewöhnliche Betrieb des Handelsgewerbes der Gesellschaft mit sich bringt. (**Anmerkung B & P:** Diese Handlungen werden als gewöhnliche Geschäfte bezeichnet. Beispiele: Einkauf von Werkstoffen, Verkauf von Erzeugnissen, Rationalisierungsmaßnahmen durchführen, Mitarbeiter einstellen, befördern und entlassen.)
(2) Zur Vornahme von Handlungen, die darüber hinausgehen, ist ein Beschluss sämtlicher Gesellschafter erforderlich. (**Anmerkung B & P:** Derartige Handlungen werden als außergewöhnliche Geschäfte bezeichnet. Beispiele: Aufnahme von Großkrediten, größere bauliche Veränderungen, ungewöhnlich lange Lieferverträge, Zweigniederlassungen errichten, Grundstücke kaufen und verkaufen, Grundstücke belasten oder eine extreme Absatzprogrammänderung durchführen.)

§ 125 Vertretung

(1) Zur Vertretung der Gesellschaft ist jeder Gesellschafter ermächtigt, wenn er nicht durch den Gesellschaftsvertrag von der Vertretung ausgeschlossen ist. (**Anmerkung B & P:** Dies wird als Einzelvertretungsmacht bezeichnet.)
(2) Im Gesellschaftsvertrag kann bestimmt werden, dass alle oder mehrere Gesellschafter nur in Gemeinschaft zur Vertretung der Gesellschaft ermächtigt sein sollen. […] (**Anmerkung B & P:** Dies bezeichnet man als Gesamtvertretungsmacht.)

§ 126 Vertretungsmacht der Gesellschafter

(1) Die Vertretungsmacht der Gesellschafter erstreckt sich auf alle gerichtlichen und außergerichtlichen Geschäfte und Rechtshandlungen einschließlich der Veräußerung und Belastung von Grundstücken sowie der Erteilung und des Widerrufs einer Prokura. (**Anmerkung B & P:** Die Vertretungsmacht erstreckt sich also sowohl auf alle gewöhnlichen als auch alle außergewöhnlichen Geschäfte, unabhängig davon, ob sie gerichtlicher oder außergerichtlicher Natur sind),
(2) Eine Beschränkung des Umfangs der Vertretungsmacht ist Dritten gegenüber unwirksam […].

18 Schmidthausen ISBN: 978-3-8120-1024-5

Info 2: Gesellschaftsvertrag der SBW Büromöbel OHG

Gesellschaftsvertrag
der SBW Büromöbel OHG

§ 1 Gesellschafter

Die Gesellschafter Moritz Schmidt, Weisbachstr. 24, 44139 Dortmund, Karin Berger, Koloniestr. 12, 46145 Duisburg und Marc Weber, Bergmannstr. 7, 44775 Moers schließen mit Wirkung vom 20.01.20.. folgenden Gesellschaftsvertrag einer offenen Handelsgesellschaft.

§ 2 Firma, Sitz und Gegenstand des Unternehmens

1. Die Vertragschließenden errichten eine offene Handelsgesellschaft unter der Firma SBW Büromöbel OHG.
2. Der Sitz der Gesellschaft ist auf der Walther-Rathenau-Str. 10 in 47166 Duisburg.
3. Gegenstand des Unternehmens ist die Herstellung und der Vertrieb von Büromöbeln.

§ 3 Geschäftsjahr und Dauer der Gesellschaft

1. Geschäftsjahr ist das Kalenderjahr.
2. Die Dauer der Gesellschaft ist unbefristet.

§ 4 Einlagen der Gesellschafter

1. Moritz Schmidt erbringt eine Bareinlage in Höhe von 90.000,00 €.
2. Karin Berger erbringt ein Grundstück im Wert von 40.000,00 €.
3. Marc Weber erbringt eine Bareinlage in Höhe von 80.000,00 €.
4. Eine Verpflichtung zur Erhöhung des Gesellschaftskapitals ist nur mit einstimmigem Gesellschaftsbeschluss zulässig.

§ 5 Mitarbeit und Wettbewerbsverbot

1. Jeder Gesellschafter ist zur persönlichen Mitarbeit verpflichtet.
2. Alle drei Gesellschafter verpflichten sich, das Wettbewerbsverbot gemäß § 112 HGB einzuhalten.

§ 6 Geschäftsführung und Vertretung

Zur Geschäftsführung und Vertretung ist jeder Gesellschafter einzeln berechtigt. Die Geschäftsführung und Vertretung erstreckt sich auf alle gewöhnlichen und außergewöhnlichen Geschäfte/Maßnahmen, die der Geschäftsverkehr mit sich bringt. Die übrigen Gesellschafter sind nicht berechtigt, den getroffenen Maßnahmen zu widersprechen. Nur für die nachfolgend angeführten Geschäfte ist bezüglich der Geschäftsführung und Vertretung ein einstimmiger Gesellschafterbeschluss erforderlich:

a) Bauvorhaben mit einem Wert von über 500.000,00 €
b) Kauf oder Verkauf von Grundstücken
c) Aufnahme von Darlehen ab einer Höhe von 300.000,00 €
d) Absatzprogrammänderungen.

§ 7 Gewinnverteilung

Die Gewinnverteilung erfolgt nach Maßgabe des § 121 HGB.

Duisburg, 20.01.20..

Moritz Schmidt   *Karin Berger*   *Marc Weber*

Info 3: Übersicht Geschäftsführung

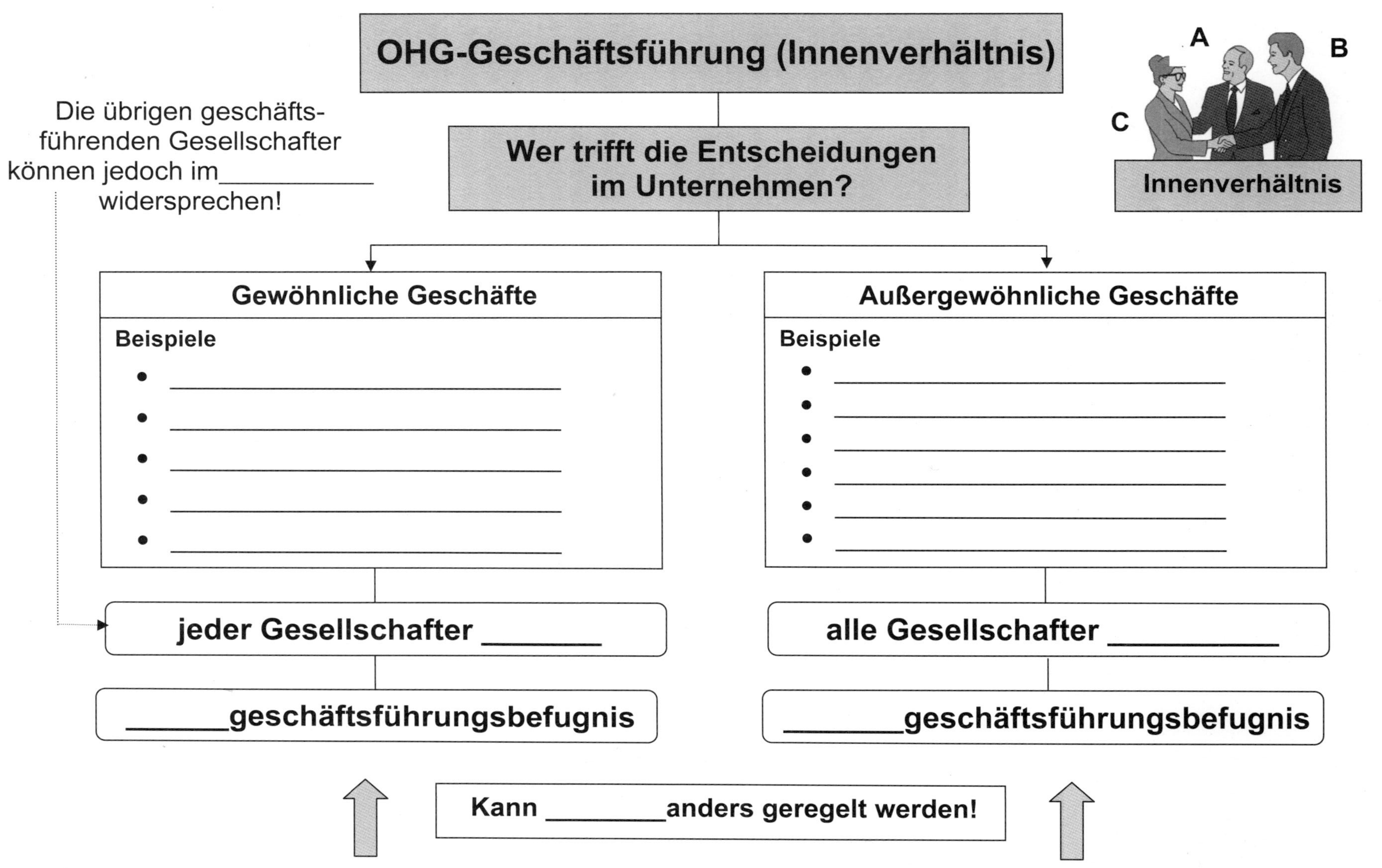

Info 4: Übersicht Vertretung

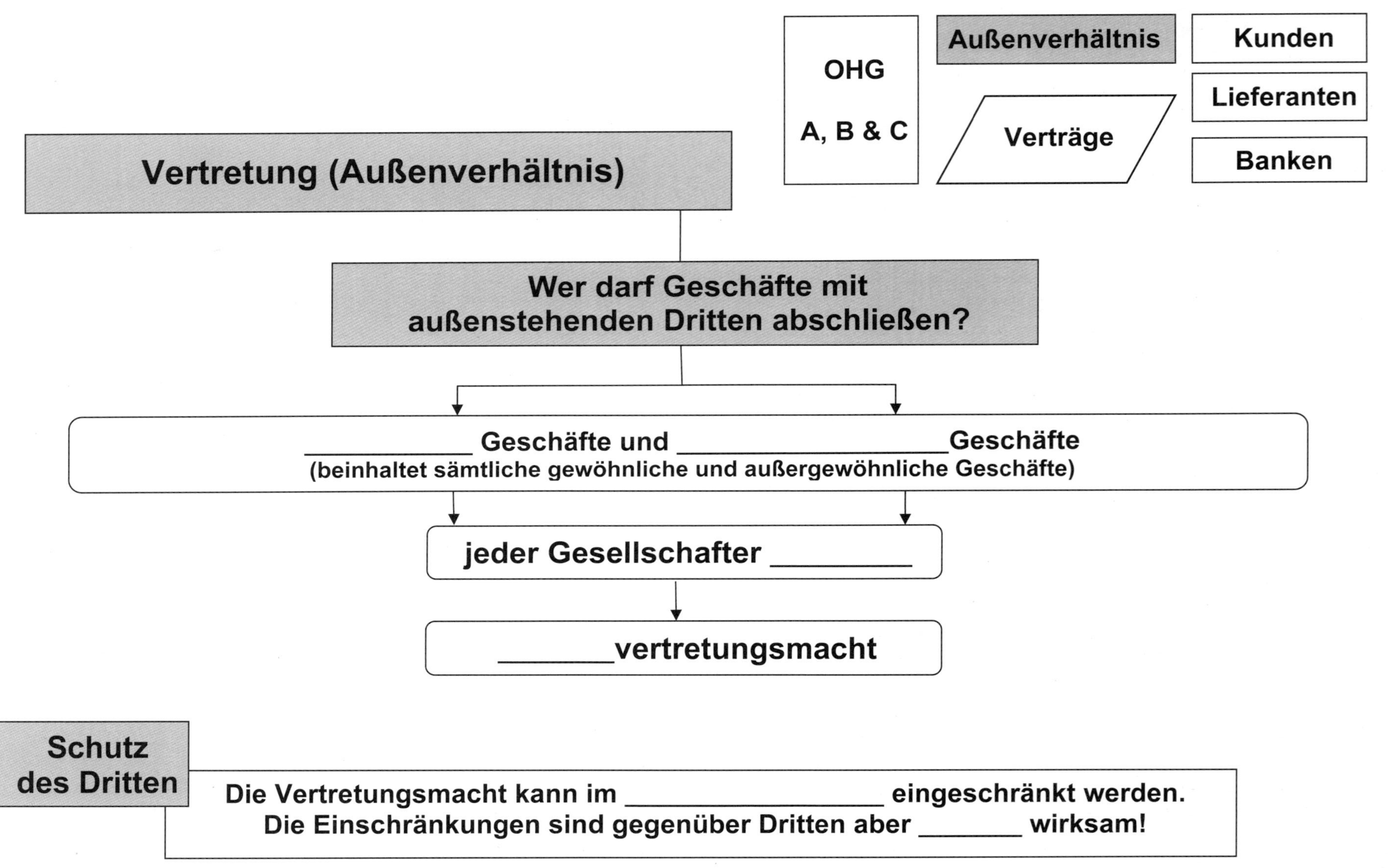

<table>
<tr>
<td>
</td>
<td>Eine Personengesellschaft in eine Kapitalgesellschaft umwandeln</td>
<td>Wirtschafts- und Sozialprozesse</td>
</tr>
</table>

 **Lernsituation:**

Die SBW Büromöbel OHG mit 150 Mitarbeitern ist mittlerweile seit vielen Jahren recht erfolgreich in der Büromöbelbranche tätig. Die drei Gesellschafter Moritz Schmidt, Karin Berger und Marc Weber gehen inzwischen auf die sechzig zu und möchten sich langsam, aber sicher aus dem Alltagsgeschäft zurückziehen. Die Zügel möchten sie aber dennoch in der Hand behalten. Zudem liegt ihnen seit einiger Zeit die mit einer OHG verbundene persönliche Haftung im Magen. Herr Berger von der Unternehmensberatung Berger & Partner schlägt vor, das Unternehmen in eine GmbH oder eine AG umzuwandeln.

 **Arbeitsaufträge:**

1. Informieren Sie sich über die beiden Kapitalgesellschaften GmbH und AG (Info 1) und vervollständigen Sie die entsprechenden Übersichten (Info 2 und 3).

2. Unterbreiten Sie den drei Gesellschaftern eine begründete Empfehlung für die Wahl einer geeigneten Kapitalgesellschaft.

Empfehlung	Begründung

3. Schlagen Sie eine Firma für das neue Unternehmen vor.

Firma	

Weitere Aufgaben:

4. Sebastian Wenz und Maike Holm wollen eine GmbH gründen, deren Zweck die Herstellung und der Vertrieb von Computern ist. Kreuzen Sie die korrekten Firmennamen an.

Mögliche Firma			
Wenz & Holm GmbH		Holm Computertechnik	
W & H Computer		CPM GmbH	

5. Nennen Sie die Abteilung des Handelsregisters, in die die GmbH von Sebastian Wenz und Maike Holm einzutragen ist.

Abteilung	

6. Sebastian Wenz und Maike Holm sind in der Lage, Stammeinlagen in Höhe von 32.000,00 € bzw. 48.000,00 € zu leisten. Begründen Sie, ob das Stammkapital ausreicht, um eine GmbH zu gründen.

7. Die beiden Gesellschafter wollen Simone Müller, Diplom-Betriebswirtin mit mehrjähriger Berufserfahrung, als Geschäftsführerin einstellen. Prüfen Sie, ob dies in einer GmbH zulässig ist.

8. Um alle Aufgaben erledigen zu können, werden in der neu gegründeten WH Computertechnik GmbH 30 Mitarbeiter benötigt. Begründen Sie, ob ein Aufsichtsrat gewählt werden muss.

9. Der von der WH Computertechnik erwirtschaftete Gewinn im ersten Geschäftsjahr betrug 120.000,00 €. Berechnen Sie die Geschäftsanteile und die Gewinnanteile.

Gesellschafter	Stammeinlage	Geschäftsanteil in %	Gewinnanteil
S. Wenz	32.000,00 €		
M. Holm	48.000,00 €		
Gesamt	80.000,00 €		

10. Nehmen Sie an, Sebastian Wenz und Maike Holm hätten sich dazu entschieden, eine AG zu gründen. Das Grundkapital (32.000,00 € von Herrn Wenz und 48.000,00 € von Frau Holm) soll in Aktien mit einem Nennwert von 10,00 € verbrieft werden (Nennwert = Betrag, der auf der Aktie benannt wird). Berechnen Sie, wie viele Aktien die beiden erhalten.

S. Wenz		**M. Holm**	

11. Als Sebastian Wenz Maike Holm mitteilt, dass in einer AG ein Aufsichtsrat gewählt werden muss, erwidert diese: „Das ist nicht richtig, Sebastian. Wir beschäftigen doch nur 40 Mitarbeiter." Prüfen Sie, ob Maike Holm Recht hat.

12. Ordnen Sie die Aufgaben den entsprechenden Organen zu.

    1 = Vorstand   2 = Hauptversammlung   3 = Aufsichtsrat

A	beschließt über die Verwendung des Gewinns	
B	führt die Geschäfte des Unternehmens	
C	entlastet den Vorstand	
D	wählt den Aufsichtsrat	
E	überwacht den Vorstand	
F	unterrichtet den Aufsichtsrat über die Geschäftslage	
G	entlastet den Aufsichtsrat	
H	prüft den Jahresabschluss	
I	beruft den Vorstand ab	

Info 1: Informationsbroschüre der Kanzlei Berger & Partner

Information „Kapitalgesellschaften"

Charakteristische Merkmale
der GmbH und AG

Berger & Partner
Rechtsanwälte

Arbeitsrecht
Wirtschaftsrecht
Gesellschaftsrecht

GmbH

Die Gesellschaft mit beschränkter Haftung, weithin bekannt als „GmbH", ist die am weitesten verbreitete Rechtsform in Deutschland. Der Grund dafür liegt in der Beschränkung der Haftung. Alle Verbindlichkeiten beziehen sich nur auf die GmbH als juristische Person und nicht auf die Gesellschafter selbst, das heißt, dass die Gesellschaft nur mit ihrem Gesellschaftsvermögen haftet. Die einzelnen Gesellschafter haften also nur mit ihren Geschäftsanteilen und nicht mit ihrem Privatvermögen.

Die GmbH ist im Gegensatz zur OHG oder KG keine Personen-, sondern eine Kapitalgesellschaft und damit gemäß § 6 HGB Formkaufmann.

Rechtlich verankert ist die GmbH in ihrem eigenen Gesetz, dem GmbHG.

Die GmbH wird von einem oder mehreren Gesellschaftern durch einen Gesellschaftsvertrag (auch Satzung genannt) gegründet. Der Gesellschaftsvertrag muss notariell beurkundet werden.

Die GmbH entsteht als juristische Person mit Kaufmannseigenschaft erst durch Eintragung in die Abteilung B (HRB) des Handelsregisters. Der Handelsregistereintrag hat somit konstitutive Wirkung. Vor der Eintragung haften der oder die Gesellschafter auch mit ihrem Privatvermögen.

Als Firma kommt eine Personen-, Sach-, Fantasie- oder Mischfirma in Betracht. Zudem muss die Firma die Bezeichnung „Gesellschaft mit beschränkter Haftung" oder eine allgemein verständliche Abkürzung, z.B. GmbH, enthalten.

Das Stammkapital ist die in der Satzung festgelegte Summe der Geschäftsanteile der einzelnen Gesellschafter und muss mindestens 25.000,00 € betragen. Die Geschäftsanteile (Nennbeträge) können unterschiedlich hoch sein. In der Bilanz der GmbH wird das Stammkapital als „gezeichnetes Kapital" ausgewiesen. Existenzgründer, die keine 25.000,00 € zur Verfügung haben, können mit der Unternehmergesellschaft (UG) eine Sonderform der GmbH gründen. In diesem Fall werden die jährlich erwirtschafteten Gewinne nicht voll an die Gesellschafter ausgeschüttet, sondern verbleiben im Unternehmen. Ist das Mindestkapital von 25.000,00 € erreicht, kann die UG in eine gewöhnliche GmbH umgewandelt werden.

Die GmbH hat einen oder mehrere Geschäftsführer, die von den Gesellschaftern benannt werden. Dies können Gesellschafter oder auch andere (dritte) Personen, z.B. Dipl.-Betriebswirte, sein. Sie leiten die GmbH und vertreten die GmbH nach außen (Vertretungsbefugnis). Allerdings müssen sie die Weisungen der Gesellschafter befolgen.

Die Gesellschafterversammlung ist das oberste Organ der GmbH. Hier nehmen die Gesellschafter ihre Rechte wahr. Sie entscheidet über grundsätzliche Angelegenheiten, kontrolliert die Geschäftsführung, stellt den Jahresabschluss fest und entscheidet über die Verwendung des Jahresüberschusses (Gewinn aus der GuV-Rechnung). Beschlussfassungen erfolgen mit der Mehrheit der abgegebenen Stimmen. Hierbei entspricht jeder Euro eines Geschäftsanteils einer Stimme.

Hat die GmbH mehr als 500 Arbeitnehmer, muss als drittes Organ ein Aufsichtsrat gewählt werden, dessen vorrangige Aufgabe darin besteht, die Geschäftsführung zu überwachen. Bei weniger Mitarbeitern ist die Einrichtung eines Aufsichtsrats freiwillig. Ist der Aufsichtsrat vorgeschrieben, besteht er aus Arbeitnehmer- und Arbeitgebervertretern.

Der Gewinn wird im Verhältnis der Geschäftsanteile verteilt – es sei denn, die Gesellschafterversammlung beschließt, eine Gewinnrücklage zu bilden.

Die Kreditwürdigkeit der GmbH ist wegen der beschränkten Haftung recht begrenzt. Aus diesem Grund verlangen die Kreditinstitute in der Regel private Bürgschaften von den Gesellschaftern.

Die Auflösung einer GmbH erfolgt im Wesentlichen durch Beschluss der Gesellschafter oder zwangsweise aufgrund von Zahlungsunfähigkeit (Insolvenz).

Fortsetzung

AG

Die Aktiengesellschaft (AG) ist ebenso wie die GmbH eine Kapitalgesellschaft. Sie ist eine Gesellschaft mit eigener Rechtspersönlichkeit, sprich: eine juristische Person. Das Recht der Aktiengesellschaften ist im Aktiengesetz (AktG) geregelt.

Die Aktiengesellschaft (AG) ist die typische Rechtsform für Großunternehmen. Sie ist die einzige Gesellschaftsform, die sich benötigtes Kapital an der Börse beschaffen kann.

Die Entstehungsgeschichte der AG geht auf das 16. Jahrhundert zurück. Der Handel mit Gewürzen aus Indien und anderen Ländern war damals sehr lukrativ. Allerdings waren die Kosten für die Schiffe und die Risiken so hoch, dass ein Einzelner sie nicht tragen konnte. Daher schlossen sich 1602 holländische Kaufleute zur „Vereinigden Ostindischen Compagnie" zusammen, der ersten bekannten Aktiengesellschaft. Jeder Aktionär erhielt Anteilsscheine (= Aktien) gemäß seinem finanziellen Beitrag. Wenn das Schiff Monate später schwer beladen Amsterdam erreichte, gab es einen großen Gewinn. Wenn das Schiff aber sank oder ausgeraubt wurde, verteilte sich der Verlust auf mehrere Schultern. Aus dem Geschäftsleben ist die AG seitdem nicht mehr wegzudenken.

Das Grundkapital der heutigen AG muss mindestens 50.000,00 € betragen und wird in Aktien (= Geschäftsanteile) zerlegt. Hierdurch wird die Möglichkeit geschaffen, sich auch mit kleinen Beträgen an einer AG zu beteiligen. Die Personen, die Aktien erwerben, werden Aktionäre genannt und sind die Gesellschafter der Aktiengesellschaft. Die Aktien können (müssen aber nicht) an der Börse oder auch außerbörslich frei gehandelt werden.

Eine AG kann durch eine Person gegründet werden. Das ist in der Praxis jedoch höchst selten, meist sind es mehrere Personen, die eine AG gründen möchten. Nach notarieller Beurkundung des Gesellschaftsvertrags, auch Satzung genannt, erfolgt die Eintragung ins Handelsregister, (Abteilung B), mit konstitutiver Wirkung. Wie bei der GmbH ist der Firmenkern (fast) beliebig. Nur der Zusatz Aktiengesellschaft oder AG ist hinzuzufügen.

Die Aktiengesellschaft haftet wie die GmbH mit dem Gesellschaftsvermögen für ihre Verbindlichkeiten. Hierbei werden das Gesellschaftsvermögen und das im Handelsregister eingetragene Grundkapital (= gezeichnetes Kapital) in der Regel nur zum Zeitpunkt der Gründung der Aktiengesellschaft übereinstimmen. Das Grundkapital ist lediglich eine feste Größe, die den Geschäftspartnern deutlich machen soll, mit welchem Mindestvermögen die Gesellschaft ausgestattet wurde. Das Gesellschaftsvermögen ist das tatsächliche Vermögen der Gesellschaft und hängt von der jeweiligen Gewinnentwicklung ab.

Pro Aktie erhalten die Aktionäre eine Gewinnbeteiligung, auch Dividende genannt.

Eine AG setzt sich immer aus den Organen Vorstand, Hauptversammlung und Aufsichtsrat zusammen.

Der Vorstand, der sich aus Gesellschaftern oder anderen (dritten) Personen zusammensetzt, übernimmt die Geschäftsführung nach innen und die Vertretung nach außen. Weder die Hauptversammlung noch der Aufsichtsrat kann dem Vorstand Weisungen erteilen. Er erstellt den Jahresabschluss und unterrichtet den Aufsichtsrat über die Geschäftslage. Darüber hinaus beruft er einmal im Jahr die ordentliche Hauptversammlung ein, in der die Aktionäre über die geschäftliche Lage informiert werden. Der Vorstand wird vom Aufsichtsrat für 5 Jahre bestellt, wobei eine wiederholte Bestellung zulässig ist.

In der Hauptversammlung sitzen die Aktionäre und entscheiden über grundsätzliche Angelegenheiten, wie z.B. eine Kapitalbeschaffung über die Börse. Natürlich entscheidet sie auch darüber, ob der erzielte Gewinn als Dividende an die Aktionäre ausgeschüttet wird oder als Rücklage im Unternehmen verbleibt. Eine weitere Aufgabe besteht darin, die Mitglieder des Aufsichtsrates zu benennen (= Bestellung). Darüber hinaus bewertet sie die Arbeit des Vorstands und des Aufsichtsrats. Ist man mit der Arbeit der beiden Organe zufrieden, wird deren Entlastung beschlossen. Entlastung bedeutet in diesem Fall, dass die Arbeit der genannten Organe anerkannt und für gut befunden wird. Wird die Entlastung verweigert, hat der Aufsichtsrat das Recht, den Vorstand abzuberufen.

Die Hauptaufgabe des Aufsichtsrats, der für maximal 4 Jahre gewählt wird, ist die Kontrolle des von ihm bestellten Vorstandes. Er prüft, ob die Entscheidungen des Vorstandes zweckmäßig sind und unter dem Gesichtspunkt der Wirtschaftlichkeit getroffen werden. Hierzu nimmt er insbesondere den Jahresabschluss unter die Lupe. Darüber hinaus hat der Aufsichtsrat das Recht, eine außerordentliche Hauptversammlung einzuberufen, wenn das Wohl der Gesellschaft dies erfordern sollte. Er besteht aus Arbeitnehmer- und Arbeitgebervertretern.

Info 2: Übersicht GmbH

Gesellschaft mit beschränkter Haftung (GmbH)

Organe

A:
- _______ die GmbH.
- muss die _______ der Gesellschafter
- vertritt die GmbH nach _______ (Vertretungsbefugnis).

B:
- Hier nehmen die Gesellschafter ihre _______ wahr.
- Jeder Euro des Geschäftsanteils ist eine _______
- Beschlussfassungen erfolgt mit _______ der abgegebenen Stimmen.

C:
- _______ Geschäftsführung.
- ab _______ Arbeitnehmern Pflicht
- besteht aus _______ die und Arbeitnehmervertretern

Firma

- Personen-, _______, Fantasie- oder _______ mit Zusatz _______

Gründung

- notariell _______ Gesellschaftsvertrag (= _______)
- mindestens _______ Gesellschafter
- Eintrag ins _______ mit _______ Wirkung

Stammkapital

- muss mindestens _______ betragen

Geschäftsführung

- entweder die _______ oder andere _______

Gewinnverteilung

- wird im Verhältnis der _______ verteilt (Geschäftsanteil = %-Anteil am _______)

Haftung

- Die GmbH haftet in Höhe des _______ selbst.
- Die Gesellschafter haften also nur mit ihren _______.

19 Schmidthausen ISBN: 978-3-8120-1024-5

Info 3: Übersicht AG

Aktiengesellschaft (AG)

Gründung

- notariell _____________ Gesellschaftsvertrag
  (= _____________)
- Übernahme der ______ durch die __________
- mindestens ____ Gesellschafter
- Eintrag ins _________________
  (mit _________________ Wirkung)

Firma

- __________, Sach-, Fantasie-
  oder __________ mit Zusatz
  ____

Organe

A: _________________________________

- übernimmt die _________________
  nach innen und die _____________
  nach außen
- unterrichtet den _________________
  über die Geschäftslage
- beruft die ordentliche
  _________________________ ein

B: _________________________________

- beschließt über _________________
  der AG
- beschließt über die Verwendung des
  ____
- wählt den _________________

C: _________________________________

- bestellt den _______________
- beruft die _______________
  Hauptversammlung ein
- prüft den _________________

Grundkapital

- muss mindestens
  __________ betragen

Gewinnverteilung

- Die Aktionäre erhalten eine
  _____________.

Haftung

- Die AG haftet nur mit ihrem
  ____
  für ihre _________________.
- Der einzelne Aktionär haftet
  nur mit dem Wert seiner ______.

Geschäftsführung

- Aufgabe des _______________
  (= angestellte _______________)

<table>
<tr><td>Lernsituation 24
</td><td>Eine ordentliche Kapitalerhöhung in einer AG durchführen</td><td>Wirtschafts- und Sozialprozesse</td></tr>
</table>

📖 Lernsituation:

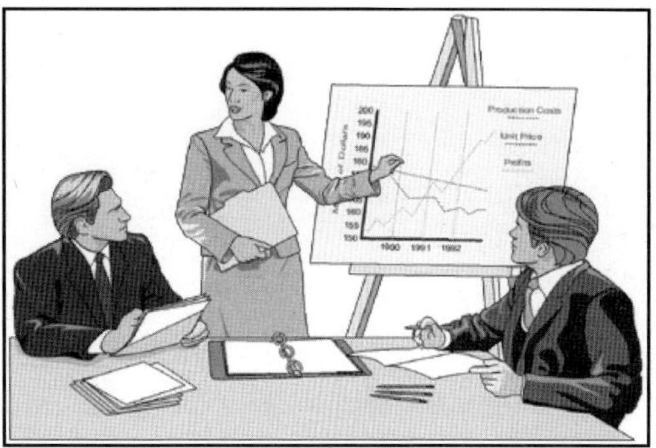

Die im Januar 1990 aus der Happle OHG entstandene Happle AG ist erfolgreich auf dem Gebiet der Telekommunikation tätig. Die Produktpalette umfasst Smartphones, Tablets, Computer, Telefaxgeräte und Telefone mit integriertem Telefaxgerät. Um auch in der Zukunft wettbewerbsfähig zu sein, beabsichtigt der Vorstand im Jahr 2018 die Produktpalette um 3D-Drucker zu erweitern. Hierzu sind Erweiterungsinvestitionen in Millionenhöhe notwendig. Da diese Summe nicht über weitere Kredite zu finanzieren ist, schlägt der Vorstand den Aktionären auf der jährlich stattfindenden Hauptversammlung vor, das benötigte Kapital durch eine ordentliche Kapitalerhöhung zu beschaffen.

✒ Arbeitsaufträge:

1. Definieren Sie den Begriff „ordentliche Kapitalerhöhung".

2. Geben Sie an, wer in einer AG eine ordentliche Kapitalerhöhung vorschlägt.

3. Erläutern Sie, wer letztlich über eine ordentliche Kapitalerhöhung entscheidet.

4. Nehmen Sie Stellung zu folgender Aussage: „Die ordentliche Kapitalerhöhung ist eine schnelle Möglichkeit, finanzielle Mittel zu beschaffen".

5. Bei der Gründung der Happle AG im Jahr 1990 wurden 56.000 Aktien zu einem Ausgabekurs (= Emissionspreis) von 53,00 € an der Börse verkauft. Jede Aktie hatte einen Nennwert von 50,00 € (Nennwert = Betrag, der auf der Aktie aufgedruckt wird). Der Ausgabeaufschlag (= Agio) betrug demnach 3,00 €.

   Ermitteln Sie die Beträge, die bei der Gründung der AG aufgebracht worden sind (Info 2).

Grundkapital	
Kapitalrücklage	
Eigenkapital	

6. Die Hauptversammlung der Happle AG beschließt mit der notwendigen Mehrheit eine ordentliche Kapitalerhöhung. Um im kommenden Jahr die nötigen Investitionen tätigen zu können, soll das Grundkapital durch die Ausgabe neuer Aktien um 1.200.000,00 € erhöht werden. Die neuen Aktien mit einem Nennwert von 50,00 € sollen zu einem Emissionspreis von 60,00 € ausgegeben werden.

Bilanz vor der ordentlichen Kapitalerhöhung

Aktiva		Passiva	
Anlagevermögen		**Eigenkapital**	
Gebäude	2.200.000,00 €	Grundkapital	2.800.000,00 €
Grundstücke	1.700.000,00 €	Kapitalrücklage	168.000,00 €
Maschinen	800.000,00 €	Gewinnrücklage	200.000,00 €
Fuhrpark	700.000,00 €	**Fremdkapital**	
BGA	200.000,00 €	Hypotheken	1.400.000,00 €
Umlaufvermögen		Darlehen	1.200.000,00 €
Lagervorräte	200.000,00 €	Verbindlichkeiten	400.000,00 €
Forderungen	68.000,00 €		
Liquide Mittel (Kasse & Bank)	300.000,00 €		
Bilanzsumme	**6.168.000,00 €**		**6.168.000,00 €**

6.1 Berechnen Sie, wie viele neue Aktien verkauft werden müssen, um das benötigte Grundkapital zu beschaffen.

Zahl der Aktien	

6.2 Ermitteln Sie, welche Auswirkungen die Ausgabe der neuen Aktien auf die betreffenden Bilanzpositionen (Aktiv- und Passivseite) hat. Annahme: Die nötigen Investitionen werden erst einige Zeit nach erfolgreicher Ausgabe der neuen Aktien getätigt.

Bilanzposition	Alter Wert	Veränderung	Neuer Wert
Grundkapital			
Kapitalrücklage			
Liquide Mittel			

7. Erläutern Sie, warum die Altaktionäre bei einer ordentlichen Kapitalerhöhung die Möglichkeit haben, die jungen Aktien zu erwerben, bevor sie in den freien Verkauf gehen.

8. Nehmen Sie an, die CT Computertechnik AG hat zehn Gesellschafter, die jeweils einen 10 %igen Anteil am Grundkapital der AG halten. Durch eine ordentliche Kapitalerhöhung soll das bisherige Grundkapital von 3.000.000,00 € um 100 % aufgestockt werden. Berechnen Sie, um wieviel Prozent sich der prozentuale Anteil der Altaktionäre am Unternehmen verringert, wenn keiner der zehn Gesellschafter von seinem Bezugsrecht Gebrauch macht und die Aktien an der Börse frei verkauft werden.

9. Die Aktien der Gruber Maschinenbau AG werden seit vielen Jahren an der Börse frei gehandelt. Am Dienstag, den 24.10.20.. stellt sich zu Börsenbeginn um 8:00 Uhr die Situation an der Börse wie folgt dar:

Die Käuferseite (Nachfrage)	Die Verkäuferseite (Angebot)
200 potenzielle Käufer wollen die Aktie so billig wie möglich (billigst) kaufen.	100 potenzielle Verkäufer wollen die Aktie so teuer wie möglich (bestens) verkaufen.
100 potenzielle Käufer kaufen nur, wenn die Aktie nicht mehr als 45,00 € kostet.	150 potenzielle Verkäufer wollen die Aktie nicht unter 45,00 € verkaufen.
200 potenzielle Käufer kaufen auch, wenn die Aktie 45,50 € kostet.	250 potenzielle Verkäufer wollen die Aktie nicht unter 45,50 € verkaufen.
100 potenzielle Käufer kaufen auch, wenn die Aktie 46,00 € kostet.	50 potenzielle Verkäufer wollen die Aktie nicht unter 46,00 € verkaufen.
250 potenzielle Käufer kaufen auch, wenn die Aktie sogar 46,50 € kostet.	100 potenzielle Verkäufer wollen die Aktie nicht unter 46,50 € verkaufen.

Der Börsenschlusskurs betrug am Tag zuvor um 17:30 Uhr 45,00 €.

Der Börsenmakler setzt nun den Kurs vom Vortag an und betrachtet das Verhältnis von Angebot und Nachfrage. Entspricht das Angebot der Nachfrage, ist der aktuelle Kurs gefunden. Ist das Verhältnis zwischen Angebot und Nachfrage im Ungleichgewicht, setzt er einen anderen Kurs an.

Ermitteln Sie auf oben beschriebenem Weg den aktuellen Aktienkurs der Gruber-Aktie.

Kurs	Nachfrage (N)	Angebot (A)	N = A ?
45,00 €			
45,50 €			
46,00 €			
46,50 €			

Aktueller Börsenkurs	

10. Entscheiden Sie, ob es sich um eine richtige oder falsche Aussage handelt.

   1 = richtig   9 = falsch

A	Die Hauptversammlung beschließt mit einfacher Mehrheit eine ordentliche Kapitalerhöhung.	
B	Eine ordentliche Kapitalerhöhung bringt einen relativ geringen organisatorischen und zeitlichen Aufwand mit sich.	
C	Der Nennwert einer Aktie muss immer auf volle Euro lauten. Nennbetragsaktien im Wert von 200,50 € sind somit nicht zulässig.	
D	Zur Beschaffung des Grundkapitals in Höhe von 2.000.000,00 € sind 4.000 Stückaktien ausgegeben worden. Jede Aktie hat somit einen Wert von 50,00 €.	
E	Eine Namensaktie lässt sich mit geringerem organisatorischen Aufwand verkaufen als eine Inhaberaktie.	
F	Eine Stammaktie ist i.d.R. mit einer höheren Dividende verbunden als eine Vorzugsaktie.	

Info 1: Informationsbroschüre der Kanzlei Berger & Partner

Information „Kapitalgesellschaften"

Berger & Partner
Rechtsanwälte

**Ordentliche Kapitalerhöhung
in der AG**

Arbeitsrecht
Wirtschaftsrecht
Gesellschaftsrecht

Mit einer ordentlichen Kapitalerhöhung ist eine Kapitalerhöhung durch Ausgabe junger (= neuer) Stammaktien[1] gemeint.

Die bisherigen Aktionäre haben dabei ein Bezugsrecht auf diese neuen Aktien, um einen Wertverlust zu vermeiden und den Altaktionären die Möglichkeit zu geben, ihren prozentualen Anteil am Unternehmen und somit auch ihren Einfluss auf das Unternehmen zu wahren.

Um eine ordentliche Kapitalerhöhung durchführen zu können, muss der Vorstand die Hauptversammlung einberufen. Hierbei handelt es sich um die Versammlung sämtlicher Aktionäre. Die Hauptversammlung hat nun die Aufgabe darüber zu entscheiden, ob die ordentliche Kapitalerhöhung durchgeführt wird. Hierzu ist eine ¾ Mehrheit des in der Hauptversammlung vertretenen Grundkapitals erforderlich. Das Stimmrecht der Aktionäre ergibt sich aus deren Anteilen, d.h., je mehr Aktienanteile man besitzt, umso höher ist der Einfluss auf die zu treffenden Entscheidungen.

Die ordentliche Kapitalerhöhung bringt einen großen organisatorischen und zeitlichen Aufwand mit sich. So muss der Termin für die Hauptversammlung einen Monat vorher angekündigt werden, sämtliche Aktionäre sind zu benachrichtigen und anschließend müssen die Aktien an der Börse einen Käufer finden.

1   siehe Schaubild unter Info 2

Info 2: Aktienarten

Aktienarten		
Nennbetrags- vs. Stückaktien	**Namens- vs. Inhaberaktien**	**Stamm- vs. Vorzugsaktien**
• Der Nennwert ist der auf der Aktie genannte Betrag. Er muss auf mindestens einen Euro lauten, höhere Nennbeträge müssen auf volle Euro lauten. • Stückaktien lauten auf keinen Nennbetrag, sie sind im gleichen Umfang am Grundkapital beteiligt.	• Eine Namensaktie lautet auf den Namen des Aktionärs und wird ins Aktienregister eingetragen. Bei einem Verkauf erfolgt im Aktienregister eine Löschung und eine Neueintragung. • Eine Inhaberaktie enthält keine Namensangabe (sie ist die häufigste Form der Aktie).	• Die Stammaktie ist die Normalform der Aktie, sie gewährt dem Aktionär alle mit der Aktie verbundenen Rechte. • Eine Vorzugsaktie ist verbunden mit einer höheren Dividende pro Aktie. Zum Ausgleich ist i.d.R. das Stimmrecht in der Hauptversammlung ausgeschlossen.

Fortsetzung

Information „Kapitalgesellschaften"

Beziehung zwischen Eigenkapital, Grundkapital und Kapitalrücklage

Berger & Partner
Rechtsanwälte

Arbeitsrecht
Wirtschaftsrecht
Gesellschaftsrecht

Das bei der Gründung einer Aktiengesellschaft in die Unternehmung geflossene Kapital sowie der Betrag, der durch eine spätere ordentliche Kapitalerhöhung zustande kommt, wird in der Bilanz der Aktiengesellschaft als Eigenkapital bezeichnet.

Hierbei ist allerdings zwischen dem Grundkapital (= gezeichnetes Kapital) und der Kapitalrücklage zu unterscheiden.

Das Grundkapital setzt sich aus den Nennbeträgen der ausgegebenen Aktien (= Nennbetragsaktien) zusammen und ist das Kapital, mit dem im Unternehmen gearbeitet werden darf.

Der über den Nennbetrag hinausgehende Ausgabeaufschlag, auch Agio genannt, wird in der Kapitalrücklage erfasst. Diese Kapitalrücklage ist ebenfalls Eigenkapital, darf aber nur aufgelöst werden, wenn die Unternehmung einen Verlust erwirtschaftet hat.

Hier stellt sich natürlich die Frage, aus welchem Grund sich Aktien überhaupt zu einem Ausgabepreis verkaufen lassen, der einige Euro über dem Nennwert der Aktien liegt. Dies ist dann der Fall, wenn es sich bei dem betreffenden Unternehmen um ein sehr erfolgreiches Unternehmen handelt, von dem man annimmt, dass der spätere Kurswert der Aktie wesentlich höher liegen wird als der Nennwert. Um dies zu verstehen, muss man sich die mögliche Aktienkursentwicklung an der Börse vergegenwärtigen.

Der spätere Verkaufskurs einer Aktie an der Börse richtet sich nach Angebot und Nachfrage. So wird der Aktienkurs erfolgreicher Unternehmen durch die hohe Nachfrage in die Höhe schnellen. Dies hängt u.a. damit zusammen, dass bei erfolgreichen Unternehmen eine höhere Gewinnbeteiligung (= Dividende) zu erwarten ist. Das heißt im Klartext: Der Aktienkurs von erfolgreichen Unternehmen kann um ein Vielfaches höher sein als der Nennwert einer Aktie.

Bei der in der Bilanz auftauchenden Position „Gewinnrücklagen" handelt es sich um den Teil des erwirtschafteten Gewinns, der nicht an die Aktionäre ausgeschüttet worden ist, sondern im Unternehmen für Unternehmenszwecke verbleibt. Selbstverständlich gehören auch die im Unternehmen verbleibenden Gewinnrücklagen zum Eigenkapital.

Beispiel: Bilanz der Gruber Maschinenbau AG

Aktiva		Passiva	
Anlagevermögen		**Eigenkapital**	
Gebäude	1.000.000,00 €	Grundkapital	1.700.000,00 €
Grundstücke	2.000.000,00 €	Kapitalrücklage	400.000,00 €
Maschinen	600.000,00 €	Gewinnrücklage	300.000,00 €
Fuhrpark	400.000,00 €	**Fremdkapital**	
BGA	200.000,00 €	Hypotheken	900.000,00 €
Umlaufvermögen		Darlehen	800.000,00 €
Lagervorräte	300.000,00 €	Verbindlichkeiten	600.000,00 €
Forderungen	100.000,00 €		
Liquide Mittel (Kasse & Bank)	100.000,00 €		
Bilanzsumme	**4.700.000,00 €**		**4.700.000,00 €**

Geschäftsprozesse planen, steuern und kontrollieren

| **Zielgruppe** | BS (insbes. Industriekaufleute), FS, HH, WG, FOS, BOS

| **Gesamtkonzeption** | Anhand von Lernsituationen können die Schülerinnen und Schüler die Planung, Steuerung und Kontrolle der Geschäftsprozesse in einem Industriebetrieb unmittelbar nachvollziehen und selbst „erleben". Die Lernsituationen beziehen sich auf das zu Beginn vorgestellte Modellunternehmen, die BüroTec GmbH.

Die Lernsituationen beginnen jeweils mit einem situationsbezogenen und in der Regel problemorientierten Einstieg. Angeleitet durch die darauf folgenden Arbeitsaufträge sollen die Schüler zunächst das vorgegebene Problem selbstständig lösen und schließlich zu einer vertiefenden Auseinandersetzung mit dem jeweiligen (Teil-)Geschäftsprozess gelangen. Hierfür stellen die Autoren anschauliches und praxisnahes Informationsmaterial zur Verfügung, was zudem den Umgang mit Informationsquellen trainiert. Dabei wird sowohl auf methodische Vielseitigkeit (z. B. Einübung von Präsentationen, Rollenspiele, Mindmapping, Anfertigung ereignisgesteuerter Prozessketten, Erstellen von Geschäftsbriefen) als auch auf den Bezug zu den prüfungsrelevanten Inhalten des jeweiligen Lernbereichs geachtet.

Beschaffungsprozesse

ISBN 978-3-8120-**1020-7**

Personalprozesse

ISBN 978-3-8120-**1022-1**

Leistungserstellungsprozesse

ISBN 978-3-8120-**1021-4**

Absatzprozesse

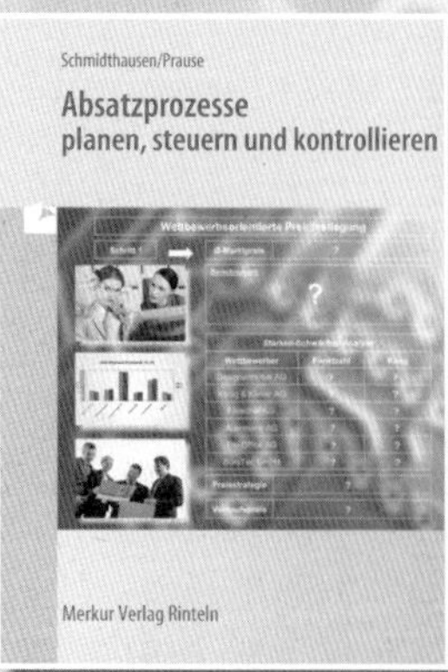

ISBN 978-3-8120-**1023-8**